Roger Griffin

FASCHISMUS

Eine Einführung
in die vergleichende Faschismusforschung

Eingeleitet und übersetzt von Martin Kristoffer Hamre

Mit einem Geleitwort von Andreas Kemper und
einem Nachwort von Fabian Virchow

ibidem
Verlag

Bibliografische Information der Deutschen Nationalbibliothek
Die Deutsche Nationalbibliothek verzeichnet diese Publikation in der Deutschen Nationalbibliografie; detaillierte bibliografische Daten sind im Internet über http://dnb.d-nb.de abrufbar.

Bibliographic information published by the Deutsche Nationalbibliothek
Die Deutsche Nationalbibliothek lists this publication in the Deutsche Nationalbibliografie; detailed bibliographic data are available in the Internet at http://dnb.d-nb.de.

Translated from Roger Griffin: *Fascism, An Introduction to Comparative Fascist Studies*. First published in 2018 by Polity Press. This edition is published by arrangement with Polity Press Ltd., Cambridge.

ISBN-13: 978-3-8382-1397-2
© *ibidem*-Verlag, Stuttgart 2020
Alle Rechte vorbehalten

Printed in the EU

Explorations of the Far Right (EFR) vol. 7

ISSN 2192-7448

GENERAL EDITOR: Dr. **Anton Shekhovtsov**
(anton.shekhovtsov@gmail.com)

Explorations of the Far Right

Edited by Anton Shekhovtsov

ISSN 2192-7448

Inhaltsverzeichnis

Martin Kristoffer Hamre

Einleitung des Übersetzers: Die besondere Rolle der Faschismusforschung in Deutschland

Als ich in meiner Schulzeit das erste Mal bewusst mit dem Begriff „Faschismus" in Kontakt kam und nach dessen Bedeutung fragte, antwortete mein brillanter Geschichtslehrer, ohne den ich später nie Geschichte studiert hätte, mit einer Art mathematischen Gleichung: Faschismus sei wie der Nationalsozialismus, lediglich ohne den Antisemitismus. Er erklärte somit den Faschismus gleichsam durch die Folie des eigentlichen Themas des Unterrichts, das Dritte Reich. Nicht zuletzt unterschied er den *italienischen* Faschismus vom *deutschen* Nationalsozialismus, ohne auf eine allgemeingültige, sprich *generische* Gattung einzugehen. Diese stark verkürzte, und, wie ich im Laufe meines Studiums erfahren sollte, längst überholte Erklärung, der Faschismus unterscheide sich vom Nationalsozialismus lediglich durch das Fehlen des Wesensmerkmals Antisemitismus, verdeutlicht ein Problem, welches die Debatten um einen generischen Faschismusbegriff im deutschsprachigen Kontext lange begleitete: Das Primat des deutschen Nationalsozialismus gegenüber allen anderen Formen faschistischer Bewegungen innerhalb der Wahrnehmung, sei es im Geschichtsunterricht, in der Literatur, im Feuilleton, in Filmen, in Museen und Gedenkstätten sowie, nicht zuletzt, in der Forschung. Dies ist in Anbetracht der grausamen Geschichte des Dritten Reiches als Verantwortlicher des Zweiten Weltkrieges mitsamt eines Vernichtungskrieges mit millionenfachem Mord an den europäischen Juden weder verwunderlich noch verwerflich. Dieser Umstand trübte jedoch lange den Blick dafür, dass der Nationalsozialismus idealtypisch betrachtet als ideologisch geprägtes politisches Phänomen Teil einer Gattung mehrerer „Faschismen" sein könnte, die, wie Roger Griffin in diesem Band argumentiert, einer theoretischen Erklärung bedarf. Die Subsumtion des deutschen Nationalsozialismus der 1920er Jahre bis 1945 unter eine international anwendbare Definition, die auch

Bewegungen der Gegenwart umfasst, soll dabei weder die „Einzig-artigkeit" (Kershaw 2004) der NS-Zeit schmälern, noch deren Ver-brechen minimalisieren. Im Gegenteil, der größtenteils angelsäch-sische Blick der sogenannten „dritten Welle" der vergleichenden Faschismusforschung (vgl. Reichardt 2007) seit Beginn der 1990er Jahre vermag es, auch deutschsprachigen Studierenden und Inte-ressierten eine Perspektive zu bieten, um transnationale, internati-onale und globale Forschungsdesiderate innerhalb der NS-For-schung zu beleuchten. So sprach selbst Hans Mommsen, einer der führenden Historiker auf dem Gebiet der NS-Zeit, von der „Not-wendigkeit, die Geschichte des Nationalsozialismus in den interna-tionalen Zusammenhang zu stellen" (Mommsen 2007: S. 21).

Obgleich in Deutschland die Faschismusforschung fast aus-schließlich am Beispiel des Nationalsozialismus exemplifiziert wurde und lange nur als vernachlässigte Subdisziplin der NS-For-schung galt, mangelte es auch hier nicht an Theoretikerinnen und Theoretikern, die sich anschickten, eine Theorie des Faschismus aufzustellen, die sich verschiedentlich mit dessen Ideologie und Praxeologie auseinandersetzte. In dieser Einleitung möchte ich da-her einen kurzen (und dadurch notwendigerweise auch unvoll-ständigen) historischen Umriss der explizit deutschsprachigen An-näherungen an eine Theorie des Faschismus geben, um die beson-dere Rolle dieses Forschungszweiges in Deutschland hervorzuhe-ben. Die Einleitung endet mit einem Blick auf den gegenwärtigen Nutzen für die deutschsprachige Faschismusforschung aus dem in diesem Buch vorgestellten Ansatz Roger Griffins. Beginnen möchte ich jedoch damit, sprachliche Begrifflichkeiten und Unterschiede zwischen der deutschen und der bis heute zweifellos dominieren-den anglophonen Faschismusforschung zu reflektieren.

Begriffliche Herausforderungen durch die englischsprachig geprägte Faschismusforschung

Während sich in der englischsprachigen Forschung der Begriff *fascist studies* durchgesetzt hat, wie etwa im ursprünglichen Titel dieses Bandes *Fascism. An Introduction to Comparative Fascist Studies*, konkurrieren im deutschsprachigen Raum Bezeichnungen wie *Faschismusstudien*, *Faschismustheorien* (wie z.B. im deutschen Wikipedia-Artikel) und der von mir gewählte Terminus *Faschismusforschung* miteinander. Letzterer im Singular stehende Begriff soll keineswegs eine nicht vorhandene Einheitlichkeit und einen Konsens innerhalb dieser Subdisziplin der Geschichts- und Politikwissenschaft vortäuschen. Auch innerhalb eines Forschungszweiges können konkurrierende, teilweise sich diametral gegenüberstehende Theorien, Methoden und Interpretationen auftreten, wie nicht zuletzt auch die in Deutschland dominierende NS-Forschung mit ihren eigenen Kontroversen eindrücklich beweist. Dennoch hebt sich der Begriff der Faschismusforschung gerade mit dem Zusatz des Adjektivs „vergleichend" von den Faschismusstudien und den Faschismustheorien ab, da Roger Griffin in diesem Band eine einheitliche Vorgehensweise für die gesamte, sich vergleichend mit dem Phänomen des Faschismus beschäftigende Forschung vorschlägt, die die interpretatorische Unordnung und Eigenwilligkeit vorheriger Studien und Theorien (wie sie in Kapitel 2 dargelegt werden) zu überwinden sucht.

Die im angelsächsischen Raum übliche Unterscheidung zwischen dem großgeschriebenen *Fascism* als Ausdruck der ursprünglichen italienischen Form und dem kleingeschriebenen *fascism* als Ausdruck des generischen, also die allgemeingültige Gattung betreffende Form, ergibt im deutschen Kontext der immer großgeschriebenen Substantive wenig Sinn. Dort bietet sich die Unterscheidung zwischen generischem Faschismus und italienischem Faschismus am ehesten durch den Hinweis auf das Ursprungsland Italien an. Vorsicht geboten ist auch beim Begriff des *Nazism*, der im Englischen synonym zu *National Socialism* verwendet wird. Im hier vorliegenden Band wird der Begriff jedoch immer, wenn er sich auf die NS-Bewegung der 1920er bis 1945 bezieht, mit „Nationalsozialismus" übersetzt, da dies die offizielle Eigenbezeichnung der NS-Führung gewesen ist. Die in anderen Texten vorzufindende Alternative „Nazismus" war vor allem in der DDR als Fremdbezeichnung verbreitet (möglicherweise, um den dort positiv konnotierten Begriff „Sozialismus" aus dem NS-Kontext zu streichen). Im

Unterschied hierzu wird der deutlich verbreitetere Begriff des „Neonazismus" (populärwissenschaftlich vor allem in der Bezeichnung „Neonazi") auch in diesem Buch für Bewegungen der Zeit nach 1945 verwendet, ebenso wie der von Griffin verwendete Begriff des Universalnazismus (*Universal Nazism*).

Wenn nicht die faschistischen Bewegungen, sondern die handelnden Personen, im englischen Original also „the fascists", adressiert werden, so muss das Thema Gender reflektiert werden. „Faschisten" werden in diesem Buch bewusst immer in der männlichen Form und nicht irreführend als „Faschistinnen und Faschisten" oder „Faschist*innen" bezeichnet, da es sich bei faschistischen Bewegungen fast ausschließlich um männlich dominierte Bewegungen mit extrem patriarchal-sexistischer und homophober Ideologie handelte. Dies schließt jedoch weder aus, dass es auch zahlreiche Faschistinnen gab und gibt, noch dass faschistische Bewegungen in Teilen eine „moderne" und antikonservative Genderpolitik anstreben konnten (siehe das Unterkapitel zur Genderpolitik in Kapitel 4). Selbstverständlich möchten aber weder der Autor, der Übersetzer noch der Verlag durch diese Sprachregelung die Beförderung patriarchaler Unterdrückungsstrukturen intendieren.

Vorsicht geboten ist auch bei Begriffen, die sowohl im Alltagsgebrauch als auch in der Wissenschaft im Englischen noch geläufig sind, aber im deutschen Sprachraum durch die Zeit des Nationalsozialismus gewissermaßen „kontaminiert" wurden und daher im wissenschaftlichen Diskurs kaum mehr Verwendung finden. Beispielhaft dafür ist der Begriff der Rasse (im Englischen *Race*), der, obgleich er noch in Artikel 3 im deutschen Grundgesetz vorzufinden ist, im biologischen Sinne nur noch taxonomisch auf Haustiere und Kulturpflanzen angewendet wird. Als Bezeichnung für eine abgrenzbare soziale Gruppe an Menschen hat sich dagegen der Begriff „Ethnie" durchgesetzt. Lediglich die vom Rassebegriff im abwertenden Sinne entlehnten Bezeichnungen „Rassismus" und „Rassisten" finden in aktuellen gesellschaftspolitischen Debatten weiterhin Anklang, da sie auf alltägliche und strukturelle Diskriminierungen verweisen. Im Unterschied dazu wird der englische Begriff *Race* nach wie vor insbesondere im amerikanischen Sprachraum zur Klassifizierung von Menschen verwendet, auch wenn er

aufgrund seiner rassistischen, kolonialistischen und pseudowissen-
schaftlichen Begriffsgeschichte umstritten ist. Wird im Folgenden
also von „Rassen" gesprochen, so bezieht sich dies auf den im 19.
und 20. Jahrhundert geläufigen, von den Nationalsozialisten
pervertierten Quellbegriff zum besseren Verständnis des Faschismus. Als analytischer, anthropologischer und vermeintlich wissenschaftlicher Begriff hat „Rasse" im gegenwärtigen deutschsprachigen Diskurs jedoch ausgedient.

Die Entwicklung der Faschismusforschung in Deutschland

Die ersten zeitgenössischen theoretischen Analysen des Phänomens Faschismus stammten, wie Roger Griffin eingehend in Kapitel 2 erläutert, von seinen kommunistischen sowie sozialdemokratischen, liberalen und konservativen Widersachern. Diese Interpretationen bezogen sich zunächst auf das Original des italienischen
Faschismus unter Führung des *Duce* Benito Mussolini, wurden aber
auch bald generisch auf die NSDAP in Deutschland und andere europäische Bewegungen angewandt. Eine der frühesten marxistischen Interpretationen stammte von der Politikerin und Friedens-
aktivistin Clara Zetkin, die bereits 1923, ein Jahr nach dem Macht-
antritt Mussolinis, auf einer Tagung des Exekutivkomitees der
Kommunistischen Internationale (Komintern) mit ihren Thesen
zum Klassencharakter des Faschismus Aufsehen erregte. Anstelle
der kommunistischen Überzeugung, Mussolinis Bewegung sei bloßer bürgerlicher Terror, erklärte sie: „Es [der Faschismus] ist das
Stocken, der schleppende Gang der Weltrevolution infolge des Ver-
rats der reformistischen Führer der Arbeiterbewegung" (Zetkin
1923). Als eine der ersten anerkannte sie den Faschismus in Teilen
als eigene Ideologie und warnte vor dessen Anziehungskraft auf
die Arbeiterschaft. Unter den ersten deutschen Kommentatoren tat
sich auch der Kommunist August Thalheimer hervor, der zunächst
als KPD-Ideologe in Erscheinung getreten war, aber im Laufe der
1920er Jahre mit der offiziellen, von der Komintern verbreiteten
Lehre brach. Anstelle der Agententheorie der Komintern, die gemäß Georgi Dimitroff den Faschismus als direkten Vertreter des

Kapitalismus interpretierte, vertrat Thalheimer (1928) die aus der marxistischen Lehre entwickelte bonapartistische These, die den Faschismus als eigenständige, teils feindlich gegenüber der Bourgeoisie gesinnte und gleichzeitig von ihr ausgenutzte Kraft erachtete. Ein weiterer Vertreter dieser Theorie war der österreichische Begründer des Austromarxismus Otto Bauer. Die unter deutschen Kommunisten weitaus einflussreichere, 1924 von Grigori Sinowjew entwickelte „Sozialfaschismusthese" (siehe S. 43), die die Sozialdemokratie bis 1935 mit dem Faschismus gleichsetzte und gleichsam zum Hauptfeind erklärte, hatte in der Weimarer Republik besonders fatale Auswirkungen, da sie ein Bündnis zwischen KPD und SPD gegen den Aufstieg der NSDAP verhinderte. Die ihr zugrunde liegende Agententheorie des Faschismus als Handlanger des Großkapitals sollte schließlich auch die Geschichtsschreibung der DDR maßgeblich prägen (vgl. Röhr 2001), die in der kapitalistischen Bundesrepublik den ideologischen Nachfolger des Dritten Reiches ausmachte und sich selbst als „antifaschistischen Staat" bezeichnete. Indirekt wurde so gar die Berliner Mauer als „antifaschistischer Schutzwall" legitimiert.

Unter den zeitgenössischen Interpretation des Faschismus im deutschsprachigen liberal-konservativen Lager (in Unterscheidung zum kommunistischen Lager) trat etwa Erwin von Beckerath (1927) schon früh mit einer Analyse des italienischen Faschismus hervor, die den modernen autoritären Staat Italiens in Zusammenhang mit dem Absolutismus des 18. Jahrhunderts brachte. Mit seinem Werk *Europa und der Faschismus* (1929) führte Hermann Heller den Begriff des Totalitarismus in die Debatte um den italienischen Faschismus ein, verknüpfte diesen jedoch später auch mit dem Nationalsozialismus. Der Totalitarismus, so Heller, sei eine neue Form der Diktatur, die sich durch „eine programmatische Programmlosigkeit" auszeichne (Maier 1995: 393). Daran anknüpfend wurde Waldemar Gurian schließlich zum Wegbereiter der in den 1950er Jahren in der Bundesrepublik dominanten Schule der Totalitarismustheorien: In *Bolschewismus* (1931) verknüpfte Gurian diesen mit dem Faschismus und wurde somit, beeinflusst von den Werken italienischer Kollegen, zu einem der Urheber der vergleichenden Totalitarismustheorie. Der auch von anderen (selbst marxistischen) Wissenschaftlern verwendete Totalitarismus-Begriff, der davon ausging, dass beide totalitären Systeme auf ähnliche Weise Freiheiten bedrohten und das parlamentarische System sowie den Rechtsstaat untergruben, gewann im Laufe der 1930er erheblich an Aufschwung.

Mit dem Ausbau des NS-Staates ab 1933 wurden kritische Analysen sowohl des italienischen Faschismus als auch des Nationalsozialismus, verstärkt durch deren außenpolitische und ideologische Annäherung in der „Achse Berlin-Rom" im Jahre 1936, durch Verfolgung und Zensur in Deutschland zunehmend unmöglich. Symbolisiert wurde diese Unterdrückung schon im Mai 1933 durch die Bücherverbrennung, weshalb sich kritische Theoretikerinnen und Theoretiker eher im Exil an das heiße Eisen der Faschismustheorien wagten. Zu diesen gehörte Hermann Rauschning, ein ehemaliges NSDAP-Mitglied, welcher durch seine später als Fälschung enttarnten *Gespräche mit Hitler* (1940) international Bekanntheit erlangte. Zuvor lieferte er jedoch eine Interpretation des NS-Regimes als *Die Revolution des Nihilismus* (1938), die die Zerstörung der persönlichen Freiheiten und den moralischen Nihilismus aus bürgerlich-konservativer Perspektive als Folge der Entchristlichung der Gesellschaft erklärte. Deutlich bedeutender für die NS-Forschung waren jedoch die ebenfalls im Exil auf Englisch verfassten Analysen *The Dual State* von Ernst Fraenkel (1941) und *Behemoth* von Franz Neumann (1942), die sich mit der Umformung des NS-Staates im Dritten Reich beschäftigten. Fraenkel und insbesondere Neumann entstammten dem Umfeld des 1924 in Frankfurt am Main gegründeten Instituts für Sozialforschung (IfS), das ebenso wichtige Denkanstöße zur Faschismusforschung lieferte und nach der Zeit des Exils in engem Zusammenhang mit der von Max Horkheimer, Theodor W. Adorno und Herbert Marcuse begründeten Kritischen Theorie der Frankfurter Schule stand. Neumann und Fraenkel prägten hernach die modernen Politikwissenschaften in der Bundesrepublik maßgeblich. Vergleichende Analysen mit anderen faschistischen Bewegungen spielten indes in liberal-konservativen Interpretationen des Faschismus ob der schieren Dominanz der nationalsozialistischen Ideologie und Praxis kaum eine Rolle, trotz der nationalsozialistischen Vorbildfunktion für kollaborative Bewegungen während des Zweiten Weltkrieges wie beispielsweise die norwegische Nasjonal Samling oder die kroatische Ustascha. Während man nach dem Krieg in der DDR an der in den 1920ern von der Komintern geprägten Definition des Faschismus als Handlanger des Kapitalismus festhielt, zeigte die in der jungen Bundesrepublik dominierende Totalitarismustheorie, dass vergleichende Analysen durchaus en vogue waren. Bedeutende Werke von Hannah Arendt (1951), die das Element des Terrors in den Mittelpunkt stellte, sowie von Carl J. Friedrich und Zbigniew Brzeziński (1956) verglichen dabei den Nationalsozialismus mit dem Stalinismus und standen damit, ebenso wie die Forschung in der DDR, ganz im Zeichen des Kalten Krieges. Die sich langsam in Westdeutschland entwickelnde NS-Forschung, die etwa durch die von den Alliierten angeregte Gründung des Instituts für Zeitgeschichte vorangetrieben wurde, scheute jedoch eine internationale, vergleichende Perspektive und Debatten um einen generischen Faschismusbegriff, der scheinbar der Singularitätsthese des Holocaust widersprach. Historiker der NS-Forschung wie Wolfgang Schieder, Jürgen Kocka und Hans Mommsen forderten zwar eine heuristisch brauchbare Faschismusdefinition ein, „ohne sich jedoch selbst daran zu versuchen" (Griffin 2014: 28). Stattdessen versteifte sich die deutsche NS-Forschung auf interne Kontroversen zwischen sogenannten Intentionalisten auf der einen und Funktionalisten bzw. Strukturalisten auf der anderen Seite (vgl. Mommsen 2007). Erstere wie Karl Dietrich Bracher oder Saul Friedländer interpretierten den Nationalsozialismus ideologisch aus der Intention Adolf Hitlers und anderer Führungsfiguren des NS und deren frühen Plänen heraus, die so die Politik und Praxis des Dritten Reiches vorbestimmt hätten. Zweitere wie Hans Mommsen oder Martin Broszat interpretierten die zerstörerische Dynamik des NS-Herrschaftssystems weniger ideologisch, sondern strukturell und eigendynamisch, als Politik aus dem Gegen- und Miteinander rivalisierender Gruppen und selbst geschaffenen Sachzwängen. Die von Ulrich Herbert angestoßene und seit den 1990ern in den Fokus gerückte „Täterforschung" versuchte, wie etwa Michael Wildt betonte, diese Kontroverse um Intention und Funktion zu lösen

(Wildt 2002: 856f.). Im Großen und Ganzen hielt sich die deutsche Forschung jedoch fern von den sich in den 1960ern und 1970ern verstärkenden angelsächsischen Debatten der *fascist studies*, was nicht bedeutete, dass nicht einzelne deutschsprachige Untersuchungen, etwa von Klaus Vondung (1971) und Klaus Theweleit (1978, 1978), wichtige Impulse für diese Konjunkturphase der internationalen Faschismusforschung geben konnten.

Als Ausnahme bestätigte Ernst Nolte die Regel, der in *Faschismus in seiner Epoche* (1963) einen Meilenstein in der vergleichenden Faschismusforschung setzte. 1986 wurde er im Zuge des Historikerstreits in Deutschland auch einer breiten Öffentlichkeit bekannt, als er den Holocaust als nationalsozialistische Reaktion auf vorausgegangene Massenverbrechen in der Sowjetunion und das dortige Gulag-System darstellte. Nolte rief dadurch heftige Gegenreaktionen hervor und wurde unter anderem von Jürgen Habermas des Geschichtsrevisionismus bezichtigt. Zwei Jahrzehnte zuvor war er jedoch einer der ersten, der sich an eine Definition des generischen Faschismus wagte, in dem er Nationalsozialismus, italienischen Faschismus und die französische Action française miteinander verglich. Er verstand den Faschismus primär als antimarxistische Bewegung. Seine geschichtsphilosophische Definitionsformel des Faschismus als Widerstand gegen die theoretische und praktische Transzendenz kritisiert Griffin jedoch in dem vorliegenden Band als ohne heuristischen Mehrwert für die empirische Forschung und als „abstrakt und obskur" (auf Seite 62). Dies hinderte Griffin jedoch nicht daran, Anfang der 1990er das von Nolte eingeführte Konzept eines „faschistischen Minimums" zu übernehmen (bei Nolte bestehend aus Antimarxismus, Antiliberalismus und tendenziellem Antikonservativismus sowie dem Führerprinzip, der Parteiarmee und einem Totalitätsanspruch), um es mit seinem eigenen Inhalt des „palingenetischen Ultranationalismus" zu füllen (siehe Kapitel 3).

Letzten Endes waren es aber trotz Noltes Beitrag anglophone Forscher wie Roger Griffin, Stanley Payne und Robert Paxton, die in den 1990er Jahren die dritte Welle der vergleichenden Faschismusforschung (in Abgrenzung zu den Konjunkturen zwischen den 1920ern und den 1940ern sowie den 1960ern bis in die 1970er hinein) einleiteten, die in Deutschland erst in den 2000er Jahren und oft auch nur in Ansätzen wahrgenommen wurde (vgl. Reichardt 2007). Diese produktive und immer stärker anwachsende Subdisziplin der Geisteswissenschaften (siehe Kapitel 6) lief aber ebenso wenig spurlos an der deutschen Forschung vorbei wie die allgemeinen Trends der transnationalen und globalen Geschichtsforschung. So traten in den vergangenen beiden Jahrzehnten des neuen Jahrtausends auch zahlreiche Historikerinnen und Historiker aus Deutschland und der Schweiz hervor, die oft in Bezugnahme auf eine generische Version des Faschismus als heuristisches Mittel ihrer Forschung transnationale oder globale Fragen stellten, die die nationalen Perspektiven der NS-Forschung bereicherten. Stellvertretend können hier die Forschungen von Sven Reichardt, Arnd Bauerkämper, Andreas Umland, Paula Oppermann, Fernando Esposito und Daniel Hedinger genannt werden. Nicht alle deutschsprachigen vergleichenden Faschismusforscherinnen und -forscher folgen dabei dem in diesem Band von Griffin dargelegten Ansatz. Wolfgang Wippermann bot in *Faschismus: Eine Weltgeschichte vom 19. Jahrhundert bis heute* (2010) etwa eine alternative Theorie zum Griffinschen Konzept eines faschistischen „Idealtypus" an. Stattdessen leitete Wippermann vom italienischen Faschismus einen „Realtypus" ab. Auch wenn dieser sich in der Forschung (noch) nicht durchsetzen konnte, trug er so zum Aufschwung der komparativen Methode in der deutschen, sich mit Faschismustheorie befassenden Geschichtswissenschaft bei. Diese Trendwende gelang trotz einer Anfang der 2000er von Roger Griffin angeregten hitzigen Debatte, in der er die deutsche NS-Forschung in seinen eigenen Worten „arrogant" aufgefordert hatte, „endlich Anschluss an die internationale Forschung zu gewinnen, um so den Nationalsozialismus im europäischen Zusammenhang begreifen und verorten zu können" (Griffin 2014: 29), wodurch er heftige Gegenreaktionen hervorrief. Mittlerweile sind sich die deutschsprachige NS-Forschung und die anglophone Faschismusforschung jedoch deutlich nähergekommen und alte Grabenkämpfe scheinen im Lichte einer transnationalen, vergleichenden, auch deutschsprachige Akademikerinnen und Akademiker mit einbeziehenden Kooperation in Vergessenheit zu geraten.

Der gegenwärtige Nutzen von Roger Griffins Ansatz für die deutschsprachige Forschung

Das in diesem Buch von Griffin vorgeschlagene „emphatische Paradigma" des Faschismus, der als palingenetischer Ultranationalismus definiert wird, ermöglicht deutschsprachigen Forschenden nicht nur eine neue, transnationale Perspektive auf den deutschen Nationalsozialismus der Zwischenkriegszeit sowie zahlreiche andere historische Bewegungen, die sich den NS-Staat zum Vorbild nahmen und teilweise während des Zweiten Weltkrieges mit diesem kollaborierten, sondern bietet auch einen neuen Blick für die Analyse der gegenwärtigen Entwicklungen in Deutschland, Österreich, der Schweiz und darüber hinaus. Hatte Ernst Nolte den Faschismus noch „in seiner Epoche" und damit als abgeschlossenes historisches Phänomen interpretiert, bietet Griffins in diesem Band dargestellter Ansatz auch eine Möglichkeit zur Untersuchung faschistischer Phänomene nach 1945 bis hin zur Gegenwart (siehe Kapitel 5). Im Unterschied zu anderen „Idealtypen" des Faschismus ermöglicht Griffins Herangehensweise dadurch die Erforschung verschiedenster Formen des (Neo-) Faschismus, wie beispielsweise die „metapolitische" Neue Rechte mit Autoren wie Alain de Benoist, Pierre Krebs (dem Gründer des rechtsextremistischen Thule-Seminars) und Alexander Dugin. Im deutschsprachigen Kontext gehören hierzu auch Phänomene wie die Wochenzeitschrift *Junge Freiheit*, die eine Art Sprachrohr der Neuen Rechten darstellt, das publizistische Schaffen Götz Kubitscheks sowie die transnational agierende aktionistische Identitäre Bewegung, die sowohl vom deutschen als auch vom österreichischen Verfassungsschutz als rechtsextrem eingestuft wird. Griffins Ansatz tritt dabei auch der Tendenz entgegen, alle Manifestationen des Rechtspopulismus wie etwa den „Trumpismus" sowie im deutschsprachigen Kontext die Alternative für Deutschland (AfD), die Freiheitliche Partei Österreichs (FPÖ) und die Schweizerische Volkspartei (SVP) als faschistisch zu klassifizieren. Bei dieser Unterscheidung zwischen Populismus und Faschismus stellt die AfD als aktuelle Fallstudie eine besondere analytische Herausforderung dar, wie der Sozialwissenschaftler und Experte für Rechtesextremismus Fabian Virchow im

Nachwort dieses Bandes eingehend erläutert (siehe Seite 215-219).
Bei der Verwendung von Griffins Ansatz zur Beantwortung der
Frage, ob die AfD faschistisch sei, konkludiert Virchow, dass, obgleich nicht die Partei als Gesamtes, so doch zumindest einer der
drei konkurrierenden Strömungen rund um den vom thüringi-
schen AfD-Chef Björn Höcke angeführten „Flügel" als faschistisch
interpretiert werden kann. Daran ändert auch die offizielle Auflösung des Flügels im März 2020 nichts, nachdem der Bundesverfas-
sungsschutz diesen aufgrund seiner erwiesen extremistischen Be-
strebung gegen die freiheitlich-demokratische Grundordnung als
Beobachtungsfall eingestuft hatte. Der Wortführer Höcke vertritt
weiterhin eine Ideologie, die, wie Andreas Kemper (2016) eingehend erforschte und in dem hier folgenden Geleitwort (siehe Seite
21-22) aufgreift, der Griffinschen Faschismusdefinition als palingenetischer Ultranationalismus entspricht (siehe Seite 75). So ist nicht
nur aus rechtlicher Perspektive bemerkenswert, dass das Verwal-
tungsgericht Meiningen 2019 in einem Eilverfahren entschied, dass
Höcke offiziell als „Faschist" bezeichnet werden darf.

Am 19. Februar 2020 ermordete ein Rechtsextremist, der Roger Griffins Typus des fanatischen neofaschistischen Terroristen
entspricht (siehe Seite 180-183), in Hanau 10 Menschen. Dies zeigt,
wie aktuell Griffins in Kapitel 3 präsentierter Idealtypus auch für
die Erforschung der gegenwärtigen Bundesrepublik ist. Er hilft bei
der Erklärung einer Ideologie, die etwa den Nationalsozialistischen
Untergrund (NSU) zu seiner Mordserie veranlasste, die in der Bundesrepublik zahlreiche rechtsextreme Gewalttaten wie etwa den
Mord an dem Politiker Walter Lübcke motivierte und die nicht zuletzt den völkischen Flügel der AfD um Björn Höcke zur politischen
Aktivität inspirierte. Durch die Übersetzung dieses Buches hoffe ich
zumindest einen kleinen Teil zu einer internationalen kooperativen
Wissenschaft rund um das Thema Faschismus beigetragen zu haben – eine Wissenschaft, die den Faschismus nicht nur rückwirkend
erklären können muss, sondern auch dabei behilflich sein sollte, ihn
gegenwärtig einzudämmen.

Berlin, Frühjahr 2020

Andreas Kemper

Geleitwort

Roger Griffins „Einleitung in die vergleichende Faschismusforschung" ist aus zwei Gründen ein lesenswertes Buch. Zum einen bietet es einen fundierten Überblick über das Wirrwarr in der Geschichte der Faschismustheorien, in der sich nach und nach Konzeptionen bewährten und zu einer internationalen Forschung führten. Zum anderen stellt Griffin noch einmal mit verständlichen Worten seine Faschismusdefinition vor. Diese ermöglichte es, Björn Höcke bereits in der Entstehungsphase der AfD 2014 als Vertreter einer faschistischen Ideologie zu identifizieren. Gebräuchlich waren in der Zeit in Deutschland Kennzeichnungen wie ‚national-konservativ', ‚rechtspopulistisch' oder ‚rechtsextrem'. Der Begriff ‚Faschismus' galt – mehr noch als der Begriff ‚Rassismus' Jahrzehnte zuvor – als Begriff der Geschichtsforschung. Er war der Kennzeichnung einer Bewegung vorbehalten, die zu Auschwitz geführt hatte, dann aber auch mit dieser Bewegung für immer unterging. Spätestens mit dem Fall der Mauer, dem ‚antifaschistischen Schutzwall', war in Deutschland der Begriff ‚faschistisch' „verbrannt". Wer dennoch aktuelle Akteure bzw. deren Ideologien als ‚faschistisch' bezeichnete, galt seinerseits als verbohrt kommunistisch oder als jemand, der andere beleidigen wollte.

Roger Griffins Herausarbeitung der Kernelemente faschistischer Ideologien war in dieser Entstehungsphase der AfD mit ihren konkurrierenden ideologischen Strömungen von unschätzbarem Wert. Ich konnte die Reden und Interviews Höckes auf ideologische Kernelemente untersuchen und entsprechend aufzeigen, dass sie der Minimaldefinition einer faschistischen Ideologie, dem ‚palingenetischen Ultranationalismus' nach Roger Griffin, entsprachen. Mit Griffins analytischen Werkzeugkasten war der Nachweis, dass Höckes Ideologie faschistisch und nicht „national-konservativ" sei, nur noch eine Fleißarbeit. Der Verfassungsschutz schloss sich später meiner Einschätzung weitgehend an, Höckes ‚Flügel' in der AfD wurde zum Beobachtungsfall erklärt und löste sich zumindest offiziell auf.

21

Allerdings hat dies leider nicht dazu geführt, dass der deutsche Verfassungsschutz seinen Analyseapparat in Frage stellte. Eine typisch deutsche Verhaltensweise in der Faschismusforschung, die Griffin zurecht als „deutsche Arroganz" im akademischen Milieu bezeichnete.

Während die akademische Forschung und vor allem der Verfassungsschutz sich noch immer nicht dazu durchringen können, von Faschismus zu sprechen, haben immer breitere Teile der Bevölkerung, Journalist*innen und Politiker*innen, die sich dem ‚Nie wieder Faschismus' verpflichtet fühlen, damit weniger Probleme. Leider sind die Erörterungen der internationalen Faschismusforschung in Deutschland so wenig bekannt, dass die richtige Einschätzung sich notdürftig auf Gerichtsurteile zurückzieht („man darf Höcke als Faschisten bezeichnen") und entsprechend angreifbar ist. Wichtig wäre zudem nicht nur, Faschismus theoriebegründet als Faschismus bezeichnen zu können, sondern auch die Grenzen benennen zu können: Es gibt keinen „rot-lackierten Faschismus", keinen „Genderfaschismus", keinen „Klimafaschismus" – aber auch nicht alle konservativ-antidemokratischen Ansätze sind faschistisch.

Umso erfreulicher ist das Erscheinen von Roger Griffins *Fascism. An Introduction in Comparative Faschist Studies* (2018) in deutscher Sprache. Hier findet sich eine gut verständliche Abhandlung der Geschichte der Faschismustheorien seit den 1920er Jahren bis zur „vergleichenden Faschismusforschung", die bereits in den 1960er Jahren mit George L. Mosse begann, aber erst in den letzten Jahren zu einem gemeinsamen Forschungsansatz fand. Wie in anderen Bereichen (Klimakatastrophe, Corona-Krise, …) ist eine gemeinsame internationale vergleichende Faschismusforschung wichtig, die uns begreifen lässt, was vor sich geht; sie ist wichtig, um entsprechend gut informiert demokratisch und couragiert Einfluss nehmen zu können.

Andreas Kemper ist freischaffender Publizist und Soziologe mit den Schwerpunkten AfD, Antifeminismus und Klassismus.

Danksagungen

Diese kurze, aber hoffentlich substantielle Einführung in die Faschismusforschung konnte nur durch eine kleine Gruppe von Akademikern entstehen, die eine Vielzahl von Muttersprachen sprechen und Vorreiterarbeit bei der Anwendung der methodologischen Empathie zum Verständnis der Natur der Faschismus geleistet haben. Ihre Werke wurden von den 1960er Jahren an bis 1985 publiziert, also bis zu dem Jahr, in dem ich mit meiner eigenen Faschismusforschung begann. Sie überzeugten mich davon, dass die Prämissen, unter denen ich arbeitete, nicht völlig abwegig waren (trotz der anhaltenden Skepsis einiger bedeutender Historiker). Dieses Werk ist auch einer größeren Anzahl von Kolleginnen und Kollegen zu verdanken, die sich der Faschismusforschung in einer Weise näherten, die entweder von meiner Theorie des „palingenetischen Ultranationalismus" in einer kritischen, aber kollaborativen und wohlwollenden Art beeinflusst wurde oder mit ihr übereinstimmte. Die daraus resultierenden Synergien ermöglichten einen echten und rapiden Fortschritt, der sich von einer langen Periode absetzte, die von einer merkwürdigen methodischen Naivität und zahlreichen eigenartigen Theorien des Faschismus von minimalem Wert für praktizierende Geschichts- und Politikwissenschaftlerinnen und -wissenschaftler geprägt war.

Es ist ein glücklicher Zufall, dass die englische Erstveröffentlichung dieses Leitfadens zum Faschismus als politische Theorie im Jahr 2018 unter dem Titel *Fascism* mit der Gründung der *International Association for Comparative Fascist Studies* (Internationale Gesellschaft für vergleichende Faschismusforschung, COMFAS) an der Central European University in Budapest zusammenfiel. Dies ist ein passendes Symbol für die Art und Weise, wie sich eine früher lose Ansammlung willkürlicher, fast amateurhaft wirkender Vermutungen darüber, wie man über den Faschismus schreiben kann, zu einer dynamischen und zusammenhängenden Subdisziplin weiterentwickeln konnte. Bei allen in diesem Sinne zustimmend zitierten Akademikerinnen und Akademikern möchte ich mich an dieser Stelle implizit bedanken, einige haben mir jedoch entscheidend bei der Verbesserung eines ersten Entwurfs geholfen. Dies gilt insbesondere für meinen Redakteur beim Verlag Polity, George Owers (der bemerkenswerte Geduld zeigte, als das Projekt immer länger wurde sowie einen signifikanten Einfluss auf die endgültige Form des Werkes hatte), und meine Mitstreiter in der Forschung zu Faschismus und Neofaschismus: Aristoteles Kallis, Paul Jackson, Anton Shekhovtsov, David Roberts und Jakub Drabik. Besonders erwähnen möchte ich den Übersetzer dieser *ibidem*-Ausgabe Martin Kristoffer Hamre, der die schwierige Aufgabe übernahm, meine manchmal verschnörkelte, barock anmutende Prosa und meine Gedankengänge in verständlichem Deutsch wiederzugeben, sowie mehrere wichtige Änderungen und Korrekturen des Textes vorschlug.

Mein persönliches Interesse am Thema Faschismus wurde durch Marielle Demartinis Eintreten in mein Leben angeregt, die mir wie durch ein magisches Portal blickend die italienische Kultur, Geschichte und Sprache zu einer Zeit näher brachte, in der ich gleichzeitig einen Kurs über die „Theorien des Faschismus" mit dem damaligen *Head of Department* Dr. Robert Murray an jener Hochschule lehrte, welche später zur Oxford Brookes University werden sollte. Er hatte den Zweiten Weltkrieg als Soldat der anglo-amerikanischen Streitkräfte, die in Italien den Faschismus besiegten, überlebt. Sein Anliegen war es, nun als Akademiker zu verstehen, wofür er gekämpft hatte und was es eigentlich gewesen war, das er damals bekämpft hatte. Daher ist dieses Buch Mariella und Robert gewidmet.

Roger D. Griffin
Campomorone und Oxford, August 2017
(aktualisiert im Februar 2020)

1 Einführung: Warum der Faschismus ein „Schlüsselbegriff" ist[1]

Was ist also Faschismus?

Vor gut sechzehnhundert Jahren schrieb Augustinus von Hippo in seinen *Bekenntnissen*, Buch XI: „Was ist also die Zeit? Wenn mich niemand darüber fragt, so weiß ich es; wenn ich es aber jemandem auf seine Frage erklären möchte, so weiß ich es nicht." Ein ähnliches Problem gilt für den Faschismus. Die meisten westlich geprägten Menschen wissen instinktiv, „was Faschismus ist", bis sie es jemand anderem erklären müssen. Dann wird der Versuch einer Definition zunehmend verworren und inkohärent (eine Behauptung, die man in einem Seminar testen könnte). Der Grund für die Herausgabe dieses Werkes ist nicht nur, dass es unmöglich erscheint, einfach darzulegen, „was Faschismus ist", sondern dass ein Jahrhundert, nachdem das Wort als Bezeichnung für ein neues italienisches politisches Phänomen und Programm entstanden war, dessen Definition als Begriff der politischen und historischen Analyse immer noch verblüffend vielfältig ausgelegt und heiß diskutiert wird. Daher bedarf es dieses „Handbuches für Anfänger", welches für diejenigen entwickelt wurde, die egal auf welchem Level in den Geschichts- oder Politikwissenschaften einen Punkt erreicht haben, an dem ihnen eine synoptische Darlegung der Faschismusforschung empfohlen wurde (oder, noch besser, die selbst spontan eine Notwendigkeit dafür verspürten). Mit diesen Leserinnen und Lesern im Sinn bietet der vorliegende Text eine relativ kompakte und zugängliche Definition von Faschismus sowie einen kurzen Überblick über seine Haupteigenschaften, Geschichte und Entwicklungen, wenn diese Definition auf politische Strategien, Bewegungen und Geschehnisse angewendet wird.

---

[1]   Der englische Originaltext dieses Buches erschien 2018 in der Reihe „Key Concepts in Political Theory", die von Polity Press, Cambridge herausgegeben wird.

Leitfäden für Studierende in den Geisteswissenschaften lau-
fen Gefahr, frustrierend abstrakt und unklar zu sein, und erinnern
dabei an Bedienungsanleitungen für selbstaufzubauende Tischten-
nisplatten, die erst Sinn ergeben, wenn die Platte zusammengebaut
ist und mysteriöse Muttern, Schrauben und Dichtungsringe übrig-
bleiben (ich spreche da aus eigener Erfahrung). Dennoch hoffe ich,
dass das Folgende zeigen wird, dass Faschismus zwar ein frustrierend schwer fassbares Thema sein kann, wenn es darum geht, die
Definitionsmerkmale zu identifizieren, die ihn von anderen Formen rechtsextremer Bewegungen und Regimen unterscheiden.
Aber vielleicht kann es gerade deshalb auch ein sehr faszinierendes
und erfüllendes Thema sein. Erstens bietet der Faschismus ein her-
vorragendes Beispiel für das grundlegende akademische Prinzip,
dass auf einem fortgeschrittenen Level niemand die Geschichte eines Aspekts eines großen Themas in den Humanwissenschaften
(*human science*) studieren oder schreiben kann, ohne zuvorderst
seine konzeptionellen Konturen zu klären und eine „Arbeitsdefinition" unter gebührender Berücksichtigung der bisherigen Ansätze
der Disziplin zu etablieren. Wenn zweitens das Kernargument dieses Werkes akzeptiert wird, entsteht ein fesselndes Narrativ darüber, wie sich der Faschismus entwickelt hat: Von seinen unheil-
vollen Anfängen im März 1919 als neue, aber unbedeutende politische Kraft, in Gang gebracht von einer zusammengewürfelten
Gruppe italienischer Kriegsveteranen, über das Anwachsen in der
Zwischenkriegszeit hin zu einer verheerenden, internationalen und
„welthistorischen" Kraft, bis zum Einfluss in der Gegenwart, trotz
des radikalen Rückgangs der Unterstützerbasis seit 1945. Abschlie-
ßend soll dieses Buch, selbst wenn man mit der hier vorgebrachten
These nicht einverstanden ist, der Leserin und dem Leser helfen,
sich selbst in der fortdauernden Debatte um den Faschismus verorten zu können. Des Weiteren soll es dazu befähigen, formulieren zu
können, was man an der dominanten „Denkschule" innerhalb der
vergleichenden Faschismusforschung nicht überzeugend findet,
sowie eine selbstständige Perspektive auf das Thema Faschismus
innerhalb eines Essays oder eines Studienprogramms präsentieren
zu können.

Warum der Faschismus nicht das Gleiche wie eine Ente ist

Dass der Begriff Faschismus im öffentlichen Diskurs so großzügig und durchsetzungsstark verwendet wird, könnte nahe legen, dass es fast übertrieben wäre, einen ganzen Band (selbst wenn er relativ dünn wie dieser ist) der Klärung des historischen Phänomens und seiner Typen zu widmen. Für viele Journalistinnen und Journalisten sowie politische Kommentatorinnen und Kommentatoren scheint es absolut klar zu sein, was Faschismus bedeutet. Auf dem Höhepunkt des US-Präsidentschaftswahlkampfes von 2016 antwortete beispielsweise der republikanische Kandidat Gary Johnson auf die Frage, ob Donald Trump ein Faschist sei, kryptisch: „Es läuft wie eine Ente, es quakt wie eine Ente." Lässt man die Anspielung auf die Zeichentrickfigur Donald Duck einmal beiseite, so impliziert die Antwort, dass man direkt von Trumps politischen Äußerungen und von seinem Verhalten ableiten könne, dass er in der Tat eine „Ente", also ein Faschist, sei (Pager 2016). Nach einem Moment der Reflexion sollte jedoch für jeden offensichtlich sein, wenn auch nicht für einen Präsidentschaftskandidaten und seinen Interviewer, so doch zumindest für die Lesenden dieses Buches, dass der Faschismus nicht mit einem Wasservogel verglichen werden kann. Eine Ente ist ein lebendiges Tier, das man biologisch durch die empirisch fassbare Familie oder das Geschlecht (*Anatidae*) im Tierreich definieren kann und das mehrere objektiv identifizierbare Varianten (Spezies) umfasst. „Die Ente" ist also ein *taxonomisches* Konzept innerhalb der Naturwissenschaften, über dessen Anwendung auf Phänomene in der realen Welt ein Konsens von Expertinnen und Experten zumindest innerhalb der professionellen Disziplin der Zoologie besteht (auch wenn man darauf hinweisen könnte, dass sogar die Familie der Enten von ungeübten Augen mit verschiedenen Typen anderer evolutionärer Zweige der Wasservögel verwechselt werden kann, etwa mit Seetauchern, Blesshühnern, Lappentauchern oder Teichhühnern).

Im Gegensatz dazu haben diejenigen, die sich mit Geisteswissenschaften beschäftigen, eindeutig gezeigt, dass es keinen solchen Konsens über die Definition von „Faschismus" gibt – ebenso wenig

wie Konsens über jedes andere generische Konzept herrscht, welches zum Verständnis von Politik, Gesellschaft oder Geschichte
verwendet wird.[2] Daraus folgt, dass die Bedeutung von Faschismus, ebenso wie jedes anderen generischen „Schlüsselkonzepts" in
den Geschichts-, Sozial- oder Politikwissenschaften, Gegenstand
von Debatten und Meinungsverschiedenheiten sein muss. Jeder
wissenschaftliche Konsens über seine Bedeutung ist daher notwendigerweise sowohl partiell (da weitere Forschung neue Fakten, Beziehungen und Fragen beleuchtet sowie neue Themen, Muster und
Zusammenhänge identifiziert) als auch vergänglich (da die Geschichte und die Geschichtsschreibung sich fortlaufend weiterentwickeln). Aus diesem Grunde wird die Faschismusforschung immer *work in progress* sein, und auch das ihr zugrunde liegende generische Schlüsselkonzept wird umstritten bleiben, solange Akademikerinnen und Akademiker dessen Charakterisierung als würdi-
ges Objekt intellektueller Anstrengung erachten.

Die in diesem Band verwendete narrative Geschichte des „Faschismus"

Für die Lesenden kann es für das weitere Verständnis hilfreich sein,
das besondere historische Narrativ dieses Buches auf der Grundlage dessen zu skizzieren, wie Faschismus hier konzeptualisiert
wird. Das erste, was zu beachten ist, ist die (in der anglophonen
Forschung) übliche Unterscheidung zwischen dem großgeschrie-

---

2   Zu erklären, warum dies der Fall ist, geht weit über das Vorhaben dieses Buches
hinaus und fällt Spezialisten für Methodik und Philosophie in den Sozialwis-
senschaften zu. Diese können sich auf verschiedene epistemologische Pioniere
zur Erklärung der Unmöglichkeit einer „objektiven" Definition in den Geisteswissenschaften stützen, wie etwa den Soziologen Max Weber, den Philosophen
Heinrich Rickert, den psychologischen Strukturalisten Lew Wygiotski oder den
Mitbegründer der Hermeneutik Paul Ricœur (siehe Outhwaite 1983). Die Unmöglichkeit einer objektiven Definition aller Begriffe in den Geisteswissenschaften schließt die Möglichkeit aus, zu einem vollständigen Konsens oder einer Einstimmigkeit unter Experten über die Bedeutung eines Schlüsselbegriffs
zu gelangen, und trägt dazu bei, die bis zum heutigen Tag schwierige definitorische Geschichte des Faschismus zu erklären.

benen *Fascism*, welcher sich auf die historische Bewegung Mussolinis bezieht, und dem kleingeschriebenen *fascism*, welcher für die große Gruppe an Bewegungen in vielen weiteren Ländern steht, und der damit verbundenen Bezeichnung als Phänomen, welches als „generischer Faschismus" (*generic fascism*) bekannt ist.[3] Es ist dieser allgemeine generische Faschismus, der hier als Schlüsselkonzept der Politik Thema ist. Wenn man die am häufigsten verwendete wissenschaftliche Definition anwendet (die in Kapitel 3 dargestellt wird), kann man davon ausgehen, dass der Faschismus eine zentrale Rolle bei einer Reihe von bedeutsamen Ereignissen spielte, die sich Anfang des zwanzigsten Jahrhunderts als direkte oder indirekte Folge der Allianz zwischen dem faschistischen Italien und dem nationalsozialistischen Deutschland ereigneten: der Krieg, den sie als Initiatoren der „Berlin-Rom-Achse" zwischen 1939 und 1945 gemeinsam gegen viele westliche Demokratien führten sowie das Bündnis des Dritten Reiches mit der Sowjetunion von 1939 bis 1941, als Mittel- und Osteuropa gemäß dem Molotow-Ribbentrop-Pakt in zwei „Einflusszonen" aufgeteilt wurde und die Verfolgung, Zwangsmigration und Versklavung, der Hungertod von und der systematische Massenmord an unzähligen Millionen Zivilisten als Folgen der Geschehnisse am 22. Juni 1941, als das Dritte Reich den Pakt einseitig mit einem Großangriff auf russische Positionen in Polen beendete.

Nach der nationalsozialistischen Invasion Russlands und dem japanischen Angriff auf Pearl Harbor im Dezember 1941, der die Vereinigten Staaten zum Kriegseintritt veranlasste, entwickelte sich der europäische Konflikt, der durch den Aufstieg des Faschismus ausgelöst und durch die Zusammenarbeit mit einheimischen faschistischen Bewegungen in den von den Nazis besetzten Ländern und anderen profaschistischen Regierungen gefestigt worden war, schnell zu einem globalen Konflikt, mit Kriegsschauplätzen in Europa und in Asien zu Lande, zu Wasser und in der Luft. So verwundert es nicht, dass einige Historikerinnen und Historiker den Fa-

---

[3]   Anmerkung des Übersetzers: Siehe Einleitung Seite 11.

schismus, gemeinsam mit dem Kommunismus, als den dominanten Faktor bei der geschichtlichen Entwicklung von 1918 bis 1945
betrachten, so dass sie von einer „faschistischen Ära" oder vom Faschismus als „einer epochalen Bewegung" sprechen. Dies ergibt
durchaus Sinn, da, auch wenn nur drei vollwertige faschistische Regime etabliert wurden – in Italien unter Benito Mussolini, in
Deutschland unter Adolf Hitler und in Kroatien unter Ante Pavelić,
und nur die ersten beiden zu Friedenszeiten –, in europäischen Ländern zahlreiche Bewegungen entstanden, die diesen Regimen nach-
eiferten. Einige dienten als Marionettenregierungen und hatten
dadurch entscheidenden Anteil am Erfolg des Nationalsozialismus, die Kontrolle über die „Neuordnung Europas" so lange zu be-
halten, wie es ihm möglich gewesen war. Darüber hinaus „faschi-
sierten" sich eine Reihe von Diktaturen in Europa und Lateinamerika als Zeichen der scheinbaren Hegemonie des Faschismus und
in Reaktion auf dessen Aussichten auf einen endgültigen Sieg in der
modernen politischen Ära.

Nach 1945 wurde der politische Handlungsraum für den Faschismus drastisch reduziert, weshalb man argumentieren könnte,
dass das Konzept in der heutigen politischen Welt längst seinen
Status als „Schlüsselkonzept" verloren habe. Wenn man jedoch
eine ideologische Definition des Faschismus auf die Zeit nach 1945
anwendet, und zwar keine, die die zwischenkriegszeitliche Manifestation des Faschismus als uniformierte paramilitärische Bewegung oder totalitären Staat betont, wird deutlich, dass viele hundert
Gruppierungen und Aktivitäten (in Form von Parteien, Bewegungen, Splittergruppen, Webseiten oder fanatischen Einzelgängern)
existieren. Diese folgen den grundlegenden Idealen ihrer „klassischen" Zwischenkriegsvorbilder, auch wenn sie deren Ideale erheblich überarbeiten und aktualisieren, um ihre neuen Feinde zu
bekämpfen. Darüber hinaus birgt die Beharrlichkeit des faschistischen Fanatismus, schlummernde Kräfte des extremen Nationalismus und Rassismus zu wecken, und sei es nur bei isolierten Individuen, ein anhaltendes Risiko, sporadische, aber potenziell verheerende Terroranschläge auf die Zivilgesellschaft zu verursachen.
Dies deutet darauf hin, dass tausende desorientierte Menschen, die
nicht tolerieren können oder wollen, was sie als das kulturelle

Chaos oder die „Dekadenz" der modernen Welt wahrnehmen, die Niederlage der Achsenmächte weiterhin als eine historische Katastrophe betrachten. Unbeirrbar sehen sie sich immer noch danach, eine Rolle beim Aufbau einer neuen faschistischen Ära zu spielen oder zumindest die faschistischen Ideale am Leben zu erhalten, indem sie jedes Ereignis oder jede Technologie ausnutzen, die es ihnen ermöglichen, die Wiedergeburt einer Nation oder Rasse[4] auf Grundlage ihrer Ideale einer homogeneren, heroischeren und epischeren Zivilisation als dringende Notwendigkeit weiterzuvermitteln.

Weitere Gründe, ein Buch dem Faschismus als Schlüsselbegriff der politischen Theorie zu widmen

„Der Faschismus" ist nicht nur wegen seiner entscheidenden Auswirkungen auf den Verlauf der Zwischenkriegsgeschichte ein wichtiges Thema, oder weil faschistische Utopien in marginalisierten politischen Gegenkulturen in der gesamten westlich geprägten Welt immer noch Akte extremer Gewalt hervorbringen können. Es ist auch wichtig, dass der Begriff möglichst präzise und forensisch verwendet wird, weil zwei weit verbreitete missbräuchliche Verwendungen des Begriffs im öffentlichen Diskurs und in den Medien verwendet werden, die seine Präzision und seinen analytischen Wert beeinträchtigen. Einerseits wird der Begriff weitgehend auf einen umgangssprachlichen Ausdruck für jedes politische System, jede staatliche Politik oder jedes Beispiel gesellschaftlicher Sitten reduziert, das die persönliche Freiheit und die individuellen Wahl- und Ausdrucksmöglichkeiten in einer manipulativen oder autoritären Art einschränkt. Die Debatte um den Klimawandel, die staatlich geförderte Behandlung von Wasser mit Fluorid, die Machenschaften des Großkapitals, die Bürokratie der Europäischen Union, Versuche von Regierungen, die Öffentlichkeit zu ermutigen, mit dem Rauchen aufzuhören, die politische Korrektheit, der

---

4   Zur Verwendung des Begriffs „Rasse" im Deutschen s. Ausführungen in der Einleitung des Übersetzers auf S. 12-13.

Schaden, den die Modewirtschaft dem eigenen Selbstbild und gesunden Ernährungsgewohnheiten zufügt, ja sogar das staatliche Steuersystem – alle wurden schon des Faschismus bezichtigt. Diese Verwässerung des Begriffs ist kein rein westliches Phänomen. Im Jahr 2002 veröffentlichte der muslimische Kreationist Adnan Oktar, der auch als Harun Yahya (2002) bekannt ist, das Werk *Fascism: The Bloody Ideology of Darwinism.*[5]

Ein zweiter Bereich, in dem der Begriff verzerrt wird, sind politische Kommentare, Debatten und Proteste. Gegner unmittelbar als „faschistisch" zu bezeichnen, delegitimiert und dämonisiert sie in den Augen ihrer Kritiker, seien es nun die republikanische Tea-Party-Bewegung, Barack Obama, Donald Trump, Vladimir Putin, Saddam Hussein, Bashar al-Assad, der Staat Israel, die Regierung der USA, die Brüsseler Eurokratie, antisozialistische Diktaturen, antipopulistische oder übermäßig populistische Kräfte. Nach dem 11. September 2001 wurde auch der politische Islam (der Islamismus, genauer gesagt der globale dschihadistische Salafismus) als „Islamfaschismus" (*Islamofascism*) bezeichnet, eine von George W. Bush unterstützte Anwendung des Begriffes. In jüngster Zeit bezeichneten sich während des russisch-ukrainischen Konflikts beide Seiten gegenseitig als Faschisten. Unterdessen versichern uns einige Journalistinnen und Journalisten, die für die „Qualitätspresse" schreiben, dass China von einem kommunistischen zu einem faschistischen Staat mutiert ist (z.B. Becker 2002). Unabhängig von seiner kathartischen Wirkung als abwertender Ausdruck oder Sammelbegriff, ist die gravierendste Folge einer so unsachgemäßen Verwendung des Begriffs „Faschismus", dass dies zu einer großen Verwirrung beigetragen hat, wie die Befürworter bestimmter rechtsgerichteter Formen demokratischer Politik zu bezeichnen sind, die den Multikulturalismus, die Arbeitnehmerfreizügigkeit, die vermeintliche Islamisierung der Gesellschaft, *big government*[6] und internationale Organisationen wie die EU und die Vereinten

---

5   Anm. des Übersetzers: Als *Faschismus: Die blutige Ideologie des Darwinismus* ist das Werk mittlerweile auch auf Deutsch erschienen und online zugänglich.

6   Anm. des Übersetzers: Der Vorwurf einer zu involvierten, wörtlich zu großen Regierung.

Nationen angreifen. Dies geschieht jedoch auf *demokratische* Weise, sprich aus den Institutionen der repräsentativen Regierung heraus, die sie nicht abschaffen wollen. Die vorherrschende Bezeichnung für diese in der heutigen Politik immer wichtiger werdende Richtung, „Populismus", wirft ihre eigenen problematischen Fragen auf, nicht zuletzt, weil dieser Begriff häufig mit „Faschismus" verschmolzen wird. Dieses Thema wird in Kapitel 5 problematisiert.

Aufgrund dieser beiden Bereiche, in denen der analytische, heuristische Wert des Begriffs „Faschismus" durch mangelnde Präzision erodiert und vermindert wurde, muss in diesem Band viel Raum für die Etablierung eines konzeptionellen Rahmens gelassen werden, der zur Darstellung der Vor- und Nachkriegsgeschichte des Begriffes verwendet wird. Wie bereits angedeutet wurde, kann dies jedoch erst geschehen, nachdem die „Vorgeschichte" der zeitgenössischen Versuche, die Definition von Faschismus zu präzisieren und seine Konnotationen und Signifikanz als Konzept zu etablieren, dargestellt wurde.

Die Struktur dieses Buches

Aus dieser Agenda ergibt sich die Struktur dieses Buches. Kapitel 2 befasst sich mit der reichhaltigen Geschichte der marxistischen Interpretationen des Faschismus, von denen die erste bereits veröffentlicht wurde, bevor Mussolini zwei Jahre später zum *Duce* wurde. Es liefert danach Beispiele für die tiefe Verwirrung, die Jahrzehnte lang in der Faschismusforschung außerhalb des Marxismus in Fragen der Definition herrschte. Das Ergebnis dieses akuten Mangels an einem wissenschaftlichen Konsens war eine starke Verbreitung idiosynkratischer, also eigenwilliger Theorien des Begriffs, die bei Historikern oder Politikwissenschaftlern nur minimale Resonanz oder praktische Anwendung fanden.

In Kapitel 3 wird ein bestimmtes Model oder, besser, ein Idealtypus[7] des generischen Faschismus nach Max Weber dargelegt.

---

[7]   Der „Idealtypus" hat viel mit den Konzepten des *hypothetischen Konstrukts* und des *heuristischen Mittels* und mit äquivalenten Begriffen gemein, die in jeder Theorie des Wissens oder der Erkenntnistheorie vorkommen, die die aktive

Dessen Übernahme durch eine wachsende Zahl an Forscherinnen und Forschern seit den 1990er Jahren führte zum ersten Mal zu einem stetigen Fluss an beeindruckenden Artikeln, Monografien und Aufsatzsammlungen über verschiedene Aspekte des generischen Faschismus oder bestimmter Bewegungen mit einem hohen Maß an interner Kohärenz und Übereinstimmung innerhalb des Forschungsfeldes. Diese beiden Kapitel bieten somit eine Art „narrative Geschichte" des langen und schlussendlich erfolgreichen Kampfes, dem „Faschismus" eine konzeptionelle und definierte Kohärenz zu verleihen. Bewusst wurden diese Kapitel so strukturiert, um die Lesenden auf die besonderen Konnotationen und Anwendungen des Begriffes in diesem Buch vorzubereiten. (Es versteht sich von selbst, dass jede andere Expertin oder jeder andere Experte dem Begriff kontrastierende konzeptuelle Konturen gegeben hätte, die ihre oder seine eigene Interpretation widerspiegeln).

In Kapitel 4 wird der zuvor etablierte theoretische Ansatz auf die Zwischenkriegszeit angewendet, indem viele Beispiele dafür

---

Rolle des Geistes oder die konzeptualisierende Fähigkeit zur Abstrahierung eines idealisierten verbalen Modells oder eines Paradigmas eines allgemeinen Phänomens von der Realität betonen. Der Vordenker der Soziologie Max Weber formulierte als Erster die Theorie des „Idealtyps" als konzeptionelles Mittel in den Geisteswissenschaften, welches durch einen bewussten Prozess der „utopischen Abstraktion" aus empirischen Realitäten gebildet wurde, die häufig mit dem gleichen generischen Begriff bezeichnet werden (bei ihm das Beispiel „Kapitalismus"). Für einen kurzen Überblick über die Theorie siehe William Outhwaites Artikel (2002: 280-2). Dieser Artikel bezieht sich auch auf Ludwig Wittgensteins alternative, aber eng verwandte Theorie der „Familienähnlichkeit" zwischen verschiedenen Phänomenen, die mit dem gleichen generischen Begriff bezeichnet werden (er verwendet als Beispiel den Begriff „Spiel"). Eine detailliertere Darstellung von Webers Theorie findet man bei Burger (1976). Für diejenigen, die mit dem Konzept des Idealtyps nicht vertraut sind, mag es jedoch interessant sein, Max Webers eigene Beschreibung zu lesen: „Er [der Idealtypus] wird gewonnen durch einseitige Steigerung eines oder einiger Gesichtspunkte und durch Zusammenschluß einer Fülle von [...] Einzelerscheinungen, die sich jenen einseitig herausgehobenen Gesichtspunkten fügen, zu einem in sich einheitlichen Gedankenbilde." Eine solche einseitige Übertreibung – ähnlich der Technik, die in Karikaturen und Cartoons zur politischen Argumentation verwendet wird – wird von Weber als heuristische Fiktion anerkannt, oder als Utopie, die „nirgends in der Wirklichkeit empirisch vorfindbar" ist (Weber 1904: 65).

präsentiert werden, wie bestimmte faschistische Phänomene immerzu gemeinsame ideologische Elemente, die im generischen Modell dargestellt wurden, mit sehr unterschiedlichen und eigenwilligen Merkmalen kombinieren. Diese Synthese verleiht jeder einzelnen Manifestation des generischen Faschismus innerhalb des historischen Prozesses seine einzigartige Struktur und „Persönlichkeit".

Im Anschluss daran bietet Kapitel 5 einen zusammenfassenden Überblick über die Entwicklung des Faschismus in der Nachkriegszeit bis hin zur Gegenwart, um die schiere Bandbreite der Arten zu veranschaulichen, die die Gattung bis heute vertreten (wenn
die in diesem Band vorgeschlagene „Arbeitsdefinition" akzeptiert
wird). Obwohl die „Ära des Faschismus" symbolisch mit der Erschießung Mussolinis durch Partisanen nahe dem Comer Seeufer
und mit Hitlers Selbstmord in seinem Berliner Bunker im April
1945 zu einem Ende kam, hofft dieses Kapitel, die Lesenden davon
zu überzeugen, dass die Träume, die Mussolini und Hitler von einer ultranationalistischen Neuordnung hatten, auf internationaler
Ebene auf einer für sie unvorstellbaren Weise bis heute Bestand haben – sei es durch Formen, Übertragungsarten, Inhalte, Taktiken
und utopische Ziele, die von den beiden kaum wiedererkannt werden würden.

Das Buch endet mit einem Fazit (Kapitel 6), das Grundprinzipien der vergleichenden Faschismusforschung vorschlägt, die von
Studierenden für ihre eigene Arbeit verwendet werden können.
Anschließend werden Empfehlungen gegeben, wie auch Neueinsteigerinnen und Neueinsteiger durch die bewusste Wahl von Themen und Forschungsfragen einen wesentlichen Beitrag zum weiteren Fortschritt in diesem Fachgebiet leisten können. Diese Themen
können von den neuesten Trends und Fragestellungen der jüngsten
Veröffentlichungen geprägt sein, auf die dieser schlanke Band lediglich hinweisen kann. Sollten sich die Newcomer für diese Themen entscheiden, würden sie sich einer akademischen Community
anschließen, die sich einer Subdisziplin verschrieben hat, die nach
einer langen Zeit der Adoleszenz endlich in eine dynamische Phase
der ertragreichen Reife und wahrhaftig internationalen Produktivität einzutreten scheint. Längst vorbei sind die Zeiten, in denen einer

der bedeutendsten englischsprachigen Experten für den italienischen Faschismus der damaligen Zeit auf mein schüchternes Ge-
ständnis, dass ich eine Doktorarbeit über die faschistische Ideologie
schreibe, mit den ermutigenden Worten reagierte: „Mein Junge, so
etwas gibt es gar nicht. Trink noch ein Glas Sherry."

2 Den Faschismus begreifen: Marxistische und frühe liberale Ansätze

Die Suche nach einer Definition

Der Versuch, zu einer zufriedenstellenden Definition des Faschismus zu gelangen, wurde bereits mit der mystischen Suche nach dem Heiligen Gral (Blinkhorn 2000: 5), mit der Hingabe eines Goldsuchers bei der „Ausgrabung einer letzten reinen Lode" aus Gold (Bosworth 2009: 5) und, noch erschütternder, mit „der Suche nach einer schwarzen Katze in einem dunklen und möglicherweise leeren Raum" (Whittam 1995: 1) verglichen. Dieses Kapitel gibt einen Überblick über eine der beiden Hauptwege, denen heute die unerschrockenen Forscherinnen und Forscher folgen, die, unbeeindruckt von den Skeptikern, diese Expedition angetreten sind, seitdem Mussolini im März 1919 das erste Netzwerk der *Fasci italiani di combattimento* (Italienische Kampverbände) in Italiens dynamischster Stadt Mailand gründete, um den Geist der Schützengräben am Leben zu erhalten.

Das faschistische Programm, das einem kleinen Publikum in einem Sitzungssaal des Hauptquartiers eines Wirtschaftsverbandes auf der Piazza San Sepolcro angekündigt wurde, verdeutlichte, dass die junge Bewegung ihre Aufgabe darin sah, eine militante Avantgarde zu schaffen. Diese sollte sich der totalen Transformation Italiens im Geiste des *combattentismo* widmen, dem extremen, selbstaufopfernden Patriotismus der Veteranen, insbesondere der Elitetruppen der Armee, der *Arditi*, die die schrecklichen Bedingungen des Grabenkriegs in den Bergen lange genug ausgehalten hatten, um den Sieg der Entente zu erleben. Innerhalb weniger Wochen wurde die neue Kraft in der italienischen Politik „Faschismus" genannt – erst später kam die Assoziation mit den *Fasces* (Rutenbündel), dem römischen Symbols der Staatsmacht – und 1922 wurde ein neuer, generischer Oberbegriff, der „Faschismus", in das politische Lexikon aufgenommen.

Der erste Weg, der dieses neue Konzept verstehen hilft, lässt sich bis in die frühesten Tage des Faschismus zurückverfolgen. Er besteht aus marxistischen Ansätzen, die alle, obwohl sie äußerst nuanciert und im Detail originär sein können, davon ausgehen, dass der Faschismus untrennbar mit der antisozialistischen Reaktion der Bourgeoisie, der finanziellen Eliten, des Großkapitals und des globalen Kapitalismus verbunden ist. Solche Verbindungen sind für die revolutionäre Linke so selbstverständlich, dass Max Horkheimer, ein führendes Mitglied der Frankfurter Schule des Marxismus, bekanntermaßen in seinem 1939 in der *Zeitschrift für Sozialforschung* veröffentlichten Essay „Die Juden und Europa" warnte: „Wer aber vom Kapitalismus nicht reden will, sollte auch vom Faschismus schweigen" (Horkheimer 1939: 115).

Darüber hinaus wird in diesem Kapitel kurz auf eine weitere Kategorie von Antworten auf das Problem der Definition des Faschismus eingegangen, die jedoch viel zu unterschiedlich und unergiebig war, um als „Tradition" oder „Schule" betrachtet zu werden: die Kategorie der akademischen „Liberalen" (ein Oberbegriff für eine sehr breite Gruppe nicht-marxistischer Forscher und Akademiker), die fast sieben Jahrzehnte lang äußerst eigenwillige und oft inkohärente Interpretationen und Paradigmen anboten, die keine klaren Klassifizierungen in verschiedene Unterrubriken ermöglichen (für einen nachhaltigen Versuch der Kategorisierung siehe Hagtvet und Kühnl 1980). Kaum überraschend erwiesen diese Ansätze sich als wenig wertvoll, wenn es darum geht, die pragmatischen Interpretations- und Definitionsbedürfnisse in der Praxis der Geschichts- und Politikwissenschaften bei der Erforschung rechtsextremer Phänomene in der Moderne zu erfüllen.

Die marxistische Schule: Faschismus als Avantgarde der kapitalistischen Reaktion

Im Gegensatz zu den meisten politischen Konzepten lassen sich die Ursprünge des Begriffs „Faschismus" symbolisch auf einen bestimmten Zeitpunkt und Ort zurückführen, nämlich den 23. März 1919 in Mailand. Es sei jedoch darauf hingewiesen, dass die neuen *Fasci* direkte Nachfolger der Bünde der revolutionären Aktion

(*Fascio d'Azione Rivoluzionaria*) darstellten, die Mussolini 1914 als Interessengruppe gegründet hatte, um die Unterstützung der Bevölkerung für die Beteiligung Italiens im Ersten Weltkrieg auf Seiten der Triple Entente zu erhöhen. Ihre Mitglieder spielten eine herausragende Rolle in der „interventionistischen" Bewegung, in der sie bald als „*Fascisti*" bezeichnet wurden. Von Anfang an hatte „Faschist" für seine Anhänger eine dynamische, modernisierende, revolutionäre und keineswegs reaktionäre oder konservative Konnotation inne.

Ursprünglich bezog sich der „Faschismus" jedoch ausdrücklich auf Mussolinis neue Bewegung, und es waren linke italienische Intellektuelle, die, überzeugt von ihrem repressiven und reaktionären Charakter als gewalttätigem Angriff auf die Arbeiterbewegung, den ersten Versuch unternahmen, ihn als ein substanzielleres und allgemeines politisches Phänomen zu interpretieren. Kontext ihres Bestrebens, die Natur des Faschismus als neuen Faktor in der italienischen und möglicherweise modernen Politik zu verstehen, war die Niederlage des revolutionären Sozialismus im *biennio rosso* (1919-1920). In diesen „zwei roten Jahren" erreichten die Spannungen zwischen der revolutionären Linken und den militanten Nationalisten in Teilen Mittel- und Norditaliens ihren Siedepunkt. Der daraus resultierende Konflikt mit den lokalen *Fasci*, die entstanden waren, um den Bolschewismus und den militanten Sozialismus zu besiegen, ereignete sich vor dem Hintergrund einer tiefgreifenden wirtschaftlichen, politischen und sozialen Unordnung, die nach Kriegsende mehrere Teile des Landes, insbesondere ländliche Gebiete, heimsuchte. Im Jahre 1922 veröffentlichte der italienische reformistische Sozialist Giovanni Zibordi seine *Critica socialista del fascismo* (sozialistische Kritik am Faschismus), die anfangs drei radikale Komponenten des faschistischen Angriffs auf die Linke identifizierte: eine Konterrevolution der „großen" oder *haute* Bourgeoisie gegen die „rote" Revolution; eine Revolution der Mittelschicht gegen das liberale Regime; und eine (para-) militärische Revolution gegen den Staat. In Zibordis Schlussfolgerung fehlten jedoch Nuancen, da er den Faschismus reduktiv definierte als „eine

gesellschaftspolitische Bewegung der Großbourgeoisie oder zumindest eine Bewegung, die diese erfolgreich genutzt und ausgebeutet hat" (Beetham 1983: 88-96).

Diese Analyse, basierend auf der Theorie des Klassenkon-
flikts, gab den Ton an für den gewaltigen Schwall sozialistischer
und vor allem marxistischer Analysen des Faschismus, der bis
heute andauert. Diese Analysen gehen von einer grundsätzlich *kapitalistischen* Natur des Faschismus aus, egal ob dieser nun (höchs-
tens) konterrevolutionär und teilweise autonom ist oder (mindestens) erzreaktionär und von der Bourgeoisie kontrolliert und ge-
lenkt wird. Weitsichtig äußerte Zibordis Analyse Unsicherheit darüber, ob die kapitalistischen Klassen den Faschismus direkt als
Waffe gegen den revolutionären Sozialismus erschaffen hatten (die
Agententheorie) oder lediglich zu diesem Zweck eingesetzt hatten,
nachdem er unabhängig davon entstanden war (die „bonapartistische" Theorie). Anstatt ihre dualistische Theorie über den revolutionären Krieg des Sozialismus gegen einen einzigen Antagonisten
oder Erzfeind, den Kapitalismus, zu modifizieren (die sie den
Schriften von Marx und Engels entnommen hatten), leugneten die
Marxisten im Allgemeinen, dass sie in der Zwischenkriegszeit
plötzlich mit einer rivalisierenden revolutionären und im Grunde
genommen *antikapitalistischen, antibürgerlichen* Kraft konfrontiert
wurden (siehe Pellicani 2012). Diese verfolgte eine alternative tota-
lisierende Vision zum Bolschewismus – eine neue Form der modernen Gesellschaft, die nicht auf radikalem Sozialismus, sondern auf
radikalem Nationalismus basierte.

Angesichts des Vertrauens in Zibordis Vorhersage, dass der
Faschismus kurzlebiger Natur sein würde, führte Mussolinis erfolgreiche Übernahme der Staatsmacht durch den „Marsch auf
Rom" im Oktober 1922 zu Unstimmigkeiten zwischen den europäischen Kommunisten und radikalen Sozialisten, die unterschiedliche Überzeugungen über die Bedeutung der unerwarteten Wendung der Ereignisse vertraten. Dies zeigte sich beim IV. Weltkongress der von der Sowjetunion dominierten Kommunistischen Internationale (die „Komintern"), der im November und Dezember
1922 im damaligen Petrograd (heutiges Sankt Petersburg) und
Moskau zeitgleich zum Antritt der Amtszeit des zukünftigen *Duce*

stattfand. Die Reaktion von Grigori Sinowjew war inkohärent: Er
wies den Faschismus als eine „Farce" zurück, die bald der Geschichte angehören würde, während er gleichzeitig ähnliche Ereignisse in Mitteleuropa voraussah. Amadeo Bordiga prognostizierte,
dass der Faschismus nun, da er mit Mussolini als Staatsoberhaupt
an Macht gewonnen hatte, im Allgemeinen „liberal und demokratisch" sein werde und nur gelegentliche Gewaltepisoden zu erwarten seien. Antonio Gramsci gab sich weniger optimistisch und
warnte davor, dass die italienischen Faschisten wegen der Unterstützung Mussolinis durch die Schwarzhemden (*Squadristi*) „das
gesamte Fundament des Staates in ihren Händen gehalten hätten",
und das noch vor ihrem Amtsantritt. Karl Radek nannte Mussolinis
Ernennung zum Premierminister seit 1917 „die größte Niederlage,
die der Sozialismus und der Kommunismus erlitten haben" (Riddell 2012: 106; siehe auch Riddell 2014).

Die Agententheorie

Trotz der widersprüchlichen Einzelreaktionen wurden die Grund-
steine für die konventionelle sowjetische Interpretation des generischen Faschismus in der Schlussresolution des Kongresses von
1922 gelegt. Diese besagte, dass die Funktion des Faschismus darin
bestand, für den Kapitalismus als direkter Agent der Klassenunter-
drückung zu fungieren, ebenso wie als eine Macht, mit der die
Bourgeoisie ihre Offensive gegen das Proletariat führte. Dabei dienten ihre paramilitärischen Soldaten als „Weiße Garde" der Konterrevolution. Gleichzeitig versuche der Faschismus durch den Einsatz von „sozialer Demagogie" eine Anhängerschaft in der Arbeiterklasse zu gewinnen. Gewappnet mit dem Marxismus-Leninismus konnten die Sozialisten jedoch deutlich sehen, dass „die rück-
sichtslose Förderung der faschistischen Organisation die letzte
Karte in der Hand der Bourgeoisie war", und aufzeigen, dass die
bürgerliche Herrschaft nun „nur noch in Form einer unverhohle-
nen Diktatur über das Proletariat möglich" war. Diese pseudorevo-
lutionäre Lösung für das Unvermögen der liberalen Regierungen,
den Aufstieg der Arbeiterbewegung zu unterdrücken, solle sicher-

lich auch andernorts eingesetzt werden. Anzeichen der kommenden faschistischen Bedrohung waren schon in „der Tschechoslowa-
kei, Ungarn, in fast allen Ländern des Balkans, Polen, Deutschland,
Österreich, den USA und sogar in Ländern wie Norwegen sicht-
bar". Langfristig war jedoch der Versuch des Faschismus, den Fortschritt des Sozialismus aufzuhalten, zum Scheitern verurteilt (IV.
Weltkongress der Komintern 1922). Bis zum V. Weltkongress der
Komintern, der im Juli 1924 stattfand, also sechs Monate vor der
Amtseinführung des *Duce*-Regimes, hatte die „Agententheorie"
Form angenommen. Der Faschismus wurde zum „Instrument der
Großbourgeoisie zur Bekämpfung des Proletariats, wenn sich die
dem Staat zur Verfügung stehenden rechtlichen Mittel zur Unter-
drückung dieser als unzureichend erwiesen haben", erklärt. Als
solches Instrument repräsentierte er den „außergesetzlichen Arm
der Großbourgeoisie für den Auf- und Ausbau ihrer Diktatur"
(Beetham 1983: 152-3).

Eine wichtige Implikation der Agententheorie, die sich in diesen beiden Kongressen herauskristallisiert hatte, war, dass das gesamte liberale demokratische System des Westens, welches sich der
Aufrechterhaltung des Kapitalismus widmete, aufgrund dessen
bürgerlicher Ursprünge *de facto* in geheimem Einverständnis mit
dem Faschismus stand. Diese Annahme schien durch die Tatsache
gerechtfertigt, dass Mussolini zwischen 1922 und 1925 als „demokratischer" Machthaber eines liberalen parlamentarischen Staates
fungierte, bevor der nahtlose Übergang zum radikal nationalistischen und imperialistischen und somit antimarxistischen und anti-
proletarischen Diktator des faschistischen Italiens erfolgte. Im Einklang mit dieser Grundannahme stand nicht nur, dass die konservativen Regierungen der Weimarer Republik, die nach dem Börsenkrach von 1929 während des langsamen Aufstiegs Hitlers an die
Macht präsidierten, von der Kommunistischen Partei Deutschlands
(KPD) als faschistisch dargestellt wurden. Hinzu kam auch, dass
die Sozialdemokraten der SPD als faschistische Kollaborateure o-
der „Sozialfaschisten" abgetan wurden, anstatt sie als natürliche
Verbündete der Kommunisten im Kampf gegen den Nationalsozialismus zu behandeln. Diese Position war bereits beim V. Weltkon-

gress der Komintern im Jahre 1924 vorformuliert worden, als sowohl Sinowjew als auch Trotzki übereinstimmten: „Faschismus und Sozialdemokratie sind zwei Seiten desselben Instruments: der kapitalistischen Diktatur." In gleicher Weise beschrieb Stalin sie schlichtweg als „Zwillinge" (Saba 1979: 196-7).

In Deutschland hatte die als „Sozialfaschismusthese" bekannt gewordene Gleichsetzung der Sozialdemokratie mit dem Faschismus besonders gravierende Folgen, da sie jede Form eines taktischen, gegen Hitler gerichteten Bündnisses zwischen KPD und SPD verhinderte, und im Jahr 1931 gar zu einer temporären Zusammenarbeit zwischen Nazis und Kommunisten führte, um die SPD in Preußen zu stürzen. Erst die brutale Verfolgung von Kommunistinnen und Kommunisten und der gesamten sozialistischen Bewegung im Dritten Reich nach der Machtübernahme Hitlers führte 1935 verspätet zu Rufen nach einer „Volksfront" (oder auch Einheitsfront). Diese Rhetorik wurde jedoch 1939 durch die Ankündigung des „Molotow-Ribbentrop-Paktes" zwischen NS-Deutschland und der Sowjetunion abrupt wieder zum Schweigen gebracht. In Russland hingegen beharrte Stalin weiterhin auf der gelegentlichen Verwendung des Begriffes „faschistisch", um von ihm abgelehnte Versionen des Marxismus-Leninismus zu diskreditieren. Schwere Konflikte zwischen verschiedenen linken Gruppierungen – inklusive sozialdemokratischen und rivalisierenden Varianten des Marxismus – über die Frage des Faschismus hatten auch zur Folge, dass die Militärkampagne der spanischen Regierung zur Verteidigung der links gerichteten Republik im Bürgerkrieg gegen General Franco (der in der marxistischen Theorie als die Verkörperung des Faschismus identifiziert worden war) geschwächt wurde.

Während die Urteile über die Verwandtschaft zwischen Sozialdemokratie und Faschismus schwankten, entledigte sich die Komintern mit ihren offiziellen Äußerungen über den reaktionären Charakters des Faschismus kontinuierlich der nuancierten und pluralistischen Analysen der frühen 1920er Jahre. So entstand eine Position, die den Faschismus auf seine Rolle als wichtige Verkörperung des Kapitalismus reduzierte und ihm jede Autonomie in seinem Verhältnis zum traditionellen Staatsapparat verweigerte, der als Grundlage für die Herrschaft (oder „Hegemonie") des Kapitalismus diente. 1931 erklärte Dmitri Manuilski in seinem an das Exekutivkomitee der Kommunistischen Internationale (ECCI) gerichteten Bericht über den Faschismus: „Das faschistische Regime ist nicht irgendein neuer Staatstyp; es ist eine der für die imperialistische Epoche charakteristischen Formen der bürgerlichen Diktatur. Der Faschismus wächst organisch aus der bürgerlichen Demokratie" (Beetham 1983: 157-158). Die Idee, dass der Faschismus hinsichtlich seiner Identität der Agent des Kapitalismus sei, fand seine endgültige Formulierung in der grundlegenden Erklärung des Bulgaren Georgi Dimitroff auf dem VII. Weltkongress der Komintern 1935. Diese besagte, der Faschismus sei „die offene, terroristische Diktatur der reaktionärsten, chauvinistischsten, imperialistischsten Elemente des Finanzkapitals" (Dimitroff 1935).

Bis zum Zusammenbruch der UdSSR blieb die Agententheorie in der Formulierung Dimitroffs das starre Dogma, welches in allen Lehrbüchern und in der historischen Forschung des gesamten sowjetischen Imperiums übernommen wurde. Dies führte zu der erstaunlichen Situation, dass der Eiserne Vorhang über vier Jahrzehnte hinweg zwischen Ost- und Westdeutschland nicht nur zwei völlig unterschiedliche ideologische, politische, wirtschaftliche und soziale Systeme trennte, sondern auch zwei produktive und dennoch völlig gegensätzliche akademische Betriebe, die sich mit der Analyse von Nationalsozialismus und generischem Faschismus beschäftigten. In der Bundesrepublik Deutschland befasste sich die Hauptrichtung der Wissenschaft mit Ausnahme einiger prominenter linker Historiker, die den Nationalsozialismus als Teil der weit verstreuten Familie des Faschismus einschätzten, weitgehend mit der Rekonstruktion der einzigartigen Ursprünge und des Verlaufs des Dritten Reiches. Dabei wurde kaum Bezug auf die internationale Faschismusdebatte genommen oder eine Parallele zwischen der NSDAP und anderen Bewegungen oder Regimen gezogen. Der rechtsgerichtete Historiker Ernst Nolte, der Autor von *Der Faschismus in seiner Epoche* (1963), stellte in dieser Hinsicht eine seltene Ausnahme dar. In der DDR wurde unterdessen der Nationalsozialismus routinemäßig als die brutalste und destruktivste Erscheinungsform des Faschismus behandelt. Somit galt er als latentes Potenzial eines jeden kapitalistischen Systems, welches sich durch eine Verwandtschaft mit allen weltweiten rassistischen, expansionistischen und antikommunistischen Bewegungen und Regimen sowohl in der Zwischenkriegszeit als auch nach 1945 auszeichnete.

In der Vergangenheit führte eine solche Polarisierung auf beiden Seiten zu „blinden Flecken", mit vielen marxistischen Forscherinnen und Forschern, die nicht gewillt waren, zuzugeben, dass der Nationalsozialismus eine ernsthafte Anziehungskraft auf Teile des städtischen oder ländlichen „Proletariats" ausüben konnte. Die „Liberalen" tendierten währenddessen dazu, die Untersuchung der realen, aber komplexen geheimen Absprachen zu vernachlässigen, die einige Bereiche der deutschen Finanzwelt, des Großkapitals und des Handelsbürgertums mit dem Dritten Reich geführt hatten. Diese Absprachen waren besonders in Bereichen wie der Entwicklung der Kriegswirtschaft des Reiches auffällig, sowie beim Aufbau der Militärindustrie, bei der rücksichtslosen Unterdrückung der Autonomie des Sozialismus, des Kommunismus und der Arbeiterbewegung in Deutschland und in seinem europäischen Imperium, bei der „legalen" Enteignung der „Rassenfeinde" und beim Einsatz von Sklaven- und Konzentrationslagerarbeit für den kommerziellen und produktiven Nutzen.[8] Außerhalb des umfangreichen „marxistischen Lagers" der Wissenschaft werden allerdings solche Phänomene nicht als Beweis für den kapitalistischen Kern des Faschismus angesehen (Payne 1995: 443-445).

Die bonapartistische These

Wie bereits erwähnt wurde, hatte Zibordi bereits 1923 vorgeschlagen, dass der Faschismus eine autonome politische Kraft sein könnte, die von der Bourgeoisie „genutzt und ausgebeutet" werde. Diese Einsicht entwickelte sich zu einer mächtigen alternativen Strömung marxistischen Denkens außerhalb der Komintern. Sie

---

[8]   Einige bedeutende Werke auf Englisch, die sich mit diesen Themen beschäftigen, sind: Manchester (1968); Turner (1985); Hayes (1987); Mason und Caplan (1995); Gregor (1998); Tooze (2007); Aly (2007).

wird als die „bonapartistische" Theorie des Faschismus bezeichnet.
In der Schrift „Der achtzehnte Brumaire des Louis Bonaparte"
(1852) analysierte Karl Marx das Scheitern der sozialistischen Linken nach den revolutionären Ereignissen in Paris von 1848 und
dem rasanten Aufstieg von Louis Napoléon Bonaparte vom republikanischen Präsidenten zu Kaiser Napoléon III. Er schilderte darin
die Herrschaft von Napoleon I. sowie Napoleon III. als Form einer
autonomen Militärdiktatur, die, so populär sie auch sein mochte,
fortschrittliche Arbeiterbewegungen zerschlug und dadurch in der
Lage war, bürgerlichen Interessen zu dienen und gleichzeitig die
Macht über die Bourgeoisie zu erhalten.

Zur Analyse des Faschismus bietet der „Bonapartismus" Marxisten eine elegante Möglichkeit, ein in der orthodoxen marxistischen historischen Theorie verwurzeltes Konzept zu verwenden,
um den Faschismus in ein Geschichtsschema aufzunehmen, welches ihm jede genuine ideologische Neuartigkeit, volksnahe
Grundlage oder revolutionäre Dynamik verweigert. So betrachtet
bleibt der Fortschritt auf dem Weg zur ultimativen Verwirklichung
einer sozialistischen Gesellschaft in der Theorie ungehindert von
einem „neuen" ideologischen Feind. Ein charakteristisches Merkmal dieser Anwendung des Begriffs ist, dass er Marxisten ermutigt,
jedes faschistische Regime (also in ihren Augen die meisten antikommunistischen Diktaturen und rassistischen Regime) als einen
sich in einer Notsituation befindlichen Staat oder als „Ausnahmestaat" zu betrachten, hervorgebracht von den imperialistischen
Kräften des Kapitalismus (siehe Biver 2005). Als eine Ad-hoc-Lö-
sung für eine Krise, eine Lösung, die möglicherweise ursprünglich
zu Elementen innerhalb der Bourgeoisie passt und mit ihrer populistischen und nationalistischen Rhetorik klassenübergreifende Unterstützung hervorruft, erwiesen sich faschistische Regime als von
Natur aus instabil und seien aufgrund der internen Klassenwider-
sprüche zum Scheitern verurteilt (Linton 1989: 109-116; Kitchen
1973).

Studierende, die sich erstmalig mit diesem Thema auseinandersetzen und die die signifikanten Unterschiede zwischen den
verschiedenen Varianten der bonapartistischen Theorie, die eine

Teilautonomie des Faschismus vom Kapitalismus anerkennt, verstehen möchten, sollten sich insbesondere mit vier Denkern im weiteren Zusammenhang mit dem in Beetham (1983) dokumentiertem marxistischen, antifaschistischen Kampf beschäftigen: August Thalheimer, Otto Bauer, Leo Trotzki und Antonio Gramsci. Der einstige Komintern-Denker und Aktivist Thalheimer zum Beispiel argumentierte in seiner Schrift „Über den Faschismus" von 1928 (stark beeinflusst durch seine persönlichen Erfahrung mit dem Aufstieg des Nationalsozialismus), dass der Faschismus durch die Anwendung roher Gewalt nicht nur gegen die Arbeiterschaft, sondern auch gegen das bürgerliche Parlament einen „plötzlichen Entwicklungssprung" weg vom Bonapartismus als auch von früheren Formen der staatlichen Repression darstellte. Anstatt ein Agent der Bourgeoisie zu sein, entpuppe sich der Faschismus so schließlich gar als feindselig gegenüber der Bourgeoisie (siehe Kitchen 1973). Otto Bauer, der 1934 nach einem erfolglosen sozialistischen Aufstand im Exil in Paris verstorbene österreichische Sozialdemokrat, erkannte nicht nur die relativ autonome Natur des Nationalsozialismus gegenüber der Bourgeoisie an, sondern sah darin auch das Symptom einer umfassenderen zivilisatorischen Krise, die nicht durch Klassenkampf, sondern durch Krieg gelöst werden müsse (Linton 1989: 122-123).

Weit weniger ausgefeilt und dennoch einflussreicher als die Analysen von Thalheimer und Bauer war der 1934 erschienene kurze Artikel „Bonapartismus und Faschismus" von Leo Trotzki. In diesem bezeichnete er die „stalinistische ‚Theorie' vom Faschismus" als „eines der tragischsten Beispiele dafür, welch verheerenden Folgen die Vertuschung der dialektischen Analyse der Wirklichkeit [...] durch abstrakte Kategorien auf der Grundlage einer nur teilweisen und unzureichenden geschichtlichen Erfahrung" haben kann (Trotzki 1934). Besonders bissig kritisierte er die Angewohnheit der Komintern, jede Form von rechtsgerichteten Regierungen und Bewegungen unterschiedslos als „faschistisch" zu bezeichnen.

Trotzkis eigene Theorie wurde von seiner Unterscheidung zwischen zwei Formen des Bonapartismus geprägt. Beim „präventiven Bonapartismus" ermutigt die Bourgeoisie die Regierung dazu, den demokratischen Prozess auszusetzen, um die Gefahr einer vollen faschistischen Übernahme abzuwehren. Als Beispiel gilt die Diktatur der Präsidialkabinette unter Brüning, von Papen und von Schleicher, die Hitlers Kanzlerschaft vorausging (ein weiteres Beispiel ist vermutlich Mussolinis parlamentarische Regierungszeit vor der Gründung des faschistischen Staates). Der „Bonapartismus faschistischen Ursprungs" (ähnlich dem, was Thalheimer „Faschismus" nennt), tritt auf, wenn die Reaktion aufhört, eine populistische nationalistische Kraft zu sein, und sich zu einem militaristischen Staat verfestigt, der der gesamten Gesellschaft, einschließlich der paramilitärischen Kräfte der Bourgeoisie, die ihn an die Macht brachten, aufgezwungen wird. Obwohl Trotzki wichtige neue Nuancen zum Verständnis des Bonapartismus einführte, teilte er weiterhin die unumstößliche Annahme der Komintern, indem er betonte: „Der Faschismus an der Macht kann ebenso wie der Bonapartismus nur eine Regierung des Finanzkapitals sein" (Trotzki 1934). Trotzki behauptete sogar, dass Hitlers Aufgaben „vom Monopolkapital zugewiesen werden" (Trotzki 1933).[9] Er spiegelte zudem die vorherrschende marxistische Selbstgefälligkeit im Glauben an den letztendlichen Triumph des Sozialismus in der folgenden Behauptung wider: „Die ganze Geschichte ist ein Beweis dafür, dass man das Proletariat mit bloßer Hilfe des Polizeiapparats unmöglich dauernd in Fesseln halten kann" (Trotzki 1934).

Einige der tiefgreifendsten marxistischen Analysen des Faschismus vor dem Zweiten Weltkrieg wurden von Gramsci, einem italienischen Kommunisten, durchgeführt. Seine zunehmend ausgefeilteren und anspruchsvolleren Analysen darüber, wie der Faschismus 1925 an die Macht gekommen war, obwohl nach der Theorie der Komintern die objektiven materiellen Bedingungen stattdessen auf einen sozialistischen Sieg hingedeutet hatten, wurden von einer Reihe von Historikern eingehend untersucht (z.B. Adamson 1980; Roberts 2011; Santoro 2012). Diese zeigen sehr detailliert,

---

[9]   Anm. des Übersetzers: Die Aussage findet sich lediglich in der englischen Übersetzung, nicht aber in der deutschen Version des russischen Originaltexts: „His [Hitler's] tasks are assigned him by monopoly capital." Trotzki, Leo (1933) 'What is National Socialism?', https://www.marxists.org/archive/trotsky/germany/1933/330610.htm.

wie weit Gramsci sich von unausgereiften deterministischen Theorien des Klassenkampfes, des dialektischen Materialismus und der sozialistischen Revolution entfernte und dokumentieren seine wachsende Anerkennung der relativen Autonomie der Ideologie (die „Superstruktur") von der sozioökonomischen „Basis" und der Rolle der spirituellen und kulturellen Krise als Triebkräfte historischer Reaktionen und Veränderungen.

Im Kontext dieses Leitfadens zum Faschismus stechen zwei Punkte seiner umfangreichen theoretischen Schriften besonders hervor. Erstens stellte Gramsci in seiner letzten Phase Italien nach 1918 als eine Zeit voller Möglichkeiten für eine (marxistische) Revolution dar, argumentierte aber, dass Mussolini in der Lage war, die gesellschaftliche Krise effektiver zu nutzen, indem er die bevorstehende Gründung einer neuen mächtigen nationalistischen und ethischen Ordnung ankündigte und bewusst den „Cäsarismus" schürte – also charismatische Energien, die sich in einem Führer verkörperten. Im Gegensatz zum Bonapartismus im Frankreich des späten 19. Jahrhunderts konnte der Cäsarismus, wie Gramsci ihn sah, progressive, antireaktionäre Dynamiken beinhalten – wie Lenin ausführlich gezeigt hatte (Santoro 2012: 277-286). Zweitens analysierte Gramsci die Krise von 1929-1933 in Deutschland, die Hitler an die Macht gebracht hatte, erneut als eine Zeit mit linksrevolutionärem Potenzial, welches jedoch durch übergeordnete (superstrukturelle) Kräfte blockiert worden war – von ideologischen Faktoren wie der kapitalistischen Presse, einer reaktionären Zivilgesellschaft und einem reaktionären Bildungssystem, konservativem Nationalismus und institutionalisierter Religion. Diese Faktoren sorgten dafür, dass nicht die tief gespaltene Linke triumphierte, sondern ein cäsarischer rechter Führer, Adolf Hitler, der der Öffentlichkeit überzeugend das Ziel der Verwirklichung einer reaktionären, sozial unterdrückenden Utopie eines Rassenstaats anbot – ein Ziel, welches er anstrebte, indem er es als nationale Revolution, als Revolution des gesamten *Volkes* präsentierte (Overy 2001).

All diese marxistischen Theorien können aus einer nicht-marxistischen Perspektive als eine kreative und signifikante Abkehr vom Faschismus-Dogma der Komintern angesehen werden, aber auch als treues Festhalten am Grundsatz, dass der Sozialismus die einzige progressive, emanzipatorische und revolutionäre historische Kraft nach dem Ersten Weltkrieg war. Infolgedessen waren sie unfähig, die Möglichkeit in Betracht zu ziehen, dass der Faschismus von utopischen Idealen einer neuen Ordnung und einer alternativen Moderne angetrieben wurde, die sowohl den Liberalismus als auch den Marxismus ersetzen sollte und somit *nach eigenem Ermessen* behaupten konnte, eine rivalisierende Revolution zu sein.

Spätere Entwicklungen in der marxistischen Theorie

In den Jahrzehnten nach Gramscis Tod wurden die beiden Hauptströmungen der marxistischen Interpretation des Faschismus aufrechterhalten. Die Agententheorie blieb bis zum letzten Kongress 1943 das offizielle Dogma der Komintern und wurde dann, wie bereits beschrieben, weitgehend unkritisch als der unangefochtene Grundsatz der Forschung in marxistischen Regimen bis zum Zusammenbruch der Sowjetunion weiterverwendet.[10] Die Mehrheit der vielen sozialistischen Bewegungen in aller Welt berufen sich dagegen weiterhin auf Trotzkis Analyse des Kapitalismus als Grundlage ihres Aktivismus und ihrer revolutionären Theorie (Biver 2005), wodurch sichergestellt wird, dass es seine Variante des Bonapartismus ist, die normalerweise als Erklärung für die Ausbreitung der permanenten Krise des Kapitalismus und das kontinuierliche Entstehen rechter Lösungsansätze angewendet wird. Infolgedessen wurden antikommunistische Militärdiktaturen (z.B. Pinochets Chile) und populistische Formen der rechten Politik (z.B. Le Pens Rassemblement National, früher Front National) in der linken Presse routinemäßig als faschistisch analysiert, unabhängig davon, wie nahe sie dem Faschismus oder Nationalsozialismus wirklich stehen (z.B. Ira 2016). In Großbritannien waren beispielsweise sowohl die 1977 von der Socialist Worker's Party gegründete Anti-Nazi League als auch David Rentons Werk *Fascism* (1999), welches

---

10   Für einen deutschsprachigen guten Überblick über die kommunistischen Theorien des Faschismus nach dem Krieg siehe Eichholz und Gossweiler (1980). Laclau (1977) und Woodley (2009) bieten nützliche Übersichten auf Englisch.

eine wichtige marxistische Kritik an den jüngsten nicht-marxistischen Analysen des Faschismus darstellt, trotzkistisch inspiriert.

Es sollte jedoch betont werden, dass in der Vergangenheit das „liberale", nicht-marxistische Verständnis des Dritten Reiches durch mehrere erweiterte Analysen bereichert wurde, die lose auf einzelnen bonapartistischen Prämissen beruhen. Eine erste solche Analyse war Franz Neumanns *Behemoth: The Structure and Practice of National Socialism* (1942).[11] Naumann war als bedeutendes Mitglied der marxistischen Frankfurter Schule 1935 aus dem Dritten Reich nach New York geflohen und hatte das Werk dort im Exil geschrieben. Darin wird das Prinzip der Autonomie des faschistischen Staates zu seiner logischen Schlussfolgerung gebracht. Neumann schildert ein Regime, das eine propagandistische Fassade eines mächtigen, effizienten und homogenen Staates errichtet, um dadurch seine fortwährende innere Anarchie zu verbergen, in der kriegslüsterne Parteifunktionäre, ministerielle Fraktionen und ehrgeizige Anführer um Macht kämpfen, die alle nur durch ihr Bekenntnis zum militärischen Abenteurertum, den persönlichen Ehrgeiz und den Drang zur Zerstörung des Sozialismus vereint sind. Infolgedessen blieb die traditionelle Bourgeoisie unfähig, die Ereignisse zu kontrollieren.

Eine konventionellere bonapartistische Herangehensweise an den Faschismus verfolgte in den 1970er Jahren der französisch-griechische Eurokommunist Nicos Poulantzas, der das Dritte Reich und das faschistische Italien als „kapitalistische Ausnahmestaaten" präsentierte. Auf die Ideen Gramscis zu einer „kulturellen Hegemonie" stützend argumentierte Poulantzas, dass NS-Deutschland und der italienische Faschismus nicht nur von der bürgerlichen, sondern auch von der populistischen Unterstützung ihrer Ideologie und Ziele abhängig waren. Diese Unterstützung wurde durch ein umfassendes *Social Engineering* verstärkt, welches erforderlich war, um sich an der Macht zu halten (Poulantzas 1979; siehe auch Caplan 1977; Kershaw 1989: 63-65). Die Analyse des Dritten Reiches

---

11   Anm. des Übersetzers: 1977 erschien das Werk erstmals auf Deutsch mit dem Titel *Behemoth. Struktur und Praxis des Nationalsozialismus 1933–1944.*

als „Ausnahmestaat", der von einer umfassenden sozialen Kontrolle abhängig war, brachte die Faschismusforschung in die Nähe
der nicht-marxistischen Theorien des „Totalitarismus" der Nachkriegszeit, insbesondere in die Nähe der von Hannah Arendt (1951)
untersuchten Phänomenologie der Unterdrückung. Angesichts der
radikalen Unterschiede zwischen faschistischen und nationalsozialistischen Staaten, wenn sie erst an der Macht sind, ist es jedoch
wichtig zu betonen, wie irreführend es ist, den Nationalsozialismus
als den Archetyp oder gar als den Kern des Faschismus zu betrachten. Ebenso ist es methodisch fehlerhaft, den italienischen Faschismus als Muster für alle anderen Formen des Faschismus zu betrachten (z.B. Wippermann 2009) – ein Punkt, auf den dieses Buch
noch eingehen wird.

In dieser Zeit wandte Tim Mason, Großbritanniens führender
marxistischer Historiker des Nationalsozialismus, allgemeine
bonapartistische Annahmen auf die detaillierte Untersuchung des
Schicksals der Arbeiterklasse und der Frauen im Nationalsozialismus sowie auf die Analyse der wirtschaftlichen und politischen
Struktur des Dritten Reiches und des faschistischen Italiens an. Dies
führte ihn zu den für dogmatische Anhänger der Agententheorie
der Komintern undenkbaren Konklusion, dass das „Primat der Politik" gegenüber engen wirtschaftlichen Interessen vorherrschend
und weit davon entfernt sei, der Sache des Kapitals direkt zu dienen. Dies bedeutete, „dass sowohl die Innen- als auch die Außenpolitik der nationalsozialistischen Regierung ab 1936 zunehmend
unabhängig vom Einfluss der wirtschaftlich herrschendend Klasse
wurde und gar in einigen wesentlichen Aspekten ihren gemeinsamen Interessen zuwiderlief" (Mason [1966] 1972: 175-177; siehe
auch Kershaw [1985] 2000: 49-50; Caplan 1995).

Sowohl Masons als auch Thalheimers Spuren folgend argumentierte der Ungar Mihaly Vajda in *Fascism as a Mass Movement*,
dass, obwohl es sich um eine „kapitalistische Herrschaftsform"
handele, sobald der Faschismus an der Macht sei, sein Einsatz für
den expansionistischen Krieg „außergewöhnliche politische Bedingungen schafft und den normalen bürgerlichen Alltag durch eine
Situation konstanter Spannungen ersetzt". Dies empfinde die Bour-

geoisie zumindest als „beunruhigend" (1976: 93). Vajda unterschied sich außerdem von den gängigen marxistischen Analysen, indem er die Abhängigkeit des Faschismus von einer Massenbewegung betonte, welche zwar von paramilitärischen Kräften geregelt, aber vom populistischen Appell einer „totalitären" Ideologie verführt werde. Diese Ideologie betone die „Erhebung der Nation", die Vajda als einzige wiederkehrende Komponente der sehr unterschiedlichen faschistischen Bewegungen betrachtete. Ein so ungewöhnliches Zugeständnis eines Marxisten deutet zumindest auf eine Affinität zur Theorie des Faschismus als revolutionäre Bewegung des Ultranationalismus hin, welches derzeit der dominierende nicht-marxistische Ansatz ist und Gegenstand des nächsten Kapitels sein wird.

Es gab aber auch andere, ungewöhnlichere Stimmen, die sich im Laufe der Jahre in der oft streitlustigen Familie der marxistischen Faschismustheoretiker Gehör verschafften. Der Versuch, materialistische und auf Klassen basierende Analysen konventioneller marxistisch-leninistischer Ansätze des Faschismus mit dem Verständnis von psychologischen Prozessen zu bereichern, die an der massenhaften Unterwerfung unter eine charismatische Autorität beteiligt sind, führte zu einer Reihe von „freudomarxistischen" Theorien über ihre populistische Unterstützung. Zwei von ihnen erschienen bereits während Mussolinis und Hitlers Herrschaft, wurden aber erst nach dem Krieg bekannter. 1933, als Hitler Reichskanzler wurde, veröffentlichte Wilhelm Reich das Buch *Die Massenpsychologie des Faschismus*, in dem die Wurzeln der allgemeinen öffentlichen Unterwerfung unter den militaristischen Autoritarismus des Faschismus als auch unter den Bolschewismus („roter Faschismus") mit der von der puritanischen Familienethik verursachten akuten sexuellen Unterdrückung in Verbindung gebracht wurden, von der Reich behauptete, sie sei im modernen Europa weit verbreitet. Reich floh 1939 nach New York.

1941 veröffentlichte Erich Fromm, der sieben Jahre zuvor in die USA ausgewandert war und an der Columbia University lehrte, *Escape from Freedom*. Dies war eine Studie über die psychologischen Mechanismen, die so viele Millionen Menschen dazu gebracht hatten, spirituelle Zuflucht in der Hingabe an eine repressive Diktatur

zu finden. Fromm, der sich intensiv mit der wissenschaftlichen Erforschung des Talmuds beschäftigte, vermischte Elemente des
Freudomarxismus mit einer eigenen biblischen Interpretation der
Vertreibung Adam und Evas aus dem Garten Eden. So interpretiert
war es keine Allegorie auf den Sündenfall, sondern auf das ausgeprägte menschliche Bedürfnis, eine Moral zu etablieren, die nicht
auf blindem Gehorsam, sondern auf innerer Freiheit beruht.
Fromm wurde später zu einem wichtigen Sprecher für einen existentiellen Humanismus und dem Bedürfnis nach einer „gesunden"
Gesellschaft, die auf „Sein" und „Liebe" anstelle von „Haben" und
„Besitzen" basiert. Seine Werke fanden in der Hippie-Generation
ein dankbares Publikum.

Gegen Ende des Krieges leitete Theodor Adorno, ein weiteres
Mitglied der Frankfurter Schule, ein Forschungsprojekt an der University of California, Berkeley, welches sich mit der Neigung „ge-
wöhnlicher Menschen" beschäftigte, sich den Bedingungen des Totalitarismus zu unterwerfen. Dies führte zur Veröffentlichung des
Werkes *The Authoritarian Personality* (Adorno et al. 1950), welches
für den Vorschlag der „F-Skala" oder auch „Skala der Anfälligkeit
für Faschismus" Bekanntheit erlangte. Originelle Einblicke in die
faschistische Denkweise boten auch eine Reihe marxistischer Intellektueller, die sich mit der Ästhetik und Mythologie des Totalitarismus beschäftigen, insbesondere Walter Benjamin ([1936] 2008) und
Ernst Bloch ([1935] 1985).

Die zumindest für einen Nicht-Marxisten möglicherweise auf-
schlussreichste marxistische Analyse des Faschismus als materialistische und ideologische Kraft findet sich im Kapitel „Faschismus
und Ideologie" des argentinischen „Post-Marxisten" Ernesto
Laclau in dessen Werk *Politics and Ideology in Marxist Theory: Capitalism, Fascism, Populism* (1977). Sein Ansatz wurde sowohl durch
Gramscis Theorie der kulturellen Hegemonie beeinflusst, als auch
von Althussers Theorie der Macht der radikalen Ideologie, breite

Schichten von Desorientierten inmitten einer Krise zu „interpellieren",[12] also auf einer subjektiven, affektiven Ebene zu engagieren. (Dies war ein Ansatz, der wiederum durch den französischen freudomarxistischen Psychologen Jacques Lacan beeinflusst wurde). In Laclaus Kausalmodell wird der Erfolg des Faschismus weitgehend der Wirksamkeit seiner Ideologie zugeschrieben, die so vielen, die sich politisch und psychologisch von der zeitgenössischen Gesellschaft entfremdet fühlten, das (illusorische) Gefühl vermittelte, aktive historische Subjekte mit einem Sinn für kollektive Bestimmung und Zugehörigkeit zu sein (vgl. Platt 1980). Diese Prämisse, die endgültig mit den materialistischen Erklärungen des Marxismus-Leninismus brach und dadurch über Gramsci hinausging, dass sie die Hegemonie der Ideologie anerkannte, ermöglichte es Laclau zu erklären, wie der Faschismus die Krisen des Liberalismus nach 1918 auszunutzen vermochte und in einigen Ländern zumindest temporär zu einer mächtigen populistischen Bewegung wurde, die nicht nur auf die Bourgeoisie Anziehungskraft ausübte. Die Massen wurden vom Faschismus nicht als wirtschaftliche Klasse, sondern als nationales „Volk" interpelliert und verstrickt. Laut Laclau war der Faschismus als Revolution zum Scheitern verurteilt, weil der ultranationalistische Diskurs von der Bourgeoisie übernommen und zur reaktionären Verteidigung des Kapitalismus umgewandelt wurde. Dies war ein Urteil, das Laclaus marxistische Abstammung bestätigt.

In letzter Zeit wurden neue Analysen englischsprachiger Marxisten zum Faschismus entwickelt, die ebenso vereinfachende Gleichsetzungen von bürgerlicher Reaktion, Kapitalismus und Faschismus vermieden, wie etwa Neocleous (1997) und Woodley (2009). Neben einer anspruchsvollen Herangehensweise an das Thema Faschismus aus einer linken Perspektive bietet Woodley

---

[12] Anm. des Übersetzers: Im deutschsprachigen Raum bezieht sich das Verb interpellieren (unterbrechen, mit Fragen angehen) normalerweise auf die Interpellation, also eine förmliche Anfrage im Parlament an die Regierung. In Louis Althussers Theorie beschreibt die Interpellation jedoch den Prozess, durch den eine Ideologie den Kern der Identitäten einzelner Subjekte ausmacht.

eine umfassende Studie über die verworrene Geschichte der marxistischen Auseinandersetzung mit der ideologischen Dynamik des Faschismus. Erwähnenswert sind auch die Beiträge von Sozialisten unterschiedlicher Couleur zur Debatte über die Möglichkeit der Versöhnung marxistischer und „liberaler" Positionen der Faschismusforschung, die in einer Sonderausgabe des *European Journal of Political Theory* (Roberts und Griffin 2012) zu finden sind und zu einer anregenden Kritik an der limitierten Anwendung des Begriffs durch die „liberale" Lehrmeinung führten (z.b. Yannielli 2012). Roger Markwicks Erörterung der Beziehung des Kommunismus zum Faschismus (2009) ist ein weiteres Beispiel dafür, wie eine linke Perspektive auf die Zwischenkriegsgeschichte die vergleichende Faschismusforschung für alle Beteiligten bereichern kann.

Die politische Sirene

Aus dieser Untersuchung geht hervor, dass das Markenzeichen aller marxistischen Theorien des Faschismus, so vielfältig und differenziert sie auch sein mögen, die unumstößliche Annahme ist, dass der Kapitalismus entweder den Faschismus gezielt hervorbrachte, um sich gegen eine bevorstehende sozialistische Revolution zu verteidigen, oder dass er als autonome nationalistische Kraft mit authentischen konterrevolutionären Elementen entstand, jedoch nie als Kern eines wirklich revolutionären historischen Prozesses fungieren konnte, egal wie kurzlebig dieser gewesen sein möge. Solch eine Prämisse, die im Lichte der im nächsten Kapitel dargestellten Theorien als reduktionistisch zu betrachten ist, lag auch Bertolt Brechts Referenz in dem Gedicht „Das Gleichnis des Buddha vom brennenden Haus" zugrunde, das er 1937 im Exil schrieb. Die in dem Gedicht verwendete Phrase der „Bombenflugzeuggeschwader des Kapitals" setzte den Nationalsozialismus mit dem Kapitalismus gleich. Gleichermaßen würden wenige zeitgenössische Marxisten dem Urteil des Deutschen Ernst Bloch widersprechen, welches dieser in seinem 1933 im Schweizer Exil verfassten Essay „Inventar des revolutionären Scheins" über die sozialistischen und revolutionären Forderungen des Nationalsozialismus fällte:

> „Also begnügt sich der Feind nicht damit, Arbeiter zu foltern und zu töten. Er will nicht bloß Rotfront zerschlagen, sondern zieht der angeblichen Leiche auch noch den Schmuck ab. [...] Reichstagsbrand alleine genügt nicht, das Volk muß auch glauben, daß Nero der Urchrist selber sei. So äffte die Hölle von Anfang an mit Heilsfratze, noch und noch" (Bloch 1935: 70-74).

Der Nationalsozialismus, so Bloch, müsse eine „Propaganda lauter revolutionärer Schein entwickeln, ausstaffiert mit Entwendungen aus der [Pariser] Kommune". Er sei ein „falscher Sirenengesang", ein „Blendwerk", ein „Betrug", der die Revolution der Kommunisten „durch Diebstahl ihrer Embleme akut zu werden verhindert", Embleme wie etwa „die rote Farbe", „den Aufzug", „die gefährlichen Lieder" und „den Wald der Fahnen" (Bloch 1935: 70-74).

Acht Jahrzehnte später versichert die über das Internet zugängliche *Encyclopedia of Marxism* ihren Leserinnen und Lesern im Eintrag über „Faschismus" weiterhin, dass dieser „rechts, stark nationalistisch, subjektivistische in der Philosophie und totalitär in der Praxis" sei. Er sei „eine extrem reaktionäre Form der kapitalistischen Herrschaft". Der zugehörige Artikel betont seine pseudoreligiöse Komponente, seinen Drang, Kriege zu führen, um neue Märkte zu schaffen, seine Antimodernität, seinen Antimodernismus, seinen irrationalen Kult des Willens und seine Verfolgung der Linken, die alle zu seinem inneren Kern als „Kapitalismus in der Phase des impotenten Imperialismus" gehören (*Marxists Internet Archive Encyclopedia* 1998-2008). Wie zuvor dargelegt wurde, sind eine große Vielfalt an differenzierten Positionen Teil der „Marxistischen Theorien des Faschismus", von denen einige auch Nicht-Marxisten wichtige Einblicke bieten. Zwangsläufig sind es aber die eher simplifizierenden Interpretationen, die den Hauptstrom des marxistischen Diskurses im linken Journalismus, in der akademischen Forschung und, was am auffälligsten ist, auf antifaschistischen Demonstrationen dominieren.

Die Verwirrung der liberalen Historikerinnen und Historiker

Für Nicht-Marxisten war der dramatische Einzug des Faschismus auf die Bühne der modernen Geschichte ein kompletter Schock und etwas, das weder im Drehbuch der Geschichte der Liberalen noch der Konservativen vorhergesehen war. Im Jahre 1934 schrieb Giuseppe Borgese, ein italienischer Experte für deutsche Literatur und Ästhetik, der kurz zuvor an der New School of Social Research in New York Zuflucht vor dem faschistischen Regime gefunden hatte:

> „Nicht ein einziger Prophet innerhalb von mehr als einem Jahrhundert der Prophezeiungen, der die Degradierung der romantischen Kultur analysierte oder die Spaltung des romantischen Atoms [sic] plante, stellte sich jemals so etwas wie den Faschismus vor. Was es nicht alles gab über zukünftigen Kommunismus und Syndikalismus, Anarchismus und Legitimismus und sogar ein universales Papsttum [Pan-Papsttum?]; über Krieg, Frieden, Pan-Germanismus, Pan-Slawismus, Gelbe Gefahr, Signale an den Planeten Mars; es gab keinen Faschismus. Es kam als Überraschung für alle, und auch für die Faschisten selbst" (Borgese 1934: 475-476).

In ihrem Zustand der intellektuellen Verwirrung waren die politischen Kommentatoren und Kommentatorinnen ratlos, als es darum ging, diese dreiste neue politische Kraft innerhalb der Rahmensetzungen von humanistischen Annahmen, rationalem Fortschritt, Individualismus und Zivilisation zu verstehen. Infolgedessen erwies sich die Aufgabe, eine Art Konsens über ihren Definitionskern zu finden, bei dem man manchmal vom *fascist minimum*, also dem „faschistischen Minimum" spricht, als wesentlich schwieriger als für Marxistinnen und Marxisten. Tatsächlich erzeugte dies einen nachhaltigen Babel-Effekt, der über ein halbes Jahrhundert andauerte und weitgehend unvereinbare und manchmal auch gegenseitig nicht nachvollziehbare Definitionen hervorbrachte, die sowohl für Historikerinnen und Historiker als auch für Politikwissenschaftlerinnen und Politikwissenschaftler, die bestimmte Ereignisse erforschten, von minimalem Nutzen waren.

Fast alle „liberalen" Versuche, dieses Problem zu lösen, hatten mit marxistischen Ansätzen die Prämisse gemeinsam, dass der

Schlüssel zum Verständnis des Faschismus oder zumindest zu seiner Definition nicht in einer detaillierten Analyse darüber lag, wie die Faschisten selbst die ultimativen Ziele ihrer Bewegung, ihre Politik und ihre Aktionen, die zu deren Verwirklichung erforderlich waren, wahrnahmen. Stattdessen wurden intuitiv Schlüsselmerkmale identifiziert, die überzeugten *Antifaschisten* ins Auge fielen. Man könnte hier Parallelen zu einer Entwicklung der Psychiatrie im 19. Jahrhundert ziehen. Jahrzehnte lang behandelten die Theoretiker des generischen Faschismus diesen ähnlich wie Mainstream-Psychiater den „Wahnsinn" konventionell behandelten: Sie entwickelten ihre Theorien über psychologisch abnormales Verhalten, ohne dabei zu berücksichtigen, wie die „Patienten" selbst die Realität erlebten. Es bedurfte eines neuen Ansatzes, der bezeichnenderweise als „Antipsychiatrie" (z.B. Laing 1960) bezeichnet wird und auf der Rekonstruktion der phänomenologischen Darstellung der subjektiven Innen- und Außenwelt der Patienten beruht, um Durchbrüche bei der Kategorisierung von Geisteskrankheiten zu erzielen und neue Formen der „sprechenden" Therapie zu entwickeln. In ähnlicher Weise kamen wichtige Durchbrüche bei der Definition und dem Verständnis des Faschismus erst dann zustande, als einige Experten begannen, sich die Art und Weise „anzuhören", wie Faschisten zeitgenössische Ereignisse und die Gesellschaft, die sie an ihrer Stelle aufbauen wollen, erleben.

Daher waren nicht-marxistische Theorien des Faschismus bis in die 1990er Jahre hinein durch eine außerordentliche Heterogenität gekennzeichnet, die darauf beruhte, dass sie willkürlich auf der Grundlage dessen forschten, was Alexander De Grand einen „outside in"-Ansatz nannte (De Grand 1996: 3). Das daraus resultierende Übermaß an unvereinbaren Ansätzen wird aus zeitgenössischen Studien hierzu ersichtlich (z.B. Gregor 1974; De Felice 1977; Hagtvet und Kühnl 1980). Einer der ersten Ansätze wurde in Luigi Salvatorellis *Nazionalfascismo* (1924) präsentiert und konzentrierte sich auf die angeblich kleinbürgerliche Klassenbasis des Faschismus (die in einem nicht-marxistischen Sinne konzipiert wurde). Dieses Thema wurde ein Jahrzehnt später in der psychologischen Theorie von Harold Lasswell (1933) ausgearbeitet, in der gezeigt wurde, wie der

„Hitlerismus" die psychologischen Ängste der unteren Mittelschicht ansprach. Nach dem Krieg sollte Seymour Lipset (1960) den
Faschismus dann berühmterweise als den „Extremismus der Mittelschicht" darstellen, die beim Aufstieg der modernen Wirtschaft
und Gesellschaft als Verlierer dastand. Dieser Ansatz erinnert entfernt an die bonapartistischen Theorien. Ebenso wenig wie die marxistischen Forscherinnen und Forscher ahnten sie nicht, dass die
These von Faschismus und Nationalsozialismus als Phänomene der
Mittelklasse, die bis vor kurzem gewohnheitsmäßig in Schulge-
schichtsbüchern vorkam, eines Tages empirisch widerlegt sein
würde. Dies wurde dank der sorgfältigen Analyse einiger Geisteswissenschaftler wie Jürgen Falter, Thomas Childers, Michael Kater
und Detlef Mühlberger möglich, die den soziologischen Hintergrund (der in den Mitgliedsakten der NSDAP peinlich genau fest-
gehalten worden war) derjenigen untersuchten, die der Partei vor
Januar 1933 beigetreten waren (Mühlberger 1991).[13] (Sobald Hitler
Kanzler war, stellten Mitgliederstatistiken keinen zuverlässigen Beweis mehr für echte ideologische Unterstützung dar.) Die These der
Mittelklasse fand auch in keiner anderen Form des Faschismus eine
sachliche Grundlage. In all diesen Formen zeigte sich, dass er Unterstützung in vielen sozialen Kategorien und Wählerschaften über
Klassen hinaus erhielt, von denen einige überwiegend ländlich und
bäuerlich geprägt waren (Mühlberger 1998).

Ein diametral entgegengesetzter Ansatz war es, im Faschismus ein Symptom für den Aufstieg der Massen zu sehen, die noch
ein sicheres kulturelles Identitätsgefühl oder eine „Heimat" in der
modernen Gesellschaft finden mussten. Infolgedessen waren sie
anfällig für den Irrglauben, durch kollektive ultranationalistische
Leidenschaft und Versprechungen imperialer Größe existentiell
und historisch ermächtigt zu sein. Dies war ein Ansatz, der sowohl
Affinität aufweist zu Laclaus Betonung darauf, dass sich Hunderttausende, ja sogar mehrere Millionen Menschen durch die impul-

---

[13]   Für eine differenzierte Analyse der Anhängerschaft des Nationalsozialismus
vor 1933 als „normales" klassenübergreifendes Phänomen der Unzufriedenheit
mit den gewöhnlichen Parteien siehe King et al. (2008).

sive Rhetorik der bevorstehenden faschistischen Revolution „interpelliert" und angezogen fühlen konnten, als auch zu Fromms Analyse passt, dass eine Welle der Massenunsicherheit auf dem Höhepunkt des Börsenkrachs von 1929 ein Hauptantrieb des Faschismus gewesen sei. Eine wichtige Vorwegnahme solcher Ansätze lieferte José Ortega y Gasset ([1930] 1932), der in Reflexion auf Gustave Le Bons Theorie der Massenmentalität und Nietzsches Warnungen vor der Bedrohung durch eine neue Rasse nihilistischer „letzter Menschen" den Faschismus als Ausdruck des „Aufstands der Massen" gegen die fortgeschrittene Zivilisation darstellte. In den 1950er Jahren interpretierten sowohl Talcott Parsons (1954) als auch William Kornhauser (1959) den Faschismus nicht als ein Phänomen der Klassen, sondern als eine Massenbewegung des populistischen Radikalismus auf Augenhöhe mit dem Kommunismus. In ähnlicher Weise verwendete später Paul Brooker (1991) Durkheims Theorie der „mechanischen Solidarität", um die Massenbegeisterung für die militarisierte Nation zu erklären, die im italienischen Faschismus, nationalsozialistischen Deutschland und imperialen Japan entstanden war. Diese Staaten boten allesamt in einer Zeit zunehmender Anomie ein starkes Gefühl der kollektiven Identität. Auffälligerweise fehlte jedoch in all diesen Werken eine ernsthafte *ideologische* Analyse, wie der Faschismus seine revolutionären Projekte konzipierte, oder vielmehr eine Analyse, die die Ideologie als wesentlichen Bestandteil der historischen Realität und der einzigartigen politischen DNA des Faschismus *ernst* nahm. Die Kernmythen zu verstehen, die in den 1930er Jahren die außerordentliche psychologische Kraft des Faschismus freigesetzt hatten, Teile sowohl der Mittelschicht als auch der Arbeiterklasse (und der herrschenden Eliten) durch die durch anspruchsvolle Propaganda übertragene Macht der Ideologie zu mobilisieren, wurde als irrelevant erachtet.

Gleiches gilt für einen weiteren Ansatz zur Identifizierung der Dynamik des Faschismus. Dieser fokussierte sich weder auf die Klassenverhältnisse noch auf die Massengesellschaft, sondern auf Modernisierung bzw. Dysfunktionen im Modernisierungsprozess, der als eine Erweiterung des Aufklärungsprojektes verstanden wurde, Fortschritt durch eine Kombination aus rational basierter

Wissenschaft und durch von liberalen Werten geprägte sozialpolitische Institutionen zu generieren. Auch hier findet sich eine Vielzahl von konkurrierenden Erklärungen, die in einer kurzen Einführung wie dieser nur umrissen werden können. Sie reichen von Barrington Moores Versuch (1966), den Faschismus als eine der (Sackgassen-) Wege vom Feudalismus zur sozioökonomischen Moderne zu analysieren, über Henry Turners Darstellung (1975) des Faschismus, der paradoxerweise die technologische und bürokratische Moderne im Sinne des „modernistischen Antimodernismus" annehmen muss, um eine sozial und politisch vormoderne Gesellschaft in moderner Gestalt wiederherzustellen; über die Idee der unbeabsichtigten Modernisierung (Schoenbaum 1966; Dahrendorf 1965); bis hin zur These von Jeffrey Herf (1984), dass Nazi-Technokraten eine „reaktionäre Moderne" verkörperten. Niemand war bereit, eine präzise Definition von Faschismus anzubieten, der daher insbesondere in Bezug auf sein Verhältnis zur Moderne und seine ideologischen Kernmerkmale ein seltsam unklarer Begriff blieb. Der berühmteste Experte, der eine Definition des Faschismus basierend auf dessen Feindseligkeit gegenüber der Moderne präsentierte, war Ernst Nolte (1963). Er bezeichnete Faschismus als „Widerstand gegen die theoretische und praktische Transzendenz", wobei sich „Transzendenz" auf einen schrittweisen Prozess der Emanzipation von traditionellen sozialen, wirtschaftlichen und ideologischen Einschränkungen bezog. Die in dieser Definition kulminierende Analyse der Action Française, des italienischen Faschismus und des deutschen Nationalsozialismus gab der vergleichenden Faschismusforschung nach den 1960er Jahren neue Impulse, auch wenn sich Noltes eigene Definitionsformel zumindest in der anglophonen Faschismusforschung als viel zu abstrakt und obskur erwies, um von Wissenschaftlerinnen und Wissenschaftlern in der Praxis angewendet zu werden.

Zuvor hatten drei bedeutende Werke, die auf dem Höhepunkt der nationalsozialistischen Macht oder unmittelbar danach entstanden waren, den Faschismus noch aus einem weiteren Blickwinkel betrachtet, nämlich dem des moralischen Nihilismus und der Zerstörung der persönlichen Freiheit, die aus der radikalen Ablehnung der Werte der Aufklärung durch das NS-Regime folgten. Auch wenn die Verlässlichkeit von Hermann Rauschnings *Die Revolution des Nihilismus* (1938) als Beleg von Hitlers „wahrer" Ideologie in Misskredit geraten ist, so ist sie doch von erheblichem Wert bezüglich der Einsichten in ein Schlüsselelement der ideologischen Kerndynamik des Nationalsozialismus, nämlich seine Entschlossenheit, eine neue Ordnung zu schaffen, welche die endgültige Zerstörung aller christlichen und konservativen Werte verlangte. Hannah Arendts *The Origins of Totalitarianism* (1951)[14] hob hervor, wie der Nationalsozialismus und der Bolschewismus systematisch Propaganda und Terror einsetzten, um die innere Freiheit zu zerstören und dadurch die Staatsmacht zu maximieren. Georg Lukács zeichnete in *Die Zerstörung der Vernunft* (1954) anhand eines marxistischen Konzepts der Vernunft die Genealogie philosophischer Irrationalisten nach, die den Weg für die nationalsozialistische Verwendung von Mythen und Verschwörungstheorien als Fundament der neuen Ordnung ebneten.

Bezeichnenderweise zeigte keiner dieser Autorinnen und Autoren ein Interesse an Definitionsfragen, die durch den generischen Faschismus gestellt werden, und mehrere bedeutende Historiker, die das Regimes von Mussolini erforschten, insbesondere Renzo De Felice (1976), A. J. Gregor (1979) und Zeev Sternhell (1986), argumentierten später, dass der Nationalsozialismus keineswegs generisch mit dem italienischen Faschismus verwandt sei, also auch mit keiner anderen Form des Faschismus. In den zwei deutschen Staaten der Nachkriegszeit dahingegen wendeten die marxistischen Forschenden weiterhin größtenteils unkritisch das sowjetische Konzept des Faschismus auf die NSDAP und das Dritte Reich an, während die „Liberalen" es vorzogen, Arendt zu folgen und ihr Paradigma des „Totalitarismus" als das hilfreichste generische Konzept anzuwenden, um das Dritte Reich zu begreifen (z.B. Bracher 1969; Pohlmann 2008).

---

14   Anm. des Übersetzers: Arendts mittlerweile als Klassiker geltendes Hauptwerk erschien erstmals 1955 auf Deutsch unter dem Titel *Elemente und Ursprünge totaler Herrschaft.*

Ein Ausweg aus dem Labyrinth

Kurz gesagt befand sich die nicht-marxistische vergleichende Faschismusforschung bis fünfzig Jahre nach dem Tod der faschistischen Diktatoren in einem chaotischen Zustand. Die von ihr entwickelten Modelle des Faschismus erwiesen sich als zu beliebig und
empirisch unbegründet, um „idiographisch" vorgehenden Forschenden (diejenigen, die sich mit der Rekonstruktion und Analyse
bestimmter Phänomene und Ereignisse befassen) zu helfen, allgemeine Muster in ihrem Fachgebiet zu erkennen oder zwischen faschistischen und nicht-faschistischen Erscheinungsformen der extremen Rechten unterscheiden zu können. Es gibt eine im Jainismus,
Buddhismus und Sufismus bekannte Fabel über ein Dorf, in der
blinde Männer sich alle bei der ersten Begegnung mit einem Elefanten ein anderes Tier vorstellen, je nachdem, welchen Teil des Elefanten sie anfassten. Dabei behaupten alle unerschütterlich, dass
ihre Vorstellung die einzig richtige sei.[15] Über vier Jahrzehnte nach
dem Ende der Ära des Faschismus gingen die meisten, die die Chi-
märe des generischen Faschismus zur Erlangung einer übergreifenden Theorie ergründen wollten, auf ähnliche Weise vor. Im Allgemeinen gingen sie von einer Gruppe (oft negativer) Komponenten
aus, die entweder den Faschismus, den Nationalsozialismus oder
beide gemeinsam betrafen (andere Formen des Faschismus wurden
meist als zu peripher angesehen, um in diesen Prozess einbezogen
zu werden), und behandelten diese Komponenten dann als den Definitionskern des generischen Faschismus. Andere fühlten sich gar
berechtigt, ganze Bücher über den Faschismus zu schreiben, ohne
überhaupt eine Definition darzulegen (z.B. Carsten 1967; De Felice
1977).

Ein Symptom der vorherrschenden Verwirrung und des Un-
behagens der „liberalen" Historikerinnen und Historiker auf dem
Gebiet der vergleichenden Faschismusforschung war die Missach-
tung eines der ersten Bücher, das eine Studie über die Ideologie des

---

[15]   Das alte Gleichnis von den Blinden und dem Elefanten findet man unter:
https://jainworld.com/education/jain-education-material/jain-stories/eleph
ant-and-the-blind-men/

Faschismus als Ausgangspunkt für die Analyse nahm: Eugen Webers *Varieties of Fascism* (1964). Trotz seiner beachtlichen methodischen und konzeptionellen Klarheit, der Zugänglichkeit für Studierende und seiner Präzision geriet dieses Werk in Vergessenheit. Wie bereits dargestellt wurde, erlangte unterdessen Noltes konzeptionell anspruchsvolles und schwer verständliches Werk *Der Faschismus in seiner Epoche*, dessen englische Übersetzung *Three Faces of Fascism* (1965) fast zeitgleich mit Webers Buch veröffentlicht wurde, internationalen Ruhm, obwohl es für praktische Forschungszwecke eine Sackgasse darstellte. Eine tiefgreifende Voreingenommenheit, faschistische Texte zum Verständnis der faschistischen Weltanschauung und Ziele und damit als Quelle der daraus abgeleiteten Politik und Handlungen ernst zu nehmen (etwas, das Weber verstanden hatte), bedeutete, dass Geistes- und Sozialwissenschaftler weiterhin über individuelle Formen des Faschismus publizierten, ohne jedoch zu einem gemeinsamen Vorhaben beizutragen oder Zugehörigkeit zu einer heranreifenden Subdisziplin der historischen und politischen Wissenschaften zu empfinden. Das Ergebnis war eine stetige Zunahme rivalisierender Ansätze, die oft auf äußeren Merkmalen beruhten, von denen einige (z.B. charismatische Führerschaft, Terror, Rassismus, Einparteienstaat, Ritualpolitik, Korporatismus, extremer Nationalismus, apokalyptische Bildsprache) keineswegs eine Besonderheit der extremen Rechte darstellten. Infolgedessen wurde die Faschismusforschung von der Geschichts- und der Politikwissenschaft weitgehend (und zu Recht) für alle praktischen Forschungszwecke ignoriert.

Ein weiteres Symptom dieses traurigen Zustandes war, dass Sammelbände von Beiträgen über den Faschismus, die den Studierenden eigentlich helfen sollten, kaum mehr als eine bunt zusammengewürfelte Auswahl von uneinheitlichen Analysen anboten, die für die definitorischen und taxonomischen Anforderungen vergleichender Studien nutzlos waren (z.B. Woolf 1968; Laqueur 1976; Larsen et al. 1980). Monographien über einen bestimmten nationalen Faschismus hatten dagegen keine umfassende einvernehmliche Definition, auf die sie sich bei der Bestätigung oder Rechtfertigung ihres verwendeten Ansatzes berufen konnten (z.B. Hamilton 1971;

Soucy 1986; Thurlow 1987). Das Dilemma war für die Verfasserinnen und Verfasser von politischen Lexika am akutesten, die sich manchmal darauf beschränken mussten, unsinnige Beobachtungen von minimalem Nutzen zur Identifikation einer Bewegung als faschistisch oder nicht-faschistisch zu liefern, wie beispielsweise: „Der Faschismus hatte die Form einer Ideologie ohne Inhalt" und „war eine Mischung aus unterschiedlichen Konzepten, oft unverstanden, oft bizarr" (Scruton 1983: 244-245). Die Lage war so ausweglos, dass Stuart Woolf, der 1967 eine große internationale Konferenz an der Reading University über einzelne Formen des Faschismus veranstaltete, auf der schließlich die Kapitel seines Buches *The Nature of Fascism* basieren sollten, in der Einleitungsrede tatsächlich vorschlug, dass „vielleicht das Wort Faschismus zumindest vorübergehend aus unserem politischen Vokabular verbannt werden sollte" (Woolf 1968: 132; vgl. Allardyce 1979: 370).

Ebenso bezeichnend war der erste Satz einer Broschüre, die 1981 von der britischen Historical Association mit dem Titel *Fascism in Europe* veröffentlicht wurde. Vermutlich war er als Klarstellung des Konzepts gedacht, dennoch warnte der Satz davor, dass „obwohl enorme Mengen an Forschungszeit und geistiger Energie in die Erforschung des Konzepts investiert wurden […], der Faschismus hartnäckig das große Rätsel für die Studierenden des zwanzigsten Jahrhunderts geblieben ist" (Robinson 1981: 1). In eine ähnliche Richtung gehend begann eine Rezension der ersten bedeutenden Sammlung von Essays über die Soziologie des Faschismus, *Who Were the Fascists?* (Larsen et al. 1980), mit der Beobachtung: „Vielleicht wird eines Tages jemand eine allgemeingültige Definition des Faschismus formulieren und die Faschisten eindeutig identifizieren, aber dieser Tag scheint noch weit entfernt zu sein" (Deák 1983: 13). Für Studierende verschiedenster Level, die sich außerhalb der marxistischen Tradition mit dem Faschismus beschäftigen, stellte ein solcher Mangel an Konsens ein ernsthaftes Problem dar. Jedes konsultierte Buch öffnete eine weitere Tür, die in einen neuen Korridor im anscheinend endlosen und zentrumslosen Labyrinth teils widersprüchlicher, teils aber auch verlockend übereinstimmender Ansätze führte, die zum herausragenden Merkmal der Faschismusforschung geworden waren.

Doch der Durchbruch, den Deák sich erhoffte, kam viel früher, als er es sich hätte vorstellen können. Natürlicherweise ist eine universal anerkannte Definition des Faschismus weder möglich (wegen des grundlegenden Missverhältnisses zwischen einem einzelnen Konzept und einer unendlich vielfältigen äußeren Realität, die jeden politischen Begriff dazu zwingt, ein Konstrukt zu sein) noch wünschenswert (weil dies das Ende der akademischen Freiheit und des wissenschaftlichen Fortschritts bedeuten würde). Dennoch war ein großer Konsens unter akademischen Expertinnen und Experten über einen ergiebigen Ansatz der vergleichenden Faschismusforschung in der Entstehung. Es war vielleicht kein definitorischer Heiliger Gral und kein verstecktes Gold im Stile eines Indiana-Jones-Filmes, das im Begriff war, gefunden zu werden. Aber immer mehr Akademikerinnen und Akademiker verstanden, dass es doch möglich war, die „schwarze Katze" des Faschismus in einem Raum zu identifizieren, sobald dieser nicht mehr durch methodische Naivität verdunkelt, sondern durch die Erkenntnis beleuchtet wurde, dass „der Faschismus" kein objektives „Ding" ist, das gefunden oder definiert werden kann. Vielmehr ist es, wie alle anderen politischen Konzepte auch, ein heuristisches Instrument, das als Arbeitsdefinition zwar nicht endgültig, aber zumindest eindeutig auf der Grundlage einer soliden vergleichenden und gemeinschaftlichen Forschung artikuliert werden kann, die ergänzende Studien fördert, die in Zukunft durchgeführt werden sollen.

Die besondere Eigenschaft der „neuen Welle" an Faschismusstudien, die sich erst Anfang der 1990er Jahre bemerkbar machte, war ein dezenter, aber signifikanter Perspektivenwechsel von der Sicht der Gegner oder Opfer zu der der Protagonisten selbst (was auch die übliche Herangehensweise an andere politische Konzepte wie Konservatismus, Liberalismus, Sozialismus, Feminismus oder Ökologismus ist). Dieser „Paradigmenwechsel" ermöglichte es den Forschenden endlich, sich direkt mit den Faschisten über ihre politische, historische und humanistische Vorstellungskraft als eine Art politischer Akteur zu beschäftigen, der von einer bestimmten Gattung von Weltbild, Ideologie und utopischem Programm zur Transformation der Gesellschaft motiviert war. Auf dieser Grundlage stellte sich die faschistische Ideologie nicht mehr als reine Fassade zur Tarnung zynischer Material- und Klasseninteressen oder als giftige Frucht des destruktiven Hasses und Fanatismus dar. Stattdessen offenbarte die (von George Mosse empfohlene) „methodische Empathie" den Faschismus als Ausdruck, wenn auch allgemein propagandistischer Art, tief verwurzelter Überzeugungen und emotional und mythisch einflussreicher Ideale darüber, was mit der Gesellschaft nicht stimmte und was zu ihrer Regeneration getan werden sollte, um eine totale Erneuerung ihrer Kultur im anthropologischen Sinne herbeizuführen. George Mosse, der Pionier dieses Ansatzes, formulierte es so:

> „Die kulturelle Interpretation des Faschismus eröffnet Möglichkeiten, um das faschistische Selbstverständnis zu durchdringen, und dieses Einfühlungsvermögen ist entscheidend, um zu verstehen, wie Menschen die Bewegung sahen" (Mosse 1999: xi).

Nur wenige Faschisten werden sich der tiefen strukturellen Ursachen und des unmittelbaren Zusammenhangs von äußeren und inneren Faktoren bewusst gewesen sein, die nicht nur ihren Hass und ihre Ängste, sondern auch ihre utopischen Träume von einer ultranationalistischen Revolution nährten. Aber wie sie die existenzielle Bedrohung ihrer Gesellschaft und ihrer Identität inmitten der Zwischen- oder Nachkriegskrise der Nation bewerteten, und die drakonischen Maßnahmen, die sie zu deren Lösung vorschlugen, drückten ihre eigenen psychologischen Wahrheiten in einer bestimmten ideologischen Form aus. Diese unterschied sich im Vergleich mit anderen politischen Projekten hinreichend, so dass diejenigen, die den Faschismus studierten, ihn schließlich kohärent und auf Augenhöhe mit anderen politischen Konzepten definieren konnten, nämlich in erster Linie in Bezug auf seine positiven Ideale und nicht auf die Negationen oder die ‚Anti'-Dimensionen, die aus diesen Idealen hervorgingen (Payne 1995: 5-7). An diesem Punkt konnte sich das „faschistische Rätsel" von selbst lösen. Der durch jahrzehntelange unkoordinierte Forschung gebundene gordische Knoten lockerte sich, und die Forschenden konnten endlich an die Arbeit gehen, ohne sich durch eigene Definitionen und widersprüchliche Theorien anderer Experten zu quälen. Eine kohärente

Darstellung der charakteristischen Weltanschauung und Ideologie der Faschisten, die auf ihrem eigenen Verständnis basierte, während man die Rationalität und Moral der Politiken und Handlungen, die daraus hervorgingen, absolut ablehnte, begann sich zumindest innerhalb der akademischen Forschung als Norm zu etablieren.

Infolge dieser unerwarteten Entwicklung gewinnen Texte plötzlich eine tiefere Bedeutung, die Marxisten (immer noch) als propagandistischen Vorwand für nationalistischen Eifer abtun würden, der die terroristische Ausbeutung der Massen durch den Kapitalismus verbirgt, und in denen Liberale wenig mehr sehen würden, als die bombastische Rhetorik eines größenwahnsinnigen Führers, der die Macht nur dank der chaotischen Folgen des Ersten Weltkriegs hatte ergreifen können. Zum Beispiel wandte sich Mussolini in seinem ersten Jahr als *Duce*, nur wenige Tage vor dem siebten Jahrestag des Sieges im Ersten Weltkrieg, an die *Nationale Vereinigung der Kriegsverwundeten*, also genau jene Anhängerschaft der Veteranen, deren Patriotismus und Mut er als „Trenchocracy"[16] bezeichnete (Griffin 1995: 28-29), und jene heroische, jugendliche Elite, auf der ein neuer Typ des modernen Italiens beruhen sollte. Er nutzte die Gelegenheit, um mit den Zuhörern seine „große Idee" zu teilen, eine Vision, die den Faschismus beflügelte und deren viele Entsprechungen als die belebende Kraft aller Faschismen angesehen werden kann.

Italiens glorreiche Geschichte und Einfluss auf die Zivilisation, verkündete er, seien nicht mit der Gründung des Römischen Reiches, der Entstehung der römisch-katholischen Kirche oder der Wiedergeburt des klassischen Erbes des Westens in der Renaissance beendet. Mit der Gründung des faschistischen Staates sei Italien im Begriff, der Welt ein weiteres Geschenk als Schöpfer einer neuen Phase der Zivilisation zu machen:

---

[16]   Anm. des Übersetzers: Trenchocracy (italienisch "trincerocrazia") ist eine Wortschöpfung aus den englischen Begriffe *trench* (Schützengräben) und -*cracy* (vom altgriechischen Wort krátos für herrschen), zu Deutsch also „die Herrschaft der Schützengräben".

„Das Vaterland ist keine Illusion! Es ist die süßeste, größte, menschlichste, göttlichste aller Realitäten! Nein! Italien hat sich bei der Schaffung seiner ersten und zweiten Zivilisation nicht erschöpft, sondern schafft bereits eine dritte. Kriegskameraden! Wir werden es im Namen des Königs, im Namen Italiens, mit körperlicher Anstrengung, mit dem Geist, mit Blut und mit Leben erschaffen" (Mussolini 1925).

Als Hitler Kanzler wurde, weckte die Aussicht auf nationale Erneuerung eine ähnlich ekstatische Stimmung bei den Anhängerinnen und Anhängern der Nazis, die glaubten, die Wiedergeburt ihrer Nation zu erleben, welche kürzlich durch eine Reihe von Krisen in die Knie gezwungen worden war. Einer von ihnen hielt seine Hoffnungen auf die Metamorphose Deutschlands während der „Machtergreifung" in einem Buch mit dem Titel *Die Sehnsucht nach dem Dritten Reich in deutscher Sage und Dichtung* fest: „Nun ist das Morgen zum Heute geworden; Weltuntergangsstimmung hat sich in Aufbruch verwandelt; das Endziel tritt ins Blickfeld der Gegenwart, und aller Wunderglaube wird zur tatkräftigen Gestaltung der Wirklichkeit angesetzt" (Petersen 1934: 1).

Der von Mosse befürwortete empathische Ansatz legt nahe, dass solche Passagen durchaus als Propaganda zu lesen sind – nicht im Sinne einer zynischen Manipulation, sondern als Versuche, einen Glauben zu verbreiten, getreu dem Ursprung des Wortes in der 1622 gegründeten und erst 1922 aufgelösten „Heiligen Kongregation für die Verbreitung (*Propaganda*) des Glaubens" des Vatikans (*Sacra Congregatio de Propaganda Fide*). Sobald der Grundstein dieses Glaubens innerhalb des faschistischen „Selbstverständnisses" durch methodisches Einfühlungsvermögen erkannt wird, und zwar als bevorstehende Wiedergeburt der Nation oder Rasse in einer postliberalen Neuordnung, dienen solche Primärtexte als Wegweiser für die zweite wichtige Forschungsrichtung der Historikerinnen und Historiker in ihrem Versuch, den Faschismus zu verstehen – eine Forschungsrichtung, die Gegenstand des nächsten Kapitels ist.

3 Eine Arbeitsdefinition: Faschismus als revolutionäre Form des Nationalismus

Ein dritter Weg, Faschismus zu verstehen

Nach der Betrachtung der vergleichsweise zusammenhängenden marxistischen Ansätze und der, zumindest zeitweise, chronisch inkohärenten liberalen Versuche innerhalb der Wissenschaft, das schwer fassbare faschistische Minimum zu definieren, bietet dieses Kapitel den Lesenden einen bestimmten, klar definierten (keinen endgültigen) konzeptionellen Rahmen und ein „Forschungsparadigma" für das Studium des generischen Faschismus als Schlüsselbegriff des politischen Denkens. Wie am Ende des letzten Kapitels erläutert wurde, basiert der „dritte Ansatz" auf dem zunehmend akzeptierten Prinzip, mit methodischer Empathie „in das faschistische Selbstverständnis einzudringen" (Mosse 1999: xi), um das verworrene Definitionsrätsel des Faschismus zu lösen. Der Grund, warum er hier als „Arbeitsdefinition" dargestellt wird, ist, dass er sich außerhalb der marxistischen Tradition als das Erklärungsmodell mit dem bisher größten heuristischen Wert bei der Erforschung des Faschismus erwiesen hat. Dies zeigt sich an der Fülle an Artikeln, Kapiteln und Büchern, die sie seit den 1990er Jahren zugrunde legen, ob nun explizit oder implizit. Mit anderen Worten, die hier dargelegte Definition, die auf der Priorisierung der eigenen Zeugnisse der Faschisten beruht, sei es in Worten, Strategien, Aktionen, institutionellen Neuerungen oder kulturellen Produkten, um die innere Logik ihrer Ideologie und Handlungen zu verstehen, hat sich bis heute im praktischen Sinne als die am besten „funktionierende" erwiesen.

Die Anwendung dieses konzeptionellen Ansatzes bedeutet natürlich nicht, dass Akademikerinnen und Akademiker ihre professionellen analytischen Fähigkeiten nicht anwenden sollten, wenn sie versuchen, die objektiven, historischen, sozialen und psychologischen Faktoren und komplexen historischen Ursachen zu verstehen, die zur Entstehung einer bestimmten faschistischen Ideologie und ihrer Annahme führten (und führen). Natürlich waren und sind diejenigen, die sich dem Faschismus verschrieben haben, von solchen Faktoren und Ursachen weitgehend unbeeindruckt und können nur mythisierte, wertbasierte Rationalisierungen der Annahme ihrer Sache geben, so wie alle historischen Akteure nur begrenzte Selbstbeobachtungen über die Zusammenhänge der Kausalität anstellen können, die ihr Leben prägen und ihre Ideen und ihr Verhalten zu einem bestimmten Zeitpunkt motivieren. Außerdem entbindet die „methodische Empathie" die Forschenden nicht von der Pflicht, die besonderen humanistischen Werte, ob säkular oder religiös, anzuwenden, die den Faschisten selbst so fremd waren, wenn sie die Auswirkungen und weiterreichenden Folgen ihrer Überzeugungen und ihrer Politik als historische und moralische Kräfte bewerten. Insbesondere sind humanistische Werte entscheidend, um den Ehrgeiz der Historikerinnen und Historiker anzuspornen, vollständige, empirisch fundierte und theoretisch kohärente Erklärungen über den Faschismus, über die systemischen Verbrechen gegen die Menschlichkeit und die schrecklichen unbeabsichtigten Folgen zu geben, die sich aus den rücksichtslosesten Versuchen der Realisierung faschistischer Utopien vor 1945 ergaben, die so viele Millionen Menschenleben kosteten.

Solche Werte sollten auch das kollektive akademische Unterfangen zur Beobachtung und Analyse der Entwicklung des Faschismus seit 1945 prägen, zumal die Anwendung der Arbeitsdefinition auf seine Erscheinungsformen nach dem Krieg oft eine fein nuancierte Unterscheidung zwischen verschiedenen Arten der extremen Rechten erfordert, die einem Außenstehenden unnötig pedantisch und kleinlich erscheinen könnte. Die Fachsprache und die abstrakten Klassifikationen oder Theorien, die in der Faschismusforschung routinemäßig angewendet werden, sollten nicht als Zeichen der Gleichgültigkeit gegenüber dem höchst persönlichen Leid und der Tragödie verstanden werden, die durch jede Art faschistischer Gewalt verursacht werden, ebenso wenig wie die Fachsprache einer Zeitschrift für Onkologie eine mangelnde Anteilnahme für den krebskranken Patienten impliziert. Insbesondere die stark verdichtete und schematische Darstellung der Nachkriegsentwicklung des

Faschismus in Kapitel 5 sollte die Aufmerksamkeit nicht von der Tradition der militanten Fremdenfeindlichkeit, Homophobie, Misogynie, mörderischen Gewalt und in einigen Fällen sogar von Plänen für einen Genozid (nun auf eine utopische Fantasie reduziert) ablenken, die aus den hartnäckigen Versuchen der Fanatiker entstanden, Träume von einer neuen nationalen oder rassischen Ordnung lange nach dem Ende der faschistischen Epoche zu verwirklichen. Es geht beim Schreiben dieses Buches darum, solche Phänomene menschenverständlicher zu machen, und nicht darum, sie auf abstrakte Definitionen zu reduzieren oder irgendwie zu bagatellisieren.

Kurz gesagt, methodische Empathie ist nur eine angewandte Strategie, um in das emotionale, subjektive Weltbild und Wertesystem der Protagonisten des Faschismus einzutreten. Leo Tolstoi erklärte in *Krieg und Frieden* (1868) „Tout comprendre, c'est tout pardoner" (Alles verstehen heißt alles verzeihen) aber im Kontext der Faschismusforschung trifft das Gegenteil zu: den Faschismus empathisch als historische und politische Kraft zu verstehen, bedeutet *nicht*, seine Werte zu akzeptieren, seine Handlungen zu rechtfertigen oder das unvorstellbare Ausmaß von Gräueltaten und Verbrechen gegen die Menschlichkeit zu leugnen, zu dem der Versuch, faschistische Ideale umzusetzen, in der Praxis führte. Das Ergebnis ist eine Art *Doublethink* (zwiespältiges Denken, aber nicht im Orwellschen Sinne), wie man es von Soziologen, Anthropologen und modernen Psychiatern kennt, wenn es um menschliche Protagonisten geht, die gleichzeitig Subjekt und Objekt ihrer Untersuchung werden. In diesem Zusammenhang ist hervorzuheben, dass „empathisch" in Bezug auf primäre Quelldaten nicht „intuitiv" oder „subjektiv" bedeutet. So schematisch oder willkürlich die Interpretationen der faschistischen Ideologie, die sich aus dem empathischen Ansatz ergeben, auch erscheinen mögen, sie alle basieren, wenn nicht aus erster Hand, so doch zumindest auf empirischen Analysen von Texten (im weitesten Sinne) aus zweiter Hand, die

die eigene Wahrnehmung der Faschisten von ihrer Mission zur Erneuerung der Rasse oder Nation und der zu ihrer Verwirklichung erforderlichen Maßnahmen dokumentieren.17

Die weiteren Ausführungen dieses Leitfadens zur Faschismusforschung werden auf Erklärungsansätzen zur generischen faschistischen Ideologie aufbauen, die in diesem Kapitel erläutert werden. In Kapitel 4 wird der Fokus auf seinen Implikationen für die Erforschung individueller Varianten der revolutionären Rechten in der Zwischenkriegszeit liegen, wobei sowohl die bemerkenswerte Beständigkeit als auch die extreme Heterogenität dessen, was er als faschistische Bewegungen identifiziert, hervorgehoben werden, wenn die Aufmerksamkeit auf bestimmte ideologische, soziale, wirtschaftliche, politische oder kulturelle Phänomene gerichtet wird. Kapitel 5 wird sich dagegen darauf konzentrieren, zu zeigen, wie die durch den empathischen Ansatz identifizierte faschistische Kernvision in der Lage war, die Niederlage faschistischer Regime im Zweiten Weltkrieg zu überdauern. Obwohl er von der liberalen Demokratie erfolgreich marginalisiert wurde, überlebte der Faschismus dank seiner Fähigkeit, eine Reihe neuer Organisationsformen, Propagandastrategien und ideologischer Formen in einem Umfeld zu entwickeln, das im Allgemeinen den wirklich revolutionären Formen von Nationalismus und Rassismus gegenüber feindlich gesinnt war.

---

17 Zum Beispiel basierte die Theorie des Faschismus, die in *The Nature of Fascism* (1991) erläutert wurde, auf meiner umfangreichen Studie mit einer breiten Auswahl an Primärquellen, die ich im Rahmen meiner Doktorarbeit durchführte. Diese wurden als Dokumente der Ideologie einer Vielzahl von vermeintlichen faschistischen Bewegungen in verschiedenen Sprachen ausgewählt, von denen nur wenige auf Englisch verfügbar waren. Dieser Prozess ermöglichte es, sowohl das Muster der mit dem „palingenetischen Ultranationalismus" verbundenen Themen empirisch in „faschistischen" Varianten der extremen Rechten zu etablieren, als auch dessen Abwesenheit als Kennzeichnung für eine andere Gattung der extremen Rechten zu betrachten. Eine Anthologie von Texten, die den palingenetischen Mythos im faschistischen Nationalismus anhand dieser Forschung veranschaulichen, findet sich unter Griffin (1995).

Palingenetischer Ultranationalismus

Die hier wiedergegebene Darstellung des Faschismus ist eine von mehreren kongruenten Ansätzen und Definitionen, die ihn basierend auf dem Prinzip der methodischen Empathie in Bezug auf die von den Faschisten selbst propagierten Kernwerte, politischen Diagnosen und Endziele begreift (insbesondere Payne 1995: 14; Eatwell 1995: 11; Gregor 1999: 162, 166; Blinkhorn 2000: 115-116; Shenfield 2001: 17; Kallis 2003; Mann 2004: 13; Lyon [1997] 2016; Morgan 2003: 13-14; Paxton 2004: 218; Iordachi 2009). Meine eigene Formulierung der in diesem Kapitel vorgeschlagenen Arbeitsdefinition des Faschismus verwendet den Begriff *Palingenese* (englisch *palingenesis*) – aus dem griechischen *palin* (wieder) und der *Genese* (Geburt) –, um auf die Vision der Faschisten von einer unmittelbar bevorstehenden oder eventuellen Wiedergeburt hinzuweisen. Dieses Wort mag für deutschsprachige Studierende ungewohnt sein, auch wenn es in romanischen Sprachen wie Italienisch und Spanisch geläufig ist. Seit der Einführung der Definition in *The Nature of Fascism* (Griffin 1991: 34-40) zur Lösung des lexikalischen Problems, das sich aus dem Fehlen eines vom Begriff „Wiedergeburt" abgeleiteten Adjektivs ergibt, hat sie sich innerhalb der vergleichenden Faschismusforschung und darüber hinaus weit verbreitet, insbesondere in ihrer Form als Adjektiv: *palingenetisch* (englisch *palingenetic*). In der Folge wurde ihre Existenz als „echtes" Wort in der Politikwissenschaft von keiner geringeren Autorität als dem *Oxford English Dictionary* anerkannt (ganz zu schweigen von *Wikipedia*).

Wenn „palingenetisch" und „revolutionär" im Kontext der Faschismusforschung verwendet werden, weist dies auf eine grundlegende Abkehr sowohl vom Hauptstrom der marxistischen Ansätze hin, die dem Faschismus eine echte revolutionäre Stellung als Ideologie verweigerten, als auch von früheren liberalen Ansätzen, die dazu neigten, den Faschismus in Bezug auf seine Negationen zu charakterisieren (etwa als irrational, illiberal, antisozialistisch, antihumanistisch, antimodern, pathologisch usw.). Wenn sich die Leserinnen und Leser fragen, warum es im Kontext des Faschismus nicht vorzuziehen ist, einfach den weitaus bekannteren (aber noch umstritteneren) politischen Begriff „Revolution" anstelle von „Palingenese" zu verwenden, dann deshalb, weil man argumentieren könnte (d.h. ich argumentiere), dass die revolutionäre Theorie und ihre Aktionen als die Manifestationen strukturell tieferer psychologischer Antreiber und ideologischer Kräfte bei der Gestaltung der Ziele und des Aktivismus ihrer Protagonisten angesehen werden können, und nicht ausschließlich als politischer Utopismus. Was dem Engagement für eine neue Ordnung vorausgeht und diese bedingt, ist (wie ich vorschlage) eine instinktive Sehnsucht nach radikaler Veränderung und Erneuerung, die nur teilweise durch objektive gesellschaftspolitische Kräfte der Krise erklärt werden kann und eine tiefe symbolische und psychologische Dimension beinhaltet. Der französische politische Denker Georges Sorel interessierte sich besonders für diesen Aspekt des politischen Mythos (Ohana 1991). Die tiefe psychologische Sehnsucht nach Reinigung, nach Erneuerung durch „kreative Zerstörung", drückt sich in den regenerativen Mythen und utopischen Visionen einer völlig neuen Gesellschaft und in der Schaffung eines „neuen Menschen" aus,[18] denen man in den Revolutionen in Frankreich (Ozouf 1989), der Bolschewisten (Pellicani 2003), der Maoisten (Haglund 1975) und der Roten Khmer (z.B. Ponchaud 1978) begegnete. Allesamt scheiterten langfristig betrachtet nicht weniger als die revolutionären Vorhaben des Faschismus in der Zwischenkriegszeit (und zwei dieser Revolutionen waren im Verhältnis nicht weniger destruktiv für das menschliche Leben).

Palingenetische Erwartungen, die auf die Nation oder Rasse projiziert werden, stellen daher in meiner eigenen Version eines Idealtyps den hauptsächlichen Antreiber für faschistische Gewalt dar und haben *Vorrang* vor der Formulierung der transformativen Mission und der spezifischen Politik in gesellschaftspolitischer

---

[18]   Während im Deutschen der Begriff der „Neue Mensch" nicht geschlechtsspezifisch ist, wird in der englischsprachigen Forschung oft der irreführender Begriff „New Man" verwendet, obwohl das Konzept im faschistischen Kontext meist einen neuen Menschen als Gesamten, also männlich und weiblich, meint. Für ein Korrektiv der Geschlechtervorurteile in der englischsprachigen Faschismusforschung siehe Gottlieb (2000).

Hinsicht. Das Verlangen nach totaler Erneuerung prägt den Faschismus der Nachkriegszeit weiterhin, aber, da nun seine populistische Basis zusammengebrochen ist, sehen sich viele seiner Formen gezwungen, eine versteckte Agenda zu verfolgen, indem sie
bewusst die illiberalen, totalisierenden oder gewalttätigen Auswirkungen zur Erreichung ihrer ultimativen Ziele verschweigen. Dies
geschieht zur Anpassung des faschistischen Extremismus an eine
Zeit, in der der revolutionäre Nationalismus durch die Verbindung
mit den Schrecken des Zweiten Weltkriegs noch immer weitgehend
diskreditiert und abgelehnt wird.

In meiner speziellen Version des dritten Ansatzes zur Definition des Faschismus wird „palingenetisch" nicht mit dem Begriff
„Nationalismus", sondern mit „Ultranationalismus" gepaart (Griffin 1991: 26-55). Die vorgesehene Bedeutung des Präfixes „ultra"
(Lateinisch für „jenseits") besteht hier darin, dass die imaginäre Gemeinschaft, die „Nation", die so zentral für die faschistische Denkweise ist, unwiderruflich das Spektrum der mit der liberalen Demokratie kompatiblen sozialen Ideale verlässt. In diesem Prozess
wird der Nationalismus, auch wenn er eine Fassade demokratischer Legitimität bewahrt, jeglicher humanistischer oder egalitärer
Konnotationen beraubt, die er sich in einem liberalen oder sozialistischen Kontext als Quelle gemeinschaftlicher, individueller, bürgerlicher und legaler Freiheiten und Rechte aneignen kann. Der faschistische „Ultranationalismus" lehnt daher den „liberalen Nationalismus" deutlich ab. Innerhalb der faschistischen Weltsicht wird
die Nation oft reifiziert (also in eine lebendige Entität verwandelt)
und derart verkörpert, dass sie „krank", „dekadent", „gedemütigt"
oder „entweiht", aber auch „gesund", „stark", „wiedergeboren",
„herrlich" oder „heilig" sein kann. Es sei jedoch darauf hingewiesen, dass das organische Konzept der Nation auch in nicht-faschistischen Kontexten auftreten kann, z.B. im klassisch-römischen Begriff der „ewigen Stadt", der Vorstellung über das Judentum als
„ewige Nation" und in jeder extremen Form des Patriotismus, die
besagt, dass diejenigen, die für die nationale Sache sterben, „Mär-
tyrer" einer transzendenten, heiligen Sache sind und in ihrem Tod
die persönliche Sterblichkeit transzendieren (Buc 2015, Mosse

1990). Dieser Mythos war von zentraler Bedeutung, um sicherzu-
stellen, dass die rituellen Opferungen von Menschen für alle Nationen, die am Ersten Weltkrieg teilnahmen, unerbittlich fortgesetzt
wurden, bis über 10 Millionen Kriegsteilnehmer tot und weitere 20
Millionen schwer verletzt waren.

Es ist wichtig zu beachten, dass auch wenn in der Zwischenkriegszeit die faschistische „Ultra-Nation" (wenn der Neologismus
erlaubt ist) überwiegend mit dem Nationalstaat als Kontext und
Rahmen für die nationale Wiedergeburt identifiziert wurde, über-
nationale Mythen des Imperialismus, des Panslawismus, des Pan-
latinismus, einer Neuordnung Europas, eines Großgermanisches
Reiches und einer verjüngten westlichen Zivilisation gelegentlich
die grundlegende Entität im Mittelpunkt der von den Faschisten
imaginierten Gemeinschaft und des Zugehörigkeitsgefühls erwei-
terten und damit weit über die historischen und geographischen
Konturen des politischen Nationalstaates hinausgingen. Zumindest so lange die europäischen Imperien expandierten, betraf dies
insbesondere den allgegenwärtigen arischen Mythos des Nationalsozialismus, der kombiniert mit der Vision des Dritten Reiches sowohl als Hüter des nordischen Blutes und der nordischen Kultur
als auch als Architekt einer enormen auf der Rasse basierenden
neuen Zivilisation mit ihrem Zentrum in einem wiederaufgebauten
Berlin (bekannt als Germania) großspurige Vorstellungen von nationaler Gemeinschaft[19] und rassischem Schicksal hervorbrachte, die
globalisierende Elemente annehmen konnten (Thies 2012). Nach
1945 entkoppelten europäische und internationale Überarbeitun-
gen des palingenetischen Mythos sowie der spektakuläre Aufstieg
des weißen Suprematismus,[20] begleitet vom Niedergang des Nationalstaates und dem Aufstieg supranationaler Institutionen und

---

[19] Eine Anspielung auf Benedict Andersons bahnbrechende Studie *Imagined Co-
munities* (1983) über die Rolle der gemeinsamen Fantasie in der Konstruktion
von Nationalität durch die Imagination einer nationalen Gemeinschaft.

[20] Anm. des Übersetzers: Der im deutschsprachigen Raum bislang wenig verwendete Terminus „weißer Suprematismus" stammt vom englischen Begriff
„White Supremacy", also „weiße Vorherrschaft". Er ist nicht zu verwechseln
mit der gleichnamigen Kunstrichtung Suprematismus.

der Globalisierung, den Faschismus immer häufiger von einer eingeschränkten „Nationalstaatlichkeit" und verwandelten den Nationalsozialismus von einer deutschzentrierten Bewegung zu einer globalen entterritorialisierten Glaubensrichtung der weißen Rassisten. Dies wird von einigen als *Universal Nazism,* also „Universalnazismus", bezeichnet (siehe Kapitel 5).

Die Fähigkeit der Ultra-Nation, Konnotationen sowohl eines regenerierten Nationalstaates als auch, manchmal sogar gleichzeitig, einer wiedergeborenen Zivilisation oder Rasse inne zu haben, gibt dieser Komponente des zentralen faschistischen Mythos oder des „faschistischen Minimums" – das was der Theoretiker Michael Freeden (1996) seinen „unlösbaren Kern" nennen würde – besondere Flexibilität und affektive Anziehungskraft im Kontext palingenetischer Sehnsüchte in Zeiten der Krise. Als gefühlsbetonte Kraft und als Quelle von Identität und Bestimmung liegt die Stärke der faschistischen Ideologie oft in der Verschwommenheit und Utopie ihrer Vision, nicht in ihrer Praktikabilität oder Realisierbarkeit. So ist die Tatsache, dass fanatische patriotische Neofaschisten aus verschiedenen Ländern an internationalen Kundgebungen (z.B. dem jährlichen Jamboree im belgischen Diksmuide) oder Konferenzen (z.B. veranstaltet vom Internationalen Russischen Konservativen Forum in St. Petersburg im März 2015) teilnehmen, paradox, aber sicherlich kein Widerspruch.

Die faschistische Ultra-Nation kann als überindividuelles Produkt der faschistischen Fantasie betrachtet werden, welches sowohl Aspekte des historischen „Mutterlandes" und „Vaterlandes" als auch Aspekte der mythisierten historischen und rassischen Vergangenheit einbezieht und sich in dem zukünftigen Schicksal des Volkes ausdrückt. Es bietet Faschisten den mythischen Mittelpunkt, um sich als Teil einer überpersönlichen Gemeinschaft von Zugehörigkeit, Identität und gemeinsamer Kultur zu fühlen (auf der Grundlage von Geschichte, Sprache, Territorium, Religion und Blut oder einer Mischung aus mehreren dieser Komponenten). Der oder die Einzelne wird ermutigt, mit seinem oder ihrem gequälten, wütenden und desorientierten Selbst vollständig in dieser mystischen Entität zu versinken und es so in einer „identifikatorischen Ge-

meinschaft" aufzulösen, anstatt Teil einer „integrativen Gemeinschaft" zu sein, die die Unterschiedlichkeit, den Individualismus
und die Menschlichkeit des „Anderen" respektiert (Griffin 1994). In
mancher Hinsicht nimmt die „Ultra-Nation" auch Aspekte des jü-
disch-christlichen Gottes auf: Sie lebt sowohl in und durch die Ent-
faltung der historischen Zeit und gleichzeitig in der überhistori-
schen Ewigkeit des Volkes oder der Rasse (Griffin 2015b). Darüber
hinaus kann sie in extremen Situationen – wenn das „Heimatland"
bedroht ist oder das „Vaterland" es befiehlt – Liebe, Hingabe und
Leid von den Gläubigen buchstäblich bis zum ultimativen Opfer
verlangen und so ihr Leben durch den Tod heilig sprechen, während die Ultra-Nation weiter geheilt wird.

Auf psychologischer Ebene kann die Identifikation mit der
„Ultra-Nation" somit als Portal zur Transzendenz für Individuen
dienen, deren persönliches Leben durch ihre Kernidentität bedrohende gesellschaftspolitische und wirtschaftliche Umwälzungen
erschüttert worden ist, oder deren Innenleben aufgrund ihrer persönlichen Krisen ohne Bestimmung, Bedeutung und Hoffnung erlebt wird. Der heroische Dienst für diese überpersönliche Entität
ermöglicht es ihnen, in ihr hoch mythisiertes Narrativ und ihre Geschichte einzutreten und vielleicht flüchtig direkt das Gefühl der
Erlösung und Unsterblichkeit kennenzulernen, das auf der ganzen
Welt in den heiligen Texten und Ritualen der militärischen Bestat-
tungs- und Gedenkzeremonien für gefallene Soldaten heraufbe-
schworen wird (Mosse 1990). Es sei jedoch darauf hingewiesen,
dass die beiden Weltkriege zeigten, dass in Zeiten nationaler Gefahr auch liberale demokratische Nationalstaaten intensive, umfangreiche und zumindest teilweise spontane politische Religionen
entwickeln können, basierend auf dem moralischen Imperativ des
individuellen „Blutopfers" für die nationale Gemeinschaft (z.B.
Marvin und Ingle 1999). Der Unterschied besteht darin, dass liberale Gesellschaften den bürgerlichen Nationalismus und den politischen Liberalismus nicht als Grundlage für die ideale Gesell-
schaftsordnung aufgeben, zu der das Leben nach der Krise zurück-
kehren soll (Gentile 2006). Im Gegensatz dazu sieht der Faschismus
die geheiligte Nation, die unter der Demokratie *im Extremfall* in einer Zeit des nationalen Notstandes und Krieges entstehen kann,

nicht als Ausnahmezustand, sondern als die Einführung einer neuen gesellschaftlichen Norm. Wo in den 1930er und 1940er Jahren liberale Zwänge beseitigt wurden, versuchte der Faschismus, ein anhaltendes Klima des extremen Patriotismus zu schaffen, das in einigen Fällen durch Terror verstärkt wurde, welches die Selbstlosigkeit und das Opfer einer ganzen Generation als Voraussetzung für das Ersetzen der „kranken" liberalen Demokratie durch eine „gesunde" totalitäre Neuordnung verlangte, die, sobald die Kriege vorbei waren, von einer sozial konstruierten Bevölkerung von Gläubigen bewohnt werden sollte, die vom theologischen, humanistischen oder individuellen Gewissen gereinigt worden war.

Dieses Werk folgt einer frühneuzeitlichen Tradition, die die Vorstellung der Untertanen eines Regimes als eine „Körperpolitik" (auf Englisch *body politic*) entweder autonom selbstregulierend (wie von Francisco Suárez dargelegt) oder von oben geschaffen (wie von Thomas Hobbes vorgeschlagen) versteht. Der implizite Ansatz ist, dass die faschistische Vorstellung das „Volk" in eine intrinsisch antidemokratische und antiegalitäre, *organische* Einheit verwandelt, die durch Wörter wie „Volk", „volk" (niederländisch), „narod" (kroatisch) oder „poporul" (rumänisch) gekennzeichnet ist. Man darf daraus jedoch nicht schließen, dass der Faschismus grundsätzlich *biologisch* oder *genetisch* rassistisch ist. Sicherlich ist jedes organische Konzept der Nation an und für sich rassistisch in der Art, wie es dazu tendiert, Ethnien oder Nationalitäten als idealisierte singuläre Einheiten zu verstehen, die von Rassenmischung (ethnischer Vermischung), Massenmigration, Kosmopolitismus, Materialismus, Individualismus oder die Aufnahme in internationale Organisationen bedroht werden. Doch wie sich in Kapitel 4 zeigen wird ist die Ultra-Nation der faschistischen politischen Imagination nicht unbedingt in biologischer, pseudowissenschaftlicher oder eugenischer Hinsicht rassistisch. Sie ist auch nicht notwendigerweise von „Blutlinien", Rassenreinheit oder Erblichkeit besessen. Ebenso wenig ist sie „eliminatorisch" (Goldhagen 2007) oder genozidal (Kallis 2008) in ihrem Umgang mit anderen Nationalitäten, Ethnien und Außenseitergruppen in der Art, wie es der Nationalsozialismus, die Eiserne Garde oder die Ustascha gewesen sind.

Daraus, dass die faschistische „Ultra-Nation" nicht notwendigerweise mit dem Nationalstaat gleichgesetzt wird – wie zuvor dargelegt wurde –, geht auch klar hervor, dass der faschistische Ultranationalismus taktische Allianzen mit anderen Ultranationalismen
in einer gemeinsamen *supranationalen* Sache nicht ausschließt, um
die gleichen internationalen Kräfte der ideologischen Feindschaft
oder Dekadenz zu bekämpfen, die angeblich die organische Nation
zerstören. Der Ultranationalismus kann daher trotz seines primären Fokus auf die Notwendigkeit einer nationalen oder rassischen Palingenese wichtige internationale oder transnationale Di-
mensionen über enge kulturelle, sprachliche und ethnische Grenzen hinaus erlangen. Dies wird in der Faschismusforschung zunehmend anerkannt (siehe Kapitel 6).

Eine Ein-Satz-Definition des Faschismus

Auf der Basis dessen, was bisher dargelegt wurde, wird die ursprünglich in meinem Werk *The Nature of Fascism* formulierte Ein-
Satz-Definition hoffentlich Sinn ergeben, und dies trotz der stark
verdichteten Art und Weise, wie „konkrete Einzelphänomene" im
Zusammenhang mit dem Faschismus „zu einem einheitlichen analytischen Konstrukt" oder „Gedankenbild" im Einklang mit Max
Webers ursprünglicher Theorie der Idealtypen bei ihrer Formulierung zusammengesetzt worden sind (siehe Kapitel 1, Anmerkung
7). Die Definition lautet: „Faschismus ist eine Gattung der politischen Ideologie, deren mythischer Kern in seinen diversen Varianten eine palingenetische Form von populistischem Ultranationalismus ist" (Griffin 1991: 26).[21] Einmal entpackt bietet diese Formulierung die nun folgende Lösung für das „Rätsel", welches der Faschismus als politisches Konzept für Neueinsteiger oder diejenigen Forschungskolleginnen und -kollegen darstellt, die nicht mit
einer eigenen Theorie ausgerüstet sind:

---

[21]   Anm. des Übersetzers: In einigen deutschen Übersetzungen der Griffinschen
Definition werden anstelle von „Varianten" die Begriffe „Permutationen" oder
„Spielarten" benutzt, auch das englische Originalzitat verwendet den Begriff
„Permutationen": „Fascism is a genus of political ideology whose mythic core
in its various permutations is a palingenetic form of populist ultranationalism."

a) Generischer Faschismus sollte gleichberechtigt mit anderen **politischen Ideologien** behandelt werden, die sich auf Vordenker, Bewegungen, Regime, Strategien oder Aktionen beziehen, die durch die Aussicht motiviert sind, eine bestimmte Vision der idealen Gesellschaft zu verwirklichen sowie auf eine Reihe von politischen und kulturellen Werten, auf denen sie beruht;

b) wie bei anderen generischen politischen Ideologien manifestiert sich der Faschismus in einer Vielzahl an Formen, einige davon extrem unterschiedlich, und man kann sie sich als weit ausgedehnte Familie von verwandten **Varianten** desselben Idealtyps vorstellen;

c) die innere Kohärenz des Faschismus als generisches Konzept entsteht, wenn diese verschiedenen Varianten in Bezug auf einen **zentralen utopischen Mythos** eines idealen Gesellschafts- und Zivilisationszustandes und die praktischen Folgen des Versuchs, diesen Mythos in einem bestimmten historischen Kontext in die Praxis umzusetzen, interpretiert werden;

d) der Kernmythos, idealtypisch konstruiert, ist, dass das organische „Volk", welches eine „**Ultra-Nation**" bildet, sich in einer Krise befindet und von seinem gegenwärtigen Zustand der Auflösung und Dekadenz errettet werden muss, und zwar in der ersten Phase durch eine Avantgarde, die sich aus denen zusammensetzt, die sich der gegenwärtigen Kräfte, die sie bedrohen, bewusst sind und bereit sind, diese Kräfte zu bekämpfen (obwohl dieser „Kampf" insbesondere in der Nachkriegszeit nicht unbedingt physisch oder gewalttätig sein muss);

e) das definierende Minimum des generischen Faschismus ist also, dass er eine Ideologie und seine damit verbundenen Politiken und Praktiken umfasst, basierend auf der Notwendigkeit, (von einer Avantgarde ausgelöste) **populistische** Energien der Erneuerung (**Palingenese**) zu mobilisieren, um die Wiedergeburt der Ultra-Nation herbeizuführen und dadurch eine neue, revolutionär nationale und zivilisatorische Ordnung einzuleiten.

Diese Erklärung mag immer noch extrem verworren und unnötig abstrakt wirken; die folgenden Kapitel werden aber hoffentlich empirisches und historisches Material zum besseren Verständnis der Definition liefern. Möglicherweise wird der hier vorgestellte Ansatz zur Verwendung des Faschismus als politisches Schlüsselkonzept erst dann sinnvoll erscheinen, wenn Studierende (im weitesten Sinne) sich mit bestimmten faschistischen Regimen, Bewegungen und Phänomenen oder mit theoretischen Fragen, die diese betreffen, auseinandersetzen. Wenn das Konzept zum jetzigen Zeitpunkt noch abstrus und für Hausarbeiten, Essays oder Forschungszwecke unbrauchbar erscheint, ist dies wahrscheinlich ein Zeichen dafür, dass noch etwas mehr Arbeit in diese Richtung notwendig ist.

Wie methodische Empathie den faschistischen Mythos der ultranationalistischen Erneuerung hervorhebt

Das „empathische" Verständnis des Faschismus als positive Vision einer neuen Gesellschaft hat eine lange Vorgeschichte. Es wurde bereits dargelegt, dass einige marxistische Theoretiker, insbesondere Gramsci und später Vajda, einräumten, dass es ein Element der Radikalität und Neuerung im Angriff der Faschisten auf die liberale Demokratie gibt, das selbst innerhalb des „Proletariats" eine genuine populistische Anziehungskraft entwickelte. Erwin von Beckerath, ein inzwischen weitgehend vergessener nicht-marxistischer Beobachter, kam schon früh zu einem ähnlichen Ergebnis. Sein Werk *Wesen und Werden des faschistischen Staates* (1927) sah im damals erst knapp zwei Jahre alten Mussolini-Regime einen kreativen Versuch, Elemente des Absolutismus des 18. Jahrhunderts mit einer neuen Art des modernen autoritären Staates als totale Lösung für die chronischen Probleme des liberalen Italiens zu verbinden.

Bekannter, aber ebenso einflusslos auf die spätere Historiographie war *The End of Economic Man: A Study of the New Totalitarianism*

(1939)[22] des zukünftigen Gurus der US-Management-Theorie, Peter Drucker. Dieser vernachlässigte Klassiker stellte die Etablierung von Faschismus und Nationalsozialismus als Versuche dar, die existenzielle Krise der modernen Gesellschaft in der Zwischenkriegszeit zu lösen, indem sie das moralisch bankrotte (Faschisten würden „dekadente" und Nazis „jüdische" hinzufügen) liberale Zeitalter des „*homo oeconomicus*" mit einem durch das individualistische Streben nach wirtschaftlichem Eigennutzen motivierten Menschentypus durch ein neues Zeitalter auf der Grundlage des „*homo heroicus*" ersetzten. Diese neue Spezies des Menschen würde die Moderne nicht im materialistischen Geist der instrumentellen Vernunft ausleben, sondern in einem gemeinschaftlichen Geist des extremen Vitalismus. Druckers Vorhersage entsprach eher dem wagnerianischen Ethos der nordischen Mythologie und Ernst Jüngers Prophezeiung vom Erscheinen einer neuen Rasse von Kriegern (Jünger 1922) und heroischen Arbeitern (Jünger 1932) als dem ökonomischen Rationalismus von John Maynard Keynes und Henry Ford.

Der erste nachhaltige und kohärente Versuch, den Faschismus im Hinblick auf die erkennbaren gemeinsamen Nenner kontrastierender faschistischer Visionen von Erneuerung oder, um mit seinen Worten zu sprechen, ihrer „Träume" von einer neuen Welt zu verstehen, wurde von George Mosse in der ersten Ausgabe des *Journal of Contemporary History* 1966 unternommen. Im Nachhinein antizipierte die erste Ausgabe dieses Journals, das eines der renommiertesten Fachzeitschriften seiner Art werden sollte, eine neue Ära der Faschismusforschung, die drei Jahrzehnte später zum Tragen kommen sollte. Sie war dem „internationalen Faschismus" gewidmet, und einzelne Artikel diskutierten Bewegungen und Ideologen in Frankreich, Italien, Rumänien, Norwegen, Russland und Spanien und erkannten so die Existenz des Faschismus als generisches Konzept an, welches sich in einer Vielzahl von Varianten manifestiert. Es war jedoch Mosses Essay „The Genesis of Fascism" (1966a), der,

---

22   Anm. des Übersetzers: Die deutsche Übersetzung erschien erst 2010 unter dem Titel *Ursprünge des Totalitarismus: Das Ende des Homo Oeconomicus*.

zwei Jahre nachdem Eugen Webers *Varieties of Fascism* nahezu ver-
stohlen das Eis der vergleichenden Faschismusforschung gebro-
chen hatte, so auffallend richtungsweisend war.

Darin stellt Mosse den Zwischenkriegsfaschismus ausschließlich in einer Weise dar, die die Protagonisten und Militanten jener
Zeit selbst verstehen würden, nämlich als eine doppelte spirituelle
Revolte, sowohl gegen den Nihilismus einer bürgerlichen Moral,
die sich mit den katastrophalen Ereignissen des Ersten Weltkriegs
und ihren Folgen ins Nichts aufgelöst hatte, als auch gegen die Ato-
misierung und Entfremdung, die durch den egoistischen Individualismus und Materialismus der liberalen Moderne gefördert
wurde. Indem er die tieferen ideologischen Wurzeln des Faschismus in der „Revolte gegen den Positivismus" des späten 19. Jahrhundert ansiedelte, war er in der Lage, die strukturellen Verbindungen zu den Expressionisten zu erkennen, also deren Verherrlichung des Instinktes und der Seele in ihrem „Drang der Rückerobe-
rung des ganzen Menschen" in Drama, Malerei und Dichtung.
Mosse war auch bereit, empathisch an die Dynamik der faschistischen Erfahrung der Realität als zukunftsweisenden, *freudigen* Prozess zu erinnern, eine Erkenntnis, die verschleiert bleibt, wenn die
Perspektive der Gegner und Opfer als Grundlage des Verstehens
eingenommen wird. Nur weil er versuchte, nicht nur die Ideologie
des Faschismus, sondern auch die Tonalität der ihm zu Grunde liegenden vitalistischen *Weltanschauung* zu rekonstruieren, konnte
Mosse erklären, dass „alle europäischen Arten des Faschismus den
Eindruck erweckten, dass die Bewegung ein offenes Ende hatte,
eine kontinuierliche nietzscheanische Ekstase". Faschismus, so fuhr
er fort, sei bestrebt, das von der Moderne gezüchtete „Chaos der
Seele" durch „ein neues Gemeinschaftsgefühl" zu ersetzen, verbunden mit einer sich an die christliche Tradition anlehnenden
„neuen Religion", deren Kern das Feiern der Entstehung eines
„neuen Menschen" sei: „Der Mensch ist wieder ganz gemacht worden, ist sich seines Archetyps und dem seiner Mitmenschen bewusst, ein Aktivist, indem er keine Angst hatte, sich einer Revolution anzuschließen, die die Gesellschaft mit den Sehnsüchten seiner
Seele übereinstimmen lassen würde." Sechs Jahrzehnte später hätte

Mosse möglicherweise über die *palingenetischen* Sehnsüchte des neuen Mannes und der neuen Frau schreiben können.

Die Verbreitung des neuen Paradigmas

Mosses Artikel, der kraftvoll gegen die dominanten Denkströmungen in der marxistischen und liberalen akademischen Arena jener Tage anschwamm, erkannte ausdrücklich die zentrale Rolle der Ideologie und Praxis bei der Konzeptualisierung des Faschismus an, indem er sich *empathisch* auf die faschistische Vision einer bevorstehenden nationalen Erneuerung und kulturellen Palingenese konzentrierte. Darüber hinaus vertrat der gleiche Artikel die These, dass die gemeinsame Anstrengung, diese Vision um jeden Preis zu verwirklichen, den Faschismus zu einer *alternativen* Revolution in Bezug auf seinen Erzfeind, den Bolschewismus, machte. Doch Mosse selbst betonte, dass es sich dabei nicht um einen Mythos des unbeschränkten materiellen und sozialen Fortschritts handelte. Die Vision war nicht, wie bei den Bolschewiki, von der Notwendigkeit abhängig, die „Kontrolle über die Produktionsmittel" zu erlangen und eine sozialistische Gesellschaft von Grund auf neu aufzubauen. Sie war vielmehr geprägt von der Notwendigkeit, eine nationale Gemeinschaft zu verwirklichen, eine Gemeinschaft, die durch das, was die Faschisten als die „ewigen" (oder von Mosse als „traditionellen" bezeichneten) Werte der Nation betrachteten, konzipiert wurde. Und zwar durch eine gemeinsame, historisch verwurzelte Weltanschauung und Identität und durch die mystische, berauschende Kraft der Zugehörigkeit zur Nation – in meiner Terminologie die „Ultra-Nation" – die als ein von einer gemeinsamen Geschichte, Kultur und Rasse geprägter Organismus entworfen wurde (wenn auch nicht unbedingt im biologischen oder eugenischen Sinne).

Fast zum ersten Mal wurde der Faschismus hier von einem Nicht-Faschisten anhand seines positiven Zukunftsideals definiert. Mosse selbst betonte: „Die faschistische Revolution kann nicht verstanden werden, wenn wir sie nur in negativer Weise betrachten oder sie ganz nach der Dominanz beurteilen, die der Nationalsozialismus Ende der 1930er Jahre über sie erlangt hatte. Für Millionen von Menschen befriedigte sie ein tief empfundenes Bedürfnis nach mit Identifikation kombiniertem Aktivismus, sie schien ihre Vision einer klassenlosen Gesellschaft zu verkörpern." Mosse erkannte in diesem Abschnitt deutlich an, dass die psychologische Triebkraft des Faschismus in den 1930er Jahren ein affektiv mächtiger Mythos der Zugehörigkeit und wiedergewonnenen Identität war: „Die Annahme des Irrationalen schien dem Menschen Wurzeln in seinem inneren Selbst schlagen zu lassen, während er gleichzeitig Mitglied einer spontanen, nicht künstlichen Gemeinschaft wurde" (Mosse 1966a).

Mit „The Genesis of Fascism" legte Mosse zumindest prinzipiell eine solide Grundlage für das palingenetische Paradigma des generischen Faschismus vor, obwohl dieses noch weitere drei Jahrzehnte bis zu seiner Durchsetzung warten musste. In zwei kurz zuvor und darauf erschienenen Publikationen wendete er sein „anthropologisches" Verständnis des Kernmythos des Faschismus auf das Dritte Reich an. Er strebte an, eine bestimmte Kosmologie in einem Versuch einer totalen Kulturrevolution zu verorden, die die von den Nazis veranlassten sozialen und politischen Veränderungen und sogar deren Rassenpolitik und Völkermorde bedingte (Mosse 1964, 1966b). Später folgte dieser Publikationsserie eine wichtige Studie über die Entwicklung des Nationalismus im 19. Jahrhundert als neue politische Religion, die dem Nationalsozialismus den Boden bereitete (Mosse 1975), sowie eine Sammlung von Essays, deren Einleitung er dazu nutzte, um eine samtene Revolution in der Faschismusforschung zu fordern, die auf methodischer Empathie darüber basierte, wie die Faschisten selbst ihre Revolution verstanden (Mosse 1979). Eine von Mosses letzten Veröffentlichungen war eine Auswahl von Artikeln, die darlegen, wie konsequent er über vier Jahrzehnte hinweg in seiner Analyse des revolutionären Antriebs hinter dem generischen Faschismus war (Mosse 1999). Ein wiederkehrendes Thema in diesem Korpus wegweisender Texte ist das Angebot des Faschismus, einen „neuen Mann" und eine „neue Frau" zu schaffen, welches Emilio Gentile (2005) den Versuch einer „anthropologischen Revolution" nennt. Erst jetzt erhält diese Schlüsselkomponente des faschistischen Totalitarismus ihre gebührende Beachtung innerhalb der vergleichenden Forschung (Feldman et al. 2017). Mosses letztes Werk, *Confronting History* (2000), betonte die zentrale Rolle der Empathie in der Handwerkskunst der Historikerin und des Historikers.

Wie jedoch im letzten Kapitel gezeigt wurde, war Mosses Einfluss auf Studien in diesem Bereich trotz einer solchen potenziell bahnbrechenden Reihe von Beiträgen zur vergleichenden Faschismusforschung zunächst minimal: Internationale Konferenzen wurden weiterhin organisiert und Buchvorstellungen so geschrieben, als ob „Faschismus" immer noch ein Definitionsrätsel sei. Aber nicht alles war verloren. Obwohl ihre markanten Stimmen auch in der allgemeinen Kakophonie um den Begriff des Faschismus übertönt wurden, verfolgten in den 1970er Jahren mehrere bedeutende Geisteswissenschaftler unabhängig voneinander Forschungslinien zum Faschismus, die mit Mosses Ansatz übereinstimmten. In Deutschland zum Beispiel untersuchte Klaus Vondung (1971) die heiligen Räume und aufwändigen Liturgien, mit denen die Nazis eine Wiedergeburt Deutschlands zelebrierten, die Hingabe und Opfer verlangte. Klaus Theweleit (1977, 1978) entwickelte unterdessen eine bemerkenswert breit dokumentierte psychoanalytische Theorie der Dynamik des nationalsozialistischen Fanatismus, die sich auf die zentrale Rolle einer unvollständigen Individuation (der Prozess, eine ganze Person zu werden) bei der Bekehrung zum Nationalsozialismus konzentrierte. Demnach gab es in der Weimarer Republik viele Tausende Männer, die die innerlich „noch nicht geboren" waren, sich aber durch ihre materielle und ideologische Parteiuniform nach außen hin voll verwirklicht und befähigt fühlten. Dieser Prozess ermöglichte es ihnen, Befehle als fanatische Nazis auszuführen.

In Italien beschäftigte sich ein weiterer „Einzelgänger", der Historiker Emilio Gentile, trotz des Unverständnisses vieler seiner Kollegen, mit seiner Neuinterpretation der Ursprünge des Faschismus in den dysfunktionalen Aspekten des verspäteten italienischen Einigungsprozesses, bekannt als *Risorgimento*, in der akuten kulturellen Krise Italiens um die Jahrhundertwende und in der tiefen sozioökonomischen und politischen Krise nach dem Ersten Weltkrieg (Gentile 1972). Das weit verbreitete Gefühl von Rückständigkeit und Unterlegenheit, welches diese Aspekte erzeugten, kumulativ kombiniert mit einer landesweiten Identitätskrise, nährte die Sehnsüchte nach einem Prozess der nationalen Erneuerung in den überwiegend patriotischen, antikommunistischen Gesellschaftsschichten. Diese Erneuerung sollte durch die Entstehung einer heroischen Generation von nietzscheanischen „neuen Menschen" (Gentile 1975) ausgelöst werden, die von einem charismatischen nationalen Führer (Gentile 1976) an der Spitze eines Nationalstaates gänzlich neuen Typs angeführt wurde (Gentile 1982).

Es gab mehrere Varianten der faschistischen Vision einer neuen Ordnung, die von der Betonung der römischen Vergangenheit Italiens bis hin zur Verherrlichung des technologischen Fortschritts im Geiste des Futurismus von Filippo Marinetti reichten und die Bedeutung des ländlichen Lebens, der Stadt, der Technologie, der Kultur und des Reiches unterschiedlich gewichteten (Gentile 2003). Was jedoch allen Varianten des italienischen Faschismus gemein war, wie Gentile durch akribische empirische und archivarische Studien von faschistischen Primärquellen bewies, war die Vision, dass Italien Jahrhunderte des Niedergangs, der Rückständigkeit und der Unterwerfung unter Ausländer endlich umkehrte und in eine Phase der Renaissance, der Schöpfungskraft und der Stärke in allen Bereichen des nationalen Lebens eintrat. Die daraus resultierende Palingenese (ein von Gentile verwendetes Wort) manifestierte sich sowohl im Bau von Autobahnen und neuen Städten als auch in der Gründung von Jugendorganisationen, in Programmen zur Steigerung der Geburtenrate oder in der Gründung eines „afrikanischen" Reiches.

In Richtung einer neuen Welle der Zusammenarbeit in der Faschismusforschung

In der Zeit, in der Deák (1983) sein düsteres Urteil über die Aussichten auf einen Definitionskonsens in der Faschismusforschung verkündete, wurde Gentiles bahnbrechende Arbeit über den Faschismus von Pier-Giorgio Zunino ergänzt, der die faschistische Ideologie aus vielen hunderten Primärquellen rekonstruierte, die einst entweder als Deckmantel für die kapitalistische Ausbeutung der Massen oder als zynische Propaganda zur Rechtfertigung von Mussolinis ideologieloser persönlicher Diktatur abgetan worden wären. Markant unter diesen war die Überzeugung, dass der Faschismus die Italiener von einer Zeit der „fortschreitenden Dekadenz, des Niedergangs, der Zersetzung" zu einer „Ära der neuen Zivilisation" führte, „deren Wesen niemand kennen konnte". Die Etablierung des Mussolini-Regimes markierte somit den „Beginn eines neuen Zyklus" in der Geschichte, den „Beginn einer neuen Epoche": eine heldenhafte nationale Antwort auf eine objektive historische Krise mit globalen Folgen (Zunino 1985: 133-135).

In diesen Jahren veröffentlichte Zeev Sternhell, der israelische Experte für die französische extreme Rechte, seinen eigenen, bemerkenswert umfassenden und originären Bericht über die allgemeine faschistische Ideologie in Walter Laqueurs *Fascism: A Reader's Guide: Analyses, Interpretations, Bibliography*. Dieses Kapitel war damals einer der wenigen Versuche, den Lesenden eine anschauliche Analyse des Faschismus als Gattung der politischen Theorie anzubieten (Sternhell 1976). Später fasste Sternhell die Erkenntnisse seines Kapitels in einem Enzyklopädie-Eintrag (Sternhell 1987) zusammen, in dem er, unwissentlich untermauert durch Mosses Artikel im *Journal of Contemporary History* von 1966, den Faschismus als „revolutionäre Bewegung" definierte, die im Geiste einer antibürgerlichen Revolte ihren Ursprung hatte. Für Sternhell war eines der bestimmenden Merkmale des Faschismus, dass sein Kult des „organischen Nationalismus" mit dem „antimarxistischen Sozialismus" künstlich hergestellt wurde. Dies geschah, um eine Ideologie zu erzeugen, die „eine Ablehnung des Materialismus bot – indem Liberalismus, Demokratie und Marxismus einfach als verschiedene Aspekte desselben materialistischen Übels angesehen wurden". Ein weiteres Merkmal war, dass dieser Kult darauf abzielte, „die Grundlagen für eine neue Zivilisation zu schaffen", in deren Kern die Erfahrung der Zugehörigkeit zu einer neuen nationalen Gemeinschaft stand:

> „Nur eine neue gemeinschaftliche und antiindividualistische Zivilisation wurde als fähig erachtet, die Beständigkeit einer menschlichen Kollektivität zu gewährleisten, in die alle Schichten und alle Klassen der Gesellschaft per-

fekt integriert werden würden, und der natürliche Rahmen für eine so harmonische, organische Kollektivität wurde als die Nation angesehen – eine
Nation, die eine moralische Einheit genießt, die der Liberalismus und der
Marxismus, beides Vertreter der Kriegsführung und der Uneinigkeit, niemals bieten konnten" (Sternhell 1987: 148).

Die anhaltende Uneinigkeit der Faschismustheorien jener Zeit wird
dadurch verdeutlicht, dass der Nationalsozialismus für George
Mosse (1966a) die vollständigste Verkörperung des generischen Faschismus darstellte, während für Sternhell (1976) sein biologischer
Rassismus den Nationalsozialismus aus der Familie der faschistischen Bewegungen ausschloss. Infolgedessen argumentierte er,
dass der Nationalsozialismus als *sui generis*, als nicht klassifizierbar,
behandelt werden müsse, eine Position, die von A. J. Gregor (1999)
unterstützt wurde. In den USA näherte sich unterdessen die persönliche Reise eines anderen Gelehrten zu dem, was später zu einem funktionierenden Konsens über den palingenetischen Kern
des Faschismus werden sollte, dem Abschluss. 1980 griff Stanley
Payne mit zwei wegweisenden Publikationen (1980a, 1980b) ins
Geschehen ein. Sie zeigten sowohl den Einfluss seines Kollegen
George Mosse als auch des Soziologen und Politikwissenschaftlers
Juan Linz, der damals ebenso wichtige Beiträge zur Faschismusforschung leistete (Linz 1976, 1980). Payne bot zum ersten Mal ein kohärentes Klassifikationsschema des Faschismus als eigenständige
Kategorie der extremen Rechten an, die sich sowohl auf seine umfassende Studie über das Europa der Zwischenkriegszeit als auch
auf seine Expertise in der spezifischen Rolle des falangistischen Faschismus in Spanien in den 1930er Jahren (Payne 1961) stützte. Entscheidend ist, dass seine „typologische Beschreibung" der ideologischen Ziele des generischen Faschismus dessen allumfassende revolutionäre Dynamik betonte, wie sie von den Faschisten selbst
verstanden wurde:

> „Schaffung eines neuen nationalistischen autoritären Staates, der nicht nur
> auf traditionellen Prinzipien oder Modellen basiert; Organisation einer
> neuen Art von regulierter, mehrklassiger, integrierter nationaler Wirt-
> schaftsstruktur, ob national korporativ, nationalsozialistisch oder national-
> syndikalistisch genannt; Ziel eines Imperiums oder einer radikalen Verän-
> derung in den Beziehungen der Nation zu anderen Mächten; spezifische

Unterstützung eines idealistischen, freiwillig gewählten Glaubensbekenntnisses, das normalerweise den Versuch beinhaltet, eine neue Form der modernen, selbstbestimmten, säkularen Kultur zu verwirklichen" (Payne 1980a).

Auch wenn es ihnen nicht bewusst war, bereiteten all diese Forscher trotz ihrer Isoliertheit in ihrer akademischen Gemeinschaft durch ihre beharrliche Beschäftigung mit der revolutionären, *zukunftsweisenden* Dynamik des Faschismus den Boden für die Blüte der vergleichenden Faschismusforschung in den 1990er Jahren als produktive und kollaborative Subdisziplin der Geschichts- und Politikwissenschaft. Zu diesem Zeitpunkt bewegte sich der empathische Umgang mit der Kernnatur des Faschismus als Ideologie plötzlich und fast mysteriös von der Peripherie in das Zentrum der vergleichenden Forschung, bis er nach mehreren Jahrzehnten professioneller Verwirrung selbst für Historiker, die zuvor die Faschismusforschung ignoriert hatten, zum gesunden Menschenverstand zu werden schien. Von da an war es für die Experten zunehmend „selbstverständlich", den oft verkündeten Glauben der Faschisten *für bare Münze zu nehmen*, dass sie mit einer Mission zur Überwindung der Fragmentation, Dekadenz und des Materialismus der modernen Welt betraut seien, indem sie ein neuartiges nationalistisches Regime schufen, das in einer heldenhaften Vergangenheit verwurzelt sei, aber eine dynamisch transformative Zukunft annehme. So war beispielsweise kein geringerer als Ian Kershaw, der weltweit bekannte Experte für das Dritte Reich, nun bereit, den Nationalsozialismus nicht nur als eine Form des Faschismus zu klassifizieren, sondern auch zu behaupten, dass „das Streben nach einer nationalen Wiedergeburt natürlich im Mittelpunkt aller faschistischen Bewegungen stand" (Kershaw 2004: 247).

Diese Vision war in den 1920er und 1930er Jahren in unzähligen Reden, Postern, Broschüren, Zeitungen, Artikeln, Gesetzen und literarischen Büchern in vielen Sprachen und mit Millionen von Wörtern ausgedrückt worden, wurde aber von Marxisten und Liberalen gleichermaßen konventionell als „Propaganda" abgetan, nicht in der zuvor beschriebenen ursprünglichen Konnotation von „Verbreitung des Glaubens", sondern im Sinne einer zynischen Gehirnwäsche zur Erlangung des Machtmonopols. Ab Mitte der

1990er Jahre wurden solche Primärquellen, anstatt bezüglich ihres reaktionären „kapitalistischen" oder irrationalen, barbarischen Subtextes entschlüsselt zu werden, zunehmend als Zeugnisse einer neuen Weltanschauung akzeptiert, deren Grundstein ein blinder Glaube an die bevorstehende Palingenese der Ultra-Nation war. Es sei darauf hingewiesen, dass die ideologischen Texte, die sich mit Dokumenten dieses Glaubens befassten oder als Dokumente dieses Glaubens zusammengestellt wurden, nicht auf die Reden faschistischer Führer oder offizielle Propaganda beschränkt waren, sondern von einem breiten Spektrum an Künstlern, sozialen Kommentatoren, Journalisten, Kulturkritikern, Wissenschaftlern, Kämpfern für Innovationen im Faschismus und Intellektuellen produziert wurden.

Im Zusammenhang mit dem faschistischen „Glauben" lohnt sich hervorzuheben, dass zwangsläufig ein fanatisches, bedingungsloses, eifriges faschistisches Glaubensbekenntnis nur innerhalb einer Minderheit der Mitglieder einer großen faschistischen Bewegung zu finden ist. Eine Minderheit, die innerhalb einer faschistischen Partei noch kleiner ist, und innerhalb eines ganzen Regimes noch seltener vorkommt. Wie bei allen größer und erfolgreicher werdenden gesellschaftspolitischen Bewegungen schließen sich immer mehr Opportunisten an die ursprüngliche Avantgarde der Fanatiker an, für die die revolutionäre Vision die treibende Kraft ist. Den Opportunisten hingegen mangelt es an einem differenzierten Verständnis der Ideologie oder an vollem Engagement für die Vision, die ihr zugrunde liegt. Sobald eine Bewegung ein Regime bildet, wird es keinen Mangel an Mitläufern und Karrieristen geben, die sich ohne tiefe Überzeugungen in den Dienst des neuen Regimes stellen – für den italienischen Faschismus hervorragend durch den Film *Il conformista* (1970), für den deutschen Faschismus durch *Mephisto* (1981) und den französischen Faschismus durch *Julien Lacombe* (1974) beleuchtet. Noch deutlich mehr werden „Überlebende" sein, die ein Lippenbekenntnis zur neuen Norm und ihrem offiziellen Weltbild ablegen, sich aber im Wesentlichen anpassen, um ihrer selbst und ihrer Lieben willen, um am Leben zu bleiben, und deren „wahres Selbst" zur „inneren Emigration" ge-

zwungen wird. Dies ist ein pragmatischer Ansatz, der in einer be-
rühmten Szene zwischen einem idealistischen amerikanischen Soldaten und einem zynischen Italiener im Antikriegsfilm *Catch 22*
(1970) zum Ausdruck kommt.

Bezeichnenderweise wurden die Initialen PNF der faschistischen Partei Italiens, die auf den Mitgliedsausweis gestempelt wurden, in das Akronym *Per necessità familiare* („aus familiärer Notwendigkeit") umgewandelt, und diejenigen, die sich nach Hitlers Sieg
beeilten, in die NSDAP einzutreten, wurden von denen, die vor
1933 beigetreten waren, verächtlich als *Märzgefallene* bezeichnet,
eine ironische Anspielung auf die Opfer der 1848er-Revolutionen
in Wien und Berlin. Verweise auf „Gläubige" in Analysen des Faschismus gelten nur für den harten Kern der ideologisch Überzeugten, was auch für die Rekonstruktion der Überzeugungen gilt, die
jede andere politische oder religiöse Ideologie prägen, da sie notwendigerweise auf den Zeugnissen der eifrigsten, idealistischsten
und leidenschaftlichsten und nicht der apathischsten, zynischsten
und berechnendsten Personen basieren.

Die Etablierung des neuen Paradigmas

Im Nachhinein lässt sich feststellen, dass mein eigener Beitrag zur
Faschismusforschung, *The Nature of Fascism*, als ein nachhaltiger
Versuch, die Definitionsmerkmale und die Geschichte des Faschismus im Sinne eines idealtypischen Glaubens an die nationale Wiedergeburt zu interpretieren, zum richtigen Zeitpunkt herauskam,
um eine Wirkung zu erzielen, und dass er selbst ein Symptom für
die neue, „in der Luft" liegende Richtung der vergleichenden Faschismusforschung war. Noch zehn Jahre zuvor wäre das Buch
wahrscheinlich spurlos verschwunden. 1991 veröffentlicht war es
allerdings in der Lage, die neue Welle der zumindest teilweisen Einigung über den effektivsten Ansatz der Faschismusforschung und
den ideologischen Kern, den dieser Ansatz beinhaltete, zu artiku-
lieren und zu kristallisieren. (Einige Zeit lang bezeichnete ich die
daraus resultierende Annäherung der Meinungen der Expertinnen
und Experten etwas provokativ als „den neuen Konsens" (Griffin
1998, 2012a). Damit war nicht beabsichtigt, völlige Einstimmigkeit

unter den Wissenschaftlerinnen und Wissenschaftlern zu implizieren, oder zu behaupten, dass der wachsende Konsens mit *meiner eigenen* Formulierung der Theorie übereinstimmte.)

In den nächsten Jahren erschienen weitere Bücher und Artikel, die mit den Pionierleistungen von Weber, Mosse, Payne, Gentile und Sternhell übereinstimmten, obwohl sie diese selten zitierten, und Definitionen boten, die auf den palingenetischen Kernmythos des Faschismus anspielten. Passenderweise manifestierte sich die Transformation erst in der Faschismusforschung umfassend. Eine Untersuchung des Wirrwarrs anglophoner Monographien und Artikel, die in den folgenden zwei Jahrzehnten über Mussolinis Regime veröffentlicht wurden, zeigt, dass in fast allen Fällen seine grundlegende Ideologie und Politik „empathisch" im Sinne der selbsternannten Aufgabe der Faschisten, einen neuen Typus eines modernen Staates zu schaffen, verstanden wird, sei es im Bereich des politischen Rituals (Gentile 1996; Berezin 1997), der Kulturpolitik (Stone 1998), der Malerei (Affron und Antliff 1998; Braun 2000), des Imperialismus (Kallis 2000), der Moderne (Ben-Ghiat 2001; Gentile 2003), des Sozialstaats (Quine 2002), der Technologie (Schnapp 2004), des Kinos (Ricci 2008) oder der Rassenpolitik (Cassata 2008).

Christopher Duggan gehörte zu einem Kreis britischer Historiker, die anscheinend nicht nur darauf bedacht waren, den Anspruch der vergleichenden Faschismusforschung, eine ernsthafte und kohärente Subdisziplin zu sein, zu verspotten, sondern auch die These von Emilio Gentile zu diskreditieren, dass ein Grundpfeiler des Faschismus die von ihm kreierte umfangreiche politische Religion sei, die integraler Bestandteil eines nachhaltigen Strebens war, nicht nur eine politische, sondern auch eine kulturelle, anthropologische und temporäre Revolution in Italien zu bewirken. Als sogar Duggan Primärquellen nutzte, um Schlüsselthemen der alltäglichen, „intimen" Geschichte unter Mussolini mit Überschriften wie „Die Seele der Nation reinigen", „Den Glauben vermitteln" und „Die Verteidigung der Rasse" (Duggan 2012) zu dokumentieren, konnte es keinen Zweifel daran geben, dass in der Faschismusforschung eine samtene Revolution stattgefunden hatte und dass der empathische und damit „kulturalistische" Ansatz endlich Mainstream geworden war.

Was die NS-Studien anbelangt, so war ein Zeichen der Zeit, dass zwei bekannte britische Historiker mit einem Forschungsschwerpunkt auf das Dritte Reich, die sich in der Debatte über den generischen Faschismus immer von Verweisen oder Verstrickungen ferngehalten hatten, unwillkürlich bereit schienen, sich im Diskurs des palingenetischen Paradigmas zu äußern. Das neunte Kapitel von Ian Kershaws Hitler-Biographie mit dem Titel „Der Durchbruch", welches sich mit dem plötzlichen Anstieg der Anziehungskraft seiner Botschaft an die deutschen Wählerinnen und Wähler nach dem Börsenkrach von 1929 befasst, ist gespickt mit Hinweisen auf die Aussicht auf eine Wiedergeburt, einen Neubeginn, einen Neuanfang, der nun eine fanatische Fangemeinde inspirierte (Kershaw 1998: 399-470). Richard Evans widmete später ein Kapitel seiner Studie über *The Coming of the Third Reich*[23] der „Kulturrevolution Hitlers" (Evans 2004: 361-460), ein Satz, der George Mosse sicherlich selbstverständlich erschienen wäre. Für eine frühere Generation von Historikern, die vom moralischen Nihilismus und der „Anti-Ideologie" des Nationalsozialismus überzeugt waren, muss er jedoch falsch klingend gewesen sein.

Seit Mitte der 2000er Jahre ist die Anerkennung der palingenetischen Dynamik des Faschismus, ob sie nun in dieser präzisen Wortwahl benannt wird oder nicht, zur zweiten Natur der meisten Historikerinnen und Historiker geworden, die den „vermeintlichen" Faschismus (d.h. politische Phänomene, deren faschistische Referenzen noch untersucht werden müssen) im Zwischenkriegseuropa erforschen, beispielsweise in Deutschland (Esposito 2015b), Italien (Maulsby 2014), Großbritannien (Gottlieb und Linehan 2004), Portugal (Costa Pinto 2000), Spanien (Cobo Romero et al. 2016), Rumänien (Turda 2008a, Georgescu 2010), Ungarn (Szele 2015), Kroatien (Yeomans 2013), Norwegen (Emberland 2015), Schweden (Berggren 2002), Estland (Kasekamp 2000), Ukraine (Shekhovtsov 2008a) oder Russland (Umland 2010), und sogar in

---

[23]   Anm. des Übersetzers: Das Buch erschien 2004 auf Deutsch als Auftakt einer dreiteiligen Serie unter dem Titel *Das Dritte Reich. Aufstieg.*

einigen außereuropäischen Ländern wie Japan (Tansman 2009), Südafrika (Beningfield 2006; Marx 2009), Argentinien (Ballent 2017) und Brasilien (Trajano Filho 2017). Es besteht nun die reale Aussicht, dass der Zwischenkriegsfaschismus nicht mehr als der Erzfeind der Moderne angesehen wird, sondern als der potentielle Architekt einer totalisierenden modernistischen Kultur und eines Staates, der seine Wurzeln in einer mythisierten Vergangenheit behält (Griffin 2008).

Einige Ratschläge zur Anwendung des empathischen Paradigmas

Durch die folgenden Ratschläge an Leserinnen und Leser, die von dem bisherigen Argument überzeugt wurden, den empathischen Ansatz auf die faschistische Ideologie mit ihrer Betonung der revolutionären Bestrebungen, die im Mittelpunkt ihres zerstörerischen Angriffs auf die liberale und kommunistische Zivilisation stehen, anzuwenden, sollen einige gängige Missverständnisse ausgeräumt und sichergestellt werden, dass dieser Ansatz als ein effektives heuristisches Mittel in Essays oder in der Forschung verwendet wird. Dies ist umso notwendiger, als diejenigen, die von dieser Interpretationsstrategie und den ihr zugrunde liegenden Prämissen unbeeindruckt sind – also dem Weberschen Prinzip der „utopischen Abstraktion" bei der Formulierung von Definitionen, den von Sorel formulierten Erkenntnissen über die mythischen Antreiber von Ideologien und der von Mosse ausgearbeiteten Betonung der methodischen Empathie – nicht einfach ignoriert werden können. Dazu gehören nicht nur die vielen Skeptiker, die sich 2006 an einer nachhaltigen Forumsdiskussion über die Definition des Faschismus beteiligten, die von der deutschen Zeitschrift *Erwägen Wissen Ethik* veranstaltet wurde (Griffin et al. 2014), sondern auch so bedeutende Geisteswissenschaftler wie Kevin Passmore (2002), James Gregor (2006) und Richard Bosworth (2009). In Kapitel 6 werden zeitgenössische Forderungen nach einem Schwerpunktwechsel in der Erforschung des Faschismus mit einem Fokus auf vernachlässigte Aspekte seiner verworrenen Geschichte direkt behandelt, aber hier reicht es aus, die Aufmerksamkeit auf einige Vorbehalte zu lenken, um einen zu übermäßig vereinfachenden oder „Griffin-zentrischen" Ansatz zu vermeiden.

Erstens ist zu betonen, dass die hier verwendete Erzählstruktur zur Zusammenfassung der Debatte über den Faschismus unweigerlich alles andere als neutral ist. Marxisten könnten durchaus einwenden, dass ihre Ansätze im ersten Kapitel nur vorgestellt wurden, um sie dann implizit als unzureichend abzulehnen, und sicherlich würden viele derjenigen, die als inkohärente oder verwirrte liberale Akademiker kategorisiert wurden, Anstoß nehmen an meiner Darstellung des konzeptuellen Chaos, an welchem sie sich beteiligten, und insbesondere an dem besonderen Plädoyer für einen „dritten Ansatz", der sich daraus in Kapitel 2 ergab. Indem ich ein ganzes Kapitel dem „empathischen Paradigma" des Faschismus widme, mache ich kein Geheimnis aus meinem eigenen beruflichen und emotionalen Interesse, ihn so überzeugend wie möglich zu präsentieren und die Besonderheiten meiner eigenen Version herauszustellen. Um dieser eingebauten „Voreingenommenheit" entgegenzuwirken, wird den Lesenden dringend empfohlen, weitläufig zu lesen, ihr kritisches Urteil zu bewahren und, egal welche Definition sie nun verwenden, in ihrer eigenen Analyse zu zeigen, dass sie sich des umstrittenen Charakters des Begriffs „Faschismus", der langwierigen Komplexität der Debatte und der Notwendigkeit, ihre bevorzugte Arbeitsdefinition oder ihren Idealtyp so deutlich wie möglich darzulegen, bewusst sind.

Zweitens besteht eine besondere Spannung zwischen der Analyse des generischen Faschismus als „Idealtyp" und der Tendenz der Sprache, ihn so zu vergegenständlichen und zu essentialisieren, dass er wie eine lebendige Entität wirkt. Objektiv „erhebt" oder „verbreitet" sich der Faschismus nicht, er „fällt" oder „überlebt" auch nicht den Krieg und er „erfindet sich selbst" auch nicht neu, indem er „seine Kernvision an neue Realitäten anpasst". Es sind Faschisten und Faschistinnen bzw. komplexe lebende Individuen, die in einem Lebensabschnitt faschistische Überzeugungen bis zu dem Punkt annehmen, dass sie nach diesen handeln, die kollektiv faschistische Ideen verinnerlichen, entwickeln, interpretieren, umsetzen und sich möglicherweise motiviert fühlen können,

ihren politischen Glauben an veränderte gesellschaftspolitische Bedingungen und „harte Fakten" anzupassen. Als Idealtypus ist der
generische Faschismus ein Konstrukt, eine leere konzeptuelle Hülle
und führt von sich aus kein unabhängiges oder organisches Leben:
nur Menschen und die von ihnen angeregten und mit Leben gefüll-
ten Bewegungen, Organisationen, Institutionen und Regime haben
eine Art von „realer" historischer Existenz, obwohl der reine Akt
des über sie Schreibens abstrakte Konzepte mit einer eigenen geis-
terhaften *Handlungskompetenz* (*agency*) durchdringen kann. Aus
dem gleichen Grund ist es wichtig, dass diejenigen, die diesen Leit-
faden für praktische Zwecke verwenden, bedenken, dass, egal wie
viele konkrete Merkmale eines bestimmten historischen Phänomens oder einer bestimmten Episode innerhalb der Faschismusforschung von einer bestimmten Theorie beleuchtet werden oder zu
dem hier empfohlenen Ansatz zu passen scheinen, dies nicht beweist, dass die Theorie richtig oder „wahr" ist; lediglich ihr heuristischer Wert wird so demonstriert.

Es ist auch wichtig, dass die von diesem Buch beeinflussten
Leserinnen und Leser in ihren eigenen Analysen nicht implizieren,
dass der Faschismus in erster Linie eine Ideologie ist. Sicherlich
wird er hier idealtypisch auf der Grundlage seiner ideologischen
Kernmerkmale definiert, so wie die meisten anderen allgemeinen
politischen Konzepte in den Geisteswissenschaften. Als historische
und zeitgenössische Realität ist es jedoch die Art und Weise, wie
faschistische Ideologie in Handlungen und Ereignisse durch Texte,
Propaganda, Pläne, Politik, Organisationen, Institutionen und Taten umgesetzt wurde, die für Forschende von primärem Interesse
sein muss. In diesem Zusammenhang ist die Beziehung des Faschismus zur Doktrin besonders interessant, da sie einerseits die
Unterscheidung zwischen der Ideologie als semi-artikuliertem
„Weltbild" (was die Nazis *Weltanschauung* nannten) hervorhebt,
das radikales oder revolutionäres Handeln fordert (z. B. Liberalismus, Feminismus, Faschismus) und andererseits der Ideologie als
orthodoxe Doktrin, die sich aus einem vollwertigen intellektuellen
Modell der menschlichen Gesellschaft und des historischen Wandels ableitet, welches dann von Bewegungen aufgegriffen wird, die

versuchen, das Modell zu verwirklichen (z.B. Anarchismus, Marxismus und Ökologismus).

In Benito Mussolinis Artikel über die politische und soziale Doktrin des faschistischen Regimes, der 1932 erstmals in der neu geschaffenen *Enciclopedia italiana* veröffentlicht wurde,[24] war er in diesem Punkt eindeutig. Er erklärte: „Der Faschismus ist nicht aus einer am grünen Tische im vorhinein [sic!] ausgearbeiteten starren Doktrin ins Leben gerufen worden; er wurde geboren aus der Notwendigkeit zu handeln und wurde selbst zur Tat." Mussolini wies auf Folgendes hin: „In jenen Jahren, die dem Marsch auf Rom vorangingen [der dem Faschismus Ende 1922 den Regierungsantritt ermöglichte] ließ die Notwendigkeit zu handeln keine doktrinären Untersuchungen oder vollständige, gelehrte Ausarbeitungen zu." Er schränkte diese Aussage mit einer wichtigen Behauptung ein, die mit dem vorher dargelegten Fokus auf den Faschismus als säkulare Religion der nationalen Wiedergeburt in Einklang steht: „Eine fertige Doktrin, die in Kapitel und Paragraphen eingeteilt und sorgfältig durchgearbeitet ist, durfte getrost fehlen: dafür gab es etwas Entscheidenderes, den Glauben." Er fuhr fort:

> „Jede Doktrin bemüht sich, das menschliche Handeln auf ein bestimmtes Ziel auszurichten. Aber das Handeln der Menschen wirkt auf die Doktrin zurück, bildet sie um und paßt sie neuen Notwendigkeiten an oder überwindet sie. Die Doktrin darf daher nicht ein Spiel mit Worten, sondern muß ein lebendiger Vorgang sein. Darin liegt das Pragmatische des Faschismus beschlossen, sein Wille zur Macht, sein Daseinswille, seine Stellung zur Gewalt und ihrem Wert" (Mussolini [1932] 1940: 20).

Hitler war in seiner Verurteilung des Faschismus als „reiner" Ideologie noch radikaler. In *Mein Kampf* betonte er, dass eine „Lebensphilosophie" oder „Vision der Welt" zwar die Voraussetzung für die menschliche Existenz sei, aber an sich gelte:

> „Jede Weltanschauung, sie mag tausendmal richtig und von höchstem Nutzen für die Menschheit sein, wird so lange für die praktische Ausgestaltung

---

24   Anm. des Übersetzers: In Deutschland erschien der Artikel 1933 in dem Werk *Der Geist des Faschismus*. Die folgenden Zitate beziehen sich auf die Übersetzungen aus der 5. Ausgabe des damaligen Herausgebers Horst Wagenführ aus dem Jahr 1940.

eines Völkerlebens ohne Bedeutung bleiben, als ihre Grundsätze nicht zum Panier einer Kampfbewegung geworden sind, die ihrerseits wieder so lange Partei sein wird, als sich ihr Wirken nicht im Siege ihrer Ideen vollendet hat und ihre Parteidogmen die neuen Staatsgrundsätze der Gemeinschaft eines Volkes bilden" (Hitler [1926] 1943: 428).

Die Anwendung des empathischen Paradigmas in der Faschismus-forschung sollte daher Theorien und Definitionen nicht priorisie-ren, sondern zumindest in der Zwischenkriegszeit zu einer Aner-kennung der Bedeutung des Faschismus für seine Anhänger als eine lange Abfolge von „lebendigen Handlungen" führen, die von einer „Kampfbewegung" ausgeführt werden, die entschlossen ist, die Palingenese der Ultra-Nation herbeizuführen. Diese sollen durch geschichts- und politikwissenschaftliche Untersuchungen sorgfältig rekonstruiert und analysiert werden, ohne den konzepti-onellen Rahmen als objektiv wahr, unbestritten oder als primäres Interesse anzunehmen. Außerdem sollte der Faschismus niemals als statisches Phänomen behandelt werden. Die Geschichte des Fa-schismus ist von sich stets entwickelnder Komplexität gekenn-zeichnet, und von der pragmatischen Anpassung von Grundprin-zipien, Zielen und ideologischen Formeln an ständig wechselnde Umstände, die in jedem Land und jeder Region einzigartig sind, je-doch immer mit einem Drang zu revolutionärem Aktivismus und Wandel auf der Suche nach der wiedergeborenen Ultra-Nation.

Ein letzter Ratschlag ist, einen der nützlichsten Sätze von Bertolt Brecht zu beachten: „DIE WAHRHEIT IST KONKRET" (er ließ ihn in großen Buchstaben über seinem Schreibtisch anbringen). Es ist wichtig, dass Studierende, die ein Projekt zum Thema Fa-schismus entwickeln, eine Definition oder einen Ansatz wählen, um vor allem ein tieferes Verständnis für konkrete Phänomene zu gewinnen, die sich nach Möglichkeit auf echte Menschen beziehen, die im Strudel der Geschichte gefangen waren. Versuchen Sie, liebe Leserin und lieber Leser, vor allem zu Themen zu gelangen, die Sie interessieren und die von Ihnen beträchtliche individuelle For-schung und Engagement erfordern – ein Prinzip, das laut Karl Pop-per auch das Problem der Objektivität in den Geisteswissenschaf-ten löst (Popper [1957] 2002: 191). Nur so werden Sie ein einzigarti-

ges Verständnis für ein Fachgebiet der Faschismusforschung entwickeln, das von einem bewusst gewählten theoretischen Ansatz
bereichert wird, worauf Spitzenleistungen und originäres Wissen
folgen können. Indem Sie sich, soweit es die Umstände erlauben,
*im Rahmen Ihres eigenen unabhängigen Studiums und Ihrer intellektuel-
len Leidenschaften* mit Theorien und Quellen beschäftigen, werden
Sie jedes verwendete Wissen und jede Interpretation zu Ihrem eigenen machen und (hoffentlich) die wahre Faszination der Faschismusforschung entdecken.

4 Der Faschismus der Zwischenkriegszeit: Varianten des revolutionären Nationalismus

Die wandelbare Beschaffenheit der faschistischen Ideologie

Meine eigene knappe Definition des Faschismus – zuerst eingeführt in *The Nature of Fascism* (1991) und im vorherigen Kapitel als eine von vielen nun zur Verfügung stehenden konvergierenden und kompatiblen Herangehensweisen an seine Hauptmerkmale wiedergegeben – bezeichnet ihn als eine politische Ideologie, deren mythischer Kern des „palingenetischen Ultranationalismus" innerhalb „seiner diversen Varianten" konstant bleibt. Dieses Kapitel zielt darauf ab, diese abstrakte Formel mit historischem Material zu unterfüttern, indem es zeigt, wie selbst eine kleine Stichprobe der zwischen 1919 und 1945 entstandenen Varianten die bemerkenswerte Vielfalt der Arten des Faschismus veranschaulicht, die durch den gleichen definierten „minimalen" oder „unlösbaren" Kern generiert wurden, der durch den empathischen Idealtyp identifiziert wird.

Die unterschiedlichen Bedingungen der Wirtschaftskrise und der politischen Instabilität, die so vielen so unterschiedliche Staaten in den westlichen und teilweise verwestlichten Gegenden der Welt (Europa, Nord- und Südamerika, Südafrika, Japan) während der Zwischenkriegszeit erfuhren, sorgten dafür, dass der revolutionäre Nationalismus eine breite Palette von nuancierten Formen, angepasst an lokalen Bedingungen, annahm. Die Differenzierung der Spezies der neuen politischen Gattung (in der Evolutionstheorie als „Speziation" oder auch Artbildung bekannt) wurde auch durch die Unschärfe der beiden in Kapitel 3 genannten Komponenten ihres hybriden Kernmythos, nämlich der organischen „Ultra-Nation" und ihrer Wiedergeburt, gefördert. Die Speziation wurde auch dadurch verstärkt, dass – im Gegensatz zur marxistischen revolutionären Theorie, die trotz der Bildung unterschiedlicher nationaler Dialekte erkennbar homogen bleibt – jeder faschistische nationale Mythos (oder jede Ansammlung und Verkettung von Mythen) ein exklusives Produkt verschiedener nationaler Stränge verwobener Geschichte, Kultur und kollektiver Fantasie ist, das manchmal über das Medium einer einzigartigen Landessprache artikuliert wird. Das Ergebnis dieser Faktoren ist, dass der Faschismus sowohl als Ideologie als auch als politischer Mythos eine deutliche Tendenz hat, verschiedene Formen anzunehmen, also „polymorph" zu sein. Nachdem er in den chaotischen 1920er und 1930er Jahren als populistische Bewegung eine ausreichende Basis geschaffen hatte, um als Bewegung Geschichte zu schreiben (und in lediglich drei Fällen als weitgehend autonomes Regime), entstand eine bemerkenswerte Vielfalt spezifischer politischer, sozialer und kultureller Visionen und Politiken, manchmal *sogar innerhalb derselben Partei*. Außerdem erwies sich der Faschismus in seinem Kampf um die Macht als anfällig für weitreichende Verflechtungen mit nichtfaschistischen Phänomenen.

Die wandelbare Beschaffenheit des faschistischen Kernmythos erklärt auch die verstärkte Diversifizierung, die die faschistische Gattung nach dem Krieg erfuhr, als diejenigen, die trotz der Niederlage der Achsenmächte Befürworter blieben, sich an ein radikal neues historisches Umfeld anpassen mussten, das revolutionären nationalistischen Projekten äußerst feindlich gegenüber stand. Sie mussten daher Alternativen zur Bildung einer „Miliz-Partei" finden, bestehend aus einer Kombination aus uniformierten paramilitärischen Streitkräften und einer populistischen Bewegung mit einer politischen Partei, die seit 1925 vom italienischen Faschismus erfolgreich vorangetrieben worden war (Gentile 2003: 1).

Es sei betont, dass dieses Kapitel zur Veranschaulichung dieses Merkmals des Faschismus nicht die Absicht hat, eine Art *Catalogue Raisonné* all seiner wichtigsten Erscheinungsformen zwischen den Kriegen darzulegen oder ihre Geschichte zusammenzufassen, da dies bereits von anderen bewundernswert vorgenommen wurde (z.B. Carsten 1967; Payne 1995; Morgan 2003; Blinkhorn

2000). Das Kapitel bietet auch keine „Meistererzählung" einer einzelnen anthropomorphen Entität namens „Faschismus" an, in der der Autor in der Regel unterschwellig Elemente aus dem italienischen Faschismus und dem deutschen Nationalsozialismus zusammenführt. Das irreführende Narrativ, das sich daraus ergibt, könnte dann als eine gefahrvolle Reise von den bescheidenen Anfängen in Mailand unmittelbar nach dem Ersten Weltkrieg über eine Zeit des scheinbar unwiderstehlichen Triumphes von den späten 1930er Jahren bis zum Herbst 1941 dargestellt werden, die nur allmählich einer katastrophalen Niederlage durch die Alliierten im Jahr 1945 erlegen sei. Ein Effekt eines so irreführend vereinfachenden narrativen Ansatzes ist, dass die Vielzahl hoch originärer faschistischer Bewegungen, die in den 1930er und 1940er Jahren nie eine autonome Staatsmacht erlangten, meist ignoriert oder als zu peripher im Vergleich zu den paradigmatischen Manifestationen in den europäischen Achsenmächten (dem faschistischen Italien und NS-Deutschland) abgetan werden, ohne nennenswerte Erkenntnisse über die Gattung als Ganzes zu liefern. Trotz der Tendenz der Sprache zur Verdinglichung und Vermenschlichung ist der Faschismus eine noch hartnäckigere pluralistische, polymorphe politische Entität als der Sozialismus, Liberalismus, Feudalismus und viele andere politische „Ismen". Daher ist es sinnvoll, jede Bewegung in Bezug auf das Verständnis der Gattung „gleich" zu behandeln, wenn auch natürlich nicht in Bezug auf ihre historischen Folgen. Das bedeutet, sich jeder Manifestation des Faschismus als einer weiteren einzigartigen Variante des revolutionären, von lokalen Faktoren geprägten Ultranationalismus zu nähern und damit als potenziell wichtige Quelle für neue Erkenntnisse über die Natur des Faschismus als politischem Akteur und soziale Kraft zu betrachten, unabhängig davon, ob er in seinem Versuch, die Staatsmacht zu erobern, versagte oder nicht (Griffin 2015a).

Ein unmittelbares Ergebnis dieses Ansatzes ist, dass weder der italienische Faschismus noch der deutsche Nationalsozialismus hier als Offenbarung des Wesens des Faschismus, seines logischen Endpunktes oder seines Paradigmas als Ideologie „privilegiert" werden. Dies soll nicht leugnen, dass zunächst der italienische Fa-

schismus in den 1920er Jahren und dann der deutsche Nationalsozialismus in den 1930er Jahren einen großen Einfluss als Vorbild
auf eigenständige faschistische Bewegungen in vielen europäisierten Ländern ausübten. Im hier gegenwärtigen Kontext werden die
beiden Bewegungen jedoch als besondere Varianten des Faschismus betrachtet, wobei die erste durch den Versuch gekennzeichnet
ist, Italien vor allem durch die Aktivierung des Mythos seines römischen Erbes zu modernisieren, und die zweite durch seinen radikalen, angeblich biologisch und pseudowissenschaftlich begründeten Rassismus, durch enorm ehrgeizige imperialistische Ziele
und durch seine Bereitschaft, durch Unterdrückung und Terror einen radikalen und rücksichtslosen Prozess der schöpferischen Zerstörung in allen Bereichen durchzusetzen. Dazu gab es im faschistischen Italien keine Parallele. Kurz gesagt, jeder Faschismus wird
hier *sowohl* als typisch für die breite politische Gattung *als auch* als
idiosynkratisch verstanden und mit Blick auf seine einzigartigen
Aspekte untersucht – die vor allem Historikerinnen und Historiker
interessieren, die „idiographisch" arbeiten –, während die generischen, allgemeinen Aspekte für Politikwissenschaftlerinnen und
Politikwissenschaftler, die „nomothetisch"[25] vorgehen, von beson-
derem Interesse sind (Levy 2012).

Dieses Prinzip lässt sich am Beispiel des Dritten Reiches veranschaulichen. Sicherlich waren es die einzigartigen und außergewöhnlichen Aspekte des Nationalsozialismus, die es ihm ermöglichten, eine so verheerende Rolle in der modernen Geschichte zu
spielen, sobald er zur Rechtsgrundlage eines Regimes wurde. Bereits bevor Hitler an die Macht kam, war Deutschland eine hoch-
modernisierte und industrialisierte Nation mit einem mächtigen
Staatsapparat, einer weitentwickelten Zivilgesellschaft und einer
stark patriotischen Bevölkerung. Deutschland bot sich daher dafür
an, sich in ein mächtiges totalitäres Regime zu verwandeln, nachdem sein „verspäteter" demokratischer Nationalstaat, die Weimarer Republik, in eine anhaltende Krise geraten war. Im Vergleich

---

25   Anm. des Übersetzers: Also auf die Auffindung von Gesetzmäßigkeiten zie-
      lend.

zum italienischen Faschismus und allen anderen Faschismen in weniger entwickelten Ländern verfügte der Nationalsozialismus damit über das einzigartige Potenzial, Verbrechen gegen die Menschlichkeit im industriellen Maßstab zu begehen. Dennoch konnte er die geschwächte Schutzmembran einer versagenden liberalen Demokratie nur unter den außergewöhnlichen Umständen durchdringen, die durch die extremen Bedingungen der Weltwirtschaftskrise geschaffen wurden. Dank der geheimen Absprachen politischer und sozialer Eliten, die das Chaos und die Bedrohung durch die Linke mehr fürchteten als den Totalitarismus, konnten die Nazis 1933 die Staatsmacht übernehmen – mit katastrophalen Konsequenzen.

Trotz all dieser außergewöhnlichen Umstände deutet selbst die oberflächlichste Studie über den Kernmythos, der die versuchte totalitäre Revolution der Nazis antreibt, an, dass es sich um eine der bevorstehenden Wiedergeburt der nationalen Rasse aus der Dekadenz handelt – eine palingenetische Vision, die den gesamten Angriff des Regimes auf das Weimarer System sowie auf die vielen Menschen, Ideologien und Institutionen, die der Nationalsozialismus als Feinde oder Hindernisse für die Wiedergeburt identifizierte, formte und strukturierte. In diesem Sinne ist auch der Nationalsozialismus trotz des beispiellosen Ausmaßes seiner Gräueltaten als gleichzeitig einzigartig *und* Ausdruck des generischen Faschismus zu betrachten, und zwar *nicht mehr als jede andere Spezies der Gattung*.

Dieser Ansatz, der sowohl das Einzigartige als auch das Generische als zwei Aspekte einer janusköpfigen faschistischen Politik hervorhebt, wird nun auf eine kleine Auswahl von Themen angewendet, die in der vergleichenden Faschismusforschung behandelt werden – die „Ultra-Nation", den Gründungsmythos, die Genderpolitik, die Moderne und die Wirtschaftspolitik –, mit Bezug auf nur einige der vielen Bewegungen, die in der Zwischenkriegszeit entstanden sind. Was nun folgt, ist zwangsläufig oberflächlich und unvollständig. Es kann lediglich einen Eindruck davon vermitteln, wie nuanciert die historische Textur einzelner faschistischer Bewegungen in der Zwischenkriegszeit trotz der Zugehörigkeit zur gleichen politischen Gattung war. Da das faschistische Italien und das nationalsozialistische Deutschland die einzigen Beispiele für faschistische Regime sind, die in Friedenszeiten entstanden, erscheint es angebracht, zunächst ihre Vorstellung von der Ultra-Nation zu vergleichen, die wie ein Phönix aus der Asche entstehen sollte, nachdem das „dekadente" Zeitalter der liberalen Demokratie und des Kommunismus beendet worden war.

Die Ultra-Nation des italienischen Faschismus

Während das Konzept der organischen nationalen Gemeinschaft, die sich einem Wiedergeburtsprozess unterzieht, *durch die (idealtypische) Definition* ein gemeinsamer Nenner aller faschistischen Bewegungen ist, wird bei der Untersuchung einzelner faschistischer ultranationalistischer Mythen in der „faschistischen Ära" (1918-1945) schnell deutlich, dass es ein breites Spektrum an Möglichkeiten gibt, wie die nationalen Organismen konzipiert werden können. Darüber hinaus kann eine einzige Bewegung vielfältige und manchmal widersprüchliche Strömungen des nationalen und rassischen Denkens beinhalten, wenn sie sich zu dem Punkt hin entwickelt, an dem sich bedeutende Teile der gebildeten Klassen anschließen, die natürlich viele Berufe, Weltanschauungen und Fachrichtungen repräsentieren, die alle eigene Vorstellungen von der Nation und Rasse, Diagnosen ihrer Dekadenz und Rezepturen für die Mittel, die für ihre Wiedergeburt erforderlich sind, mitbringen. David Roberts Beobachtungen über die Ideologie im Mussolini-Regime könnten auf alle faschistischen Bewegungen übertragen werden: Sie war, im starken Kontrast zu dem in der Propaganda dargestellten Bild von perfekter Organisation, Homogenität und Zusammenhalt, eine *messy mixture,* also eine „chaotische Mischung" (Roberts 2000: 208). Die extreme Heterogenität des faschistischen organischen Nationalismus lässt sich anhand eines Vergleichs der widersprüchlichen Visualisierung der Ultra-Nation im faschistischen Italien und im deutschen NS-Staat veranschaulichen.

Das mythisierte Italien, das im Mittelpunkt des vom italienischen Faschismus verfolgten Projekts der Wiedergeburt stand, war eine kaleidoskopische Mischung verschiedener Vorstellungen der

Nation: das monarchische Italien identifizierte sich mit dem Haus Savoyen, das nun in ein goldenes Zeitalter eintrat; der vereinte Nationalstaat, der aus dem *Risorgimento* geboren worden war und nun vom Regime Mussolinis vervollständigt wurde; das mazzinische Italien des „Volkes", das endlich vom *Duce* realisiert wurde; das heroische Italien der Schützengräben in den Alpen, das den Österreichern im Ersten Weltkrieg gegenüber gestanden hatte und nun das Ethos des neuen Regimes bestimmte; die „Großmacht", die in der Nacheiferung der römischen Vergangenheit endlich ein eigenes afrikanisches Imperium haben sollte; das historische Italien der Stadtstaaten, Dantes und der Renaissance-Kunst, welche nun zu einer neuen italienischen Kultur inspirierten; das Proto-Italien, das der Welt die katholische Kirche gegeben hatte und nun eine neue Zivilisation einführte; das utopistische Italien des *strapaese* (in etwa „Provinzialeifer") mit seinem oft xenophoben Kult des Vaterlandes mitsamt den Sitten, Traditionen, mittelalterlichen Hügelstädten und Landschaften und dem Lokalpatriotismus einer vorindustriellen Welt, ein Image der Nation das in der faschistischen Propaganda stark geehrt wurde. Doch gleichzeitig umfasste die wiedergeborene Nation das futuristische Italien der *stracittà* (in etwa „Stadteifer") mit seiner Verherrlichung des technologischen Fortschritts, seinen futuristischen Verkehrssystemen, der Luftfahrt, der Funkkommunikation, den transatlantischen Reisen, der Athletik und Publikumssportarten, der modernistischen Kunst und Architektur, neuen Städten, einer neuen Art korporativer Wirtschaft, einem Sozialstaat und mächtigen Streitkräften, die mit modernster Militärtechnologie ausgestattet wurden.

Von Beginn des Regimes an gab es auch düstere Strömungen, die den Mythos der Nation nährten: eine aggressive Bevölkerungspolitik, die sich mit der Förderung des demographischen Wachstums und der Gesundheit der Rasse Italiens befasste (Quine 2012); Strömungen des Antisemitismus, die teilweise innerhalb der katholischen Kirche entstanden waren (Ben-Ghiat 2001: 148-156); sowie eine einheimische Tradition der Eugenik und Rassentheorie (Cassata 2011). Diese weitgehend ignorierten rassistischen Unterströmungen, die falsche Annahmen widerlegen, dass der faschistische Rassismus ein erst später und höchst unitalienischer Import aus

NS-Deutschland gewesen sei, sorgte für ein großes Angebot an „Rassenexperten", die 1937 bereit waren, Gesetze der Rassentrennung zu entwerfen, um die italienische Rasse (*gente, stirpe, razza*) vor der Kontamination durch afrikanisches Blut zu schützen und die berüchtigten antisemitischen Rassengesetze von 1938 zu formulieren. Diese beriefen sich auf die wissenschaftliche „Tatsache" der arischen Ursprünge der Italiener, obwohl Mussolini die nationalsozialistische Fixierung auf die Reinheit ihrer Rasse einige Jahre zuvor noch verspottet hatte.

Wie gezeigt werden wird, ist der Gründungsmythos der Ultra-Nation, der seiner Entwicklung zu einem Nationalstaat durchaus vorausgehen kann, eine wichtige mythische Komponente jedes faschistischen Ultranationalismus. Der dominierende Gründungsmythos des italienischen Faschismus nach 1925 war die Vision der modernen Italiener als direkte Nachkommen und geistige Erben der Römer. Dieses Erbe wurde bis Ende der 1930er Jahre nicht in genetischer Hinsicht als Reinheit des Blutes konzipiert (was angesichts der multiethnischen Natur des Römischen Reiches Unsinn gewesen wäre). Stattdessen wurde es als die belebende Kraft einer Generation konzipiert, deren Wiederentdeckung ihrer römischen Identität sie inspirieren würde, eine Renaissance der Größe in kultureller, technologischer, sozialer sowie imperialer und militärischer Hinsicht herbeizuführen, wodurch Italien zu einem „Dritten Rom" (Kallis 2014) werden sollte, einem Gegenmythos zum „Dritten Reich". Es war also die italienische *romanità*, sprich „Römischkeit", die zur Vorlage für so vieles in der faschistischen politischen Religion, den öffentlichen Werken, dem Stil des *Duce*-Kultes, der Außenpolitik, der Ästhetik und der Architektur wurde. Sie inspirierte auch die große EUR-Ausstellung in Rom, deren Plan es war, das faschistische Italien als Auftakt für eine neue Phase der Weltzivilisation zu präsentieren, wie es das Römische Reich vor über zwei Jahrtausenden getan hatte (Nelis 2007; Kallis 2014).

Der faschistische Mythos war jedoch vielgestaltig und dynamisch, und die *romanità* war nur eine Art, die Vision des faschistischen Neuen Mannes und der Neuen Frau zu prägen, die das Neue Italien bevölkern würden (Dagnino 2016). Im Laufe der Zeit verlagerte sich die faschistische Utopie deutlich vom linksgerichteten

Antiklerikalismus und Republikanismus des frühesten „San Sepolcro"-Faschismus zu einer Ideologie, die den Vatikan und die Monarchie umfasste, bevor sie in eine imperialistische und schließlich militaristische Phase (1933-1943) überging und sich nach dem Waffenstillstand von 1943 erneut veränderte. In seiner letzten Inkarnation, als Italienische Sozialrepublik und Marionettenregime des Dritten Reiches, wurde der Faschismus, der nun entschieden antiklerikal und antimonarchisch war, zum offiziellen Verbündeten des deutschen Nationalsozialismus bei der Schaffung der Neuordnung Europas, das vor der Zerstörung durch die USA, die UdSSR und das Judentum verteidigt werden sollte. Es stellte so eine endgültige theatralische Vorführung des Neuen Italiens dar, dessen mythische Wurzeln von einem römischen auf einen arischen Boden übertragen worden waren.

Die Ultra-Nation des Nationalsozialismus

Selbst diese sehr komprimierte Zusammenfassung der Strömungen innerhalb der faschistischen politischen Kultur unterstreicht, wie einfach es ist, den „kulturellen" – und damit relativ harmlosen – Ultranationalismus zu stark mit dem „biologischen Rassismus" der Nazis zu vergleichen. Sicherlich sorgte der Gründungsmythos, der besagte, dass die Deutschen von einer arischen Überrasse abstammen (Poliakov 1974), dafür, dass der Nationalsozialismus eine weitaus giftigere Dosis an „wissenschaftlichem" Rassismus in die offizielle Kultur aufnahm als der italienische Faschismus. Diese Perversion des Nationalismus wurde dadurch erleichtert, dass das deutsche akademische und intellektuelle Leben im Gegensatz zu Italien seit über einem Jahrhundert ein offenes Umfeld für eine Reihe von toxischen Theorien bot, darunter positive und negative Eugenik, Ahnenforschung und Erblehre, Sozialhygiene, Rassenanthropologie, Rassengeopolitik und Polygenese (die eine gemeinsame Herkunft und eine gemeinsame Menschlichkeit aller ethnischer Gruppen verneinten). In der Weimarer Republik erhielt die „Rassenlehre" durch die Gründung des Kaiser-Wilhelm-Instituts für Anthropologie, menschliche Erblehre und Eugenik im Jahr 1927

sowohl eine zentrale Organisation als auch eine erhöhte Legitimität. Diese Institution wirkte an der Schaffung des weltweit ersten
„wissenschaftsbasierten" Rassenstaates mit (Burleigh und Wippermann 1991; Weiss-Wendt und Yeomans 2013).

Doch auch der nationalsozialistische Ultranationalismus war
äußerst vielfältig. Er war stark durch den aus dem Zweiten Reich
und dem Ersten Weltkrieg stammenden Hyperpatriotismus und
mächtigen Traditionen des kulturellen Ultranationalismus beeinflusst, die die deutsche imaginäre Gemeinschaft ausdehnten, um
die Herrlichkeiten ihrer mittelalterlichen Kathedralen, der Barock-
musik, der romantischen Literatur und Malerei, des modernen Imperialismus, des Kolonialismus und des militaristischen Chauvinis-
mus sowie die Erfolge der deutschen Industrie, der Technologie
und der Beschaffenheiten des Nationalcharakters, die nichts spezi-
ell Biologisches an sich hatten, zu umfassen. Einer der wichtigsten
Einflüsse auf den nationalsozialistischen Nationalismus war die
völkische Bewegung des 19. Jahrhunderts, die selbst sehr heterogen
war und die „Blut-und-Boden"-Bewegung, okkultistische (Goodrick-Clarke 2004), heidnische, koloniale, romantische und pseudo-
christliche Strömungen umfasste und nur in einigen Fällen mit dem
„wissenschaftlichen" Rassismus übereinstimmte (Mosse 1975). Das
Ergebnis war, dass der Nationalsozialismus ebenso wenig einen
zusammenhängenden Ultranationalismus entwickelte wie der italienische Faschismus. Vielmehr etablierte er eine zusammenge-
setzte, sich dynamisch verändernde und flexible Ultra-Nation, in
der sowohl die „Rassenlehre" als auch der *völkische* Nationalismus
aus gegensätzlichen Strömungen gebildet wurden, und Schlüssel-
begriffe wie nordisch, germanisch, „Blut", *Volk* und *Art* (die gesunde deutsche rassische „Gattung") ebenso Metaphern für mythische geistige Beschaffenheiten des heroischen Nationalcharakters
blieben wie materielle Kategorien der Rassenreinheit (Weiss-
Wendt und Yeomans 2013).

Ob pseudowissenschaftlich rationalisiert oder durch *völkische*
Fantasie, es war die Besessenheit von der Rassenreinheit der Deut-
schen, die den schärfsten Kontrast zum italienischen faschistischen
Ultranationalismus bildete. Die Verkündung der Rassengesetze

1938, mit der die arische Abstammung der Italienerinnen und Italiener und der Ausschluss der Juden aus der italienischen Nationalgemeinschaft bestärkt wurden, widersprach dem Gründungsmythos des italienischen Faschismus, der die Abstammung der Italiener von einem multiethnischen, multikulturellen und multireligiösen Römischen Reich bekräftigt hatte, und passte sicherlich vielen gewöhnlichen Italienerinnen und Italienern nicht, die gegenüber der „rassistischen Wendung" in der faschistischen Propaganda unempfänglich blieben. Im Gegensatz dazu standen die Nürnberger Rassengesetze von 1935 im *Einklang* mit den Fantasien über das arische Erbe, das in Deutschland seit Mitte des 19. Jahrhunderts verbreitet und verfeinert worden war und populäre (wenn nicht mehrheitliche) Unterstützung genoss. Während sich der italienische Faschismus infolgedessen einen Großteil seiner Existenz darauf konzentrierte, die italienische Bevölkerung in einem totalitären Geist, der nicht zu einem Terrorapparat ausgedehnt wurde, zu „nationalisieren", machte sich der Nationalsozialismus daran, die Deutschen zu „arisieren" und „aufzunorden". Die Mittel zu diesem Zweck waren vielfältig: allgegenwärtige staatliche Propaganda, Rassengesetzgebungen, ein gründlich nazifiziertes Bildungssystem und Wissenschaften, sowohl Geistes- als auch (wo immer möglich) Naturwissenschaften, und Organisationen des *Social Engineering*, einschließlich eines umfassenden Terrorapparats und eines allgegenwärtigen Zensurregimes, sowie institutionelle Einrichtungen und Verbände aller Art, um eine Mischung aus biologischen, patriotischen und *völkischen* Arten des Rassenbewusstseins zu fördern und durchzusetzen. „Arisierung" und „Aufnordung" durchdrangen auch die Ästhetik des rituellen NS-Theaters (Niven 2000), die vielen Experimente zur Schaffung von „deutscher" Malerei, Bildhauerei und Architektur (Adam 1992) und die Nachrichtensendungen der Bürgerinnen und Bürger des Reiches (Klemperer 2006). In Leni Riefenstahls Dokumentarfilm *Olympia* (1938) über die Olympischen Spiele 1936 in Berlin verwandelten sich deutsche Sportler in klassisch-griechische Helden, um Bilder (zumindest für Anhänger) der anthropologischen Revolution im Dritten Reich zu produzieren. Ebenso kann der nüchterne griechisch-römische Stil der nationalsozialistischen städtischen Architektur nicht als Nostalgie der Vergangenheit, sondern als Symbol für die Wiedergeburt des arischen Geistes verstanden werden, indem eine „ewige" Ästhetik hervorgerufen wurde (Michaud 2004, Griffin 2018). Hier kam es, wie in so vielen Teilen der NS-Kultur, zu einer Verschmelzung von Ästhetik und Eugenik (Maertz 2017).

Aus dem eben geschilderten sollte deutlich werden, dass das, was die sich am stärksten ihrer Bewegung verschriebenen italienischen Faschisten und deutschen Nazis verband, die Tatsache war, dass beide faschistische Programme zur nationalen Wiedergeburt verfolgten. Es trennte sie jedoch, dass sie sich sehr unterschiedlichen Kombinationen von ultranationalistischen Mythen widmeten. Daraus folgt, dass sogar scheinbar gemeinsame Elemente möglicherweise eine tiefe Kluft verbargen. So waren beispielsweise idealisierte neoklassische Skulpturen von nackten männlichen Athleten in Sportstätten sowohl ein Merkmal des faschistischen als auch des nationalsozialistischen Regimes. Es wäre jedoch zutiefst falsch, anzunehmen, dass beide die gleiche Ästhetik oder die gleiche Vision der nationalen Erneuerung verkörperten. Der überzeugte italienische Faschist sah in solchen Werken das klassische Ideal der menschlichen Gestalt, das von den modernen Römern in Mussolinis Drittem Rom nachgebildet wurde. Der überzeugte deutsche Nationalsozialist erkannte in ihnen ein eugenisches Ideal, einen Archetypus des ewigen Ariers und ein Mitglied einer biologischen Herrenrasse, deren nächste und „reinste" lebende Vorfahren in der modernen Welt die Deutschen waren, die nun in einem Dritten Reich lebten, das von jeder Verkörperung des Entarteten und den dysgenischen, also den das Erbgut verschlechternden Faktoren gereinigt werden sollte. Dieses komparative Beispiel betont den Wert des Vergleichs von Gründungsmythen als Kurzform zur Anerkennung der Einzigartigkeit jeder Variante der faschistischen palingenetischen Ideologie der Wiedergeburt der Ultra-Nation.

Die Vielfalt der Gründungsmythen des Faschismus

Sowohl der italienische Faschismus als auch der deutsche Nationalsozialismus entstanden in Ländern, die die Einigung ihrer Natio-

nen erst im 19. Jahrhundert erreichten. Die Beschwörung einer ur-
zeitlichen imperialen Vergangenheit (italienischer Faschismus) o-
der einer rassischen Quelle der kulturellen Schöpfungskraft und
des Heldentums, die im Nebel der Zeit verloren gegangen waren
(Nationalsozialismus), ermöglichte es dem faschistischen Regime,
eine mythische Erzählung der Palingenese zu beschwören. Diese
war als die Erneuerung einer vergangenen Ära der Größe und als
Explosion kollektiver kultureller Schöpfungskraft nach einer anhaltenden Zeit der historischen Bedeutungslosigkeit oder des Verfalls
gedacht, in der es keinen Staat gegeben hatte, der die angestamm-
ten Energien der nationalen Gemeinschaft bergen und kanalisieren
konnte. Dieses Muster vergangener Größe, des Verfalls und der Erneuerung zeigte sich als anpassungsfähig an eine große Vielfalt von
historischen und kulturellen Kontexten, in denen der faschistische
Mythos geschmiedet wurde.

Der rumänische Faschismus (sowohl bekannt als die Legion
des Erzengels Michael als auch als die Eiserne Garde), der zweimal
an der Staatsmacht beteiligt war, bevor er schließlich zerschlagen
wurde, verdeutlichte, wie originär, aber auch wie umfangreich andere faschistische Gründungsmythen und Fantasien der nationalen
Erneuerung im Europa der Zwischenkriegszeit sein konnten. Rumänien hatte sich erst in neuerer Zeit vom Osmanischen Reich befreit, und sein Territorium war durch den Ersten Weltkrieg enorm
erweitert worden, wobei Ungarn, Deutsche, Juden, Bulgaren und
Ukrainer in den 1920er Jahren zusammen fast ein Drittel der Bevölkerung ausmachten. Bei der Erfindung der rumänischen Ultra-Nation griffen die Intellektuellen der Legion des Erzengels Michael
auf ihr eigenes Markenzeichen der „ethnogenetischen" historischen Spekulation über die Herkunft ihres Volkes zurück (Bucur
2002; Turda 2015). Sie kombinierten dieses jedoch nicht mit den in
Rumänien weit verbreiteten eugenischen Mutmaßungen, sondern
mit Elementen, die mit der osteuropäischen Protoanthropologie
und den eschatologischen Traditionen der rumänisch-orthodoxen
Kirche über das Ende der Menschheitsgeschichte übereinstimmten.
So entstand in der palingenetischen Fantasie der Legionäre ein stol-
zes, heroisches, organisches, ethnisch und spirituell homogenes
Volk, die Daker, deren Nachkommen (weitgehend analphabetische

Bauern) sich von den Legionären mit einer einzigartigen Mission in der Moderne betraut sahen, nämlich die Nation von der Dekadenz zu säubern, den *Omul nou* (den Neuen Menschen) zu schaffen und eine kollektive „Auferstehung" zu erreichen.

Ein Großteil der Fantasie der Legion die heroische Abstammung der modernen Rumänen betreffend konzentrierte sich auf die prägende Rolle einer bestimmten Gruppe von Stämmen, den antiken Geto-Dakern, die diese bei der Geburt der Nation angeblich gespielt hatten. Es handelte sich um ein Volk aus der Eisenzeit, das scheinbar einer indo-europäischen (arischen!) Ethnie angehörte, welches in der Gegend in und um die Karpatenberge und westlich des Schwarzen Meeres angesiedelt war und nun von einem Zweig der Thrakologie, der sogenannten Dakologie, erforscht wurde. Die Intellektuellen der Legion schrieben diesem Stammesvolk die heroischen Beschaffenheiten und die kulturelle Widerstandsfähigkeit zu, die es seinen Nachkommen ermöglichte, die totale Unterwerfung durch das Römische Reich im zweiten Jahrhundert n. Chr. zu verhindern, und sie dadurch befähigte, den Rassenhybrid der Dako-Römer zu erzeugen, der sich später zu den modernen Rumänen entwickelte. Die Sitzungen der Eisernen Garde wurden manchmal mit einer Zeremonie zum Gedenken an Decebalus eröffnet, dem angeblich letzten unabhängigen dakischen König (Cinpoes 2016).

Dieser „wissenschaftliche" Aspekt des rumänischen Faschismus wurde inkongruenter Weise mit einem mächtigen pseudoreligiösen Element kombiniert, das sich aus der Identifizierung des rumänischen Wesens mit dem Christentum ableitete. Dies war ein gedanklicher Sprung, der zwei mythische Narrative vermischte. Entscheidend für die politische Religion der Legion war die Einbeziehung von Elementen aus den Ritualen und der Ikonographie der rumänisch-orthodoxen Kirche. Dies reichte bis zu dem Punkt, an dem die nationale Wiedergeburt innerhalb der historischen Zeitspanne der Zwischenkriegszeit mit der imaginären Auferstehung ganzer Nationen am Tag des Jüngsten Gerichts verschmolzen wurde. Diese Strömungen wurden durch die Identifikation der Bewegung mit dem Erzengel Michael bereichert, dessen legendäre

Kräfte als göttlicher Drachentöter im Nebel der Zeit in der Ikonographie der Legion neu kodiert wurden, um implizit einen rücksichtslosen existentiellen Krieg gegen die vielen angeblichen Feinde des heiligen „ţara" (Vaterlandes) zu symbolisieren: Juden, Ungarn, Deutsche, Slawen, Zigeuner, der liberale Staat, die korrupte Monarchie, Kommunisten, Kosmopolitismus sowie die Moderne an sich. Das Ergebnis war eine mystische Frömmigkeit, die sich an die wiedergeborene Nation und ihren Führer Corneliu Codreanu (der manchmal als Ikone gemalt wurde) richtete, die verschmolzen wurde mit einem Kult um den Märtyrertod (Rusu 2016), in dem der Tod der Attentäter der Legion und der Tod ihrer Opfer sakralisiert wurden.

Die Beschäftigung der rumänischen Ultranationalisten mit ihrer angeblich dakischen Abstammung wird in der Fachsprache als „Protochronismus" (aus dem Griechischen für „früheste Zeit") bezeichnet (Turda 2008b), und einige andere faschistische Ultranationalismen basieren in Abwesenheit eines konkreteren mittelalterlichen oder frühneuzeitlichen goldenen Zeitalters auf einem protochronistischen Mythos, um als Grundlage der Wiedergeburt zu dienen. Die Vision der Ustascha einer kroatischen Ultra-Nation, die in einem Überlebenskampf gegen eine Reihe ethnischer und ideologischer Feinde gefangen war, entstand beispielsweise, wie so viele der *invented traditions*[26] der nationalen Einheit in Europa, im 19. Jahrhundert mit dem Aufkommen eines Wunsches nach einem charakteristischen jugoslawischen oder balkanischen Volkes. Dies waren Vorstellungen, die auch dazu geeignet waren, sich dem wissenschaftlichen Diskurs der physischen und kulturellen Protoanthropologie anzuschließen. Einige Strömungen nationalistischer Akademiker postulierten einen idealisierten serbischen Genotyp als entscheidenden Bestandteil einer gemeinsamen jugoslawisch-dinarischen Identität. Unvermeidlicher Weise wurde diese These bald durch die Behauptung kroatischer Nationalisten konterkariert, dass dinarische Kroaten sich von Serben, die nicht einmal dinarisch

---

[26] Anm. des Übersetzers: Das im Deutschen „Erfundene Traditionen" genannte Konzept geht auf die Aufsatzsammlung *The Invention of Tradition* von Eric Hobsbawm und Terence Ranger aus dem Jahre 1983 zurück.

seien, unterscheiden würden und ihnen rassisch *überlegen* seien
(Bartulin 2013). Während des Zweiten Weltkriegs sollten solche
akademischen Erfindungen von Rassenunterschieden in den Konzentrationslagern der Ustascha tödliche Folgen haben.

Unterdessen konnten die Ideologen der Pfeilkreuzler in Ungarn auf über ein Jahrzehnt umfangreicher akademischer Mutmaßungen über die ethnische Herkunft und den einzigartigen Natio-
nalcharakter einer angeblichen magyarischen Urrasse (Turda und
Gillette 2014) zurückgreifen, die ebenso im Aufstieg des „wissenschaftlichen" Nationalismus im 19. Jahrhundert begründet waren.
Während in den 1930er Jahren NS-Rassenexperten die arische Wissenschaft, Gesetzgebung und den Repressionsapparat gegen Nicht-
Arier verfeinerten, begannen in Ungarn Anthropologen, Rassenexperten, Philologen und Eugeniker nationalistischer Überzeugung,
ihre eigene Ultra-Nation zu kreieren. Bald sammelten sich Beweise
für die Abstammung der zeitgenössischen Ungarn von einer nicht-
arischen, nicht-indo-europäischen kriegerischen Urrasse, die finno-
ugrische mit türkischen und mongolischen Elementen vermischte
(die genaue Zusammensetzung variierte bei den Theoretikern). Als
Mitglieder der Pfeilkreuzler im Sommer 1944 bei der Vernichtung
von 450.000 ungarischen Juden mit den deutschen Nazis kollaborierten, taten sie dies auf der Grundlage äquivalenter, aber diametral entgegengesetzter Mythen von Rassenreinheit und Überlegenheit (Szele 2015). So machten beide eine Vielzahl gemeinsamer
Feinde aus, die beseitigt werden sollten.

Der protochronistische Mythos spielte auch in der imaginären
Nation der skandinavischen faschistischen Bewegungen eine
Schlüsselrolle. Unvermeidlicher Weise spielte der heroisierte Mythos der Abstammung von den Wikingern eine Rolle im Ultranationalismus der norwegischen Nasjonal Samling (auf Deutsch Nationale Vereinigung), die Runen und Anspielungen auf nordische
Mythen und Bilder verwendete, um die Norweger als urzeitliche
heroische Rasse zu konstruieren. Die nordische Variante des faschistischen Gründungsmythos ist nach wie vor zentral für die ge-
genwärtige internationale odinistische Strömung des Neofaschismus (Kaplan 1997: 69-99). Das gleiche Bedürfnis nach mythischen

Wurzeln zeigte sich bei der Gründung der finnischen Vaterländischen Volksbewegung (IKL), die 1932 nach dem Verbot der ultranationalistischen Lapua-Bewegung als deren Fortsetzung gegründet wurde. Im Gegensatz zur Ustascha und den Pfeilkreuzlern war das Gefühl der ursprünglichen Identität der IKL frei von biologischem Rassismus, mitnichten jedoch von Antisemitismus oder irredentistischen[27] Sehnsüchten nach einem „Großfinnland". Das Gefühl der finnischen Einzigartigkeit basierte auf radikalen sprachlichen und kulturellen Unterscheidungen von Schweden und Russen sowie auf der nachhaltigen Wirkung des „Karelianismus". Dies war eine Form des romantischen Nationalismus, die an die keltische Neubelebung und die deutsche *völkische* Bewegung in Kunst und Literatur erinnerte, aber im Nationalepos *Kalevala* die Verkörperung eines einzigartigen finnischen Nationalcharakters und einer einzigartigen Weltanschauung sah, die nun in eine moderne Ultra-Nation integriert wurde (Karvonen 1988).

Protochronistische Vorstellungen als Grundlage der palingenetischen Fantasie waren überflüssig, wenn die Vergangenheit ein „Goldenes Zeitalter" innerhalb eines festgelegten Zeitrahmens liefern konnte, das durch eine totale kulturelle Erneuerung wiederbelebt werden sollte. In Spanien wurde das *siglo de oro* (wörtlich „Goldenes Jahrhundert", 1492-1659) mit seinem monarchischen Absolutismus, seiner imperialen Macht, der Autorität der Kirche und seinen herausragenden künstlerischen Leistungen zum Vorbild für die kulturelle und politische Renaissance, die der falangistische Kunstkritiker Ernesto Caballero unter General Franco zu erreichen versuchte (Wahnón 2017). Ähnlich ging die British Union of Fascists (auf Deutsch Britische Union der Faschisten, BUF) vor, die im Großbritannien der Ruhmeszeiten des elisabethanischen Zeital-

---

27 Anm. des Übersetzers: Das Adjektiv „irredentistisch" geht auf den Begriff „Irredentismus" aus dem Italienischen zurück, der sich im 19. Jahrhundert auf die Angliederung italienischer Gebiete unter österreichischer Herrschaft bezog. Allgemein versteht man unter Irredentismus die Zusammenführung möglichst aller Vertreter einer bestimmten Ethnie (bzw. „Rasse") in einen Staat mit festen Territorialgrenzen.

ters Inspiration suchte, als Kunst, Poesie, Theater und Musik auf-
blühten, die Macht des Empires und der Marine expandierte und
die englische Wissenschaft und Technologie die Welt dominierten
(Gottlieb und Linehan 2004). Ebenso berief sich die niederländische
Nationaal-Socialistische Beweging (auf Deutsch Nationalsozialistische Bewegung, NSB) auf das goldene Zeitalter der Niederlande
des siebzehnten Jahrhunderts, als nach der Befreiung vom spanischen Joch Handel, Wissenschaft, militärische und kaiserliche
Stärke und Kunst zu den prestigeträchtigsten der Welt gehörten.
Französische Faschisten (und das para-faschistische Vichy-Regime)
griffen unterdessen den liberalen Mythos vom Sturz der Monarchie
erneut auf und entwickelten die „Fake-History" (falsche Geschichte) einer anti-republikanischen, autoritären „Nationalen Revolution", die ihre kollaborative, antisemitische Agenda rationali-
sierte (Arnold 2000: 133-192). In Südafrika verwendete die Ossewabrandwag (auf Deutsch in etwa Ochsenwagen-Wache) den
Kampf der Buren zur Schaffung einer überlebensfähigen Kolonie
vor der britischen Besatzung als Beweis dafür, dass sie eine organische Ultra-Nation bildeten, die nun ihre Wiedergeburt erlebte
(Marx 2009).

Einer der originärsten Gründungsmythen, die protochronistische Fantasien mit denen eines goldenen Zeitalters vermischte,
wurde von der Ação Integralista Brasileira (auf Deutsch Brasilianischen Integralistischen Aktion, AIB) entwickelt. Angesichts der
komplexen ethnischen Zusammensetzung in einem Land, in dem
indigene Völker und die Nachkommen von Generationen portugie-
sischer Kolonisatoren und ihrer afrikanischen Sklaven im Laufe der
Jahrhunderte untereinander geheiratet hatten, konnte Plínio
Salgado keine wissenschaftlichen Vorstellungen von biologischer
Reinheit, Eugenik oder einer mythischen Urrasse an Vorfahren verwenden. Stattdessen lag für ihn die Essenz der brasilianischen We-
sensart (Brasilidade), die die für die Wiedergeburt des Landes notwendige kohärente spirituelle Kraft liefern würde, gerade in seiner
einzigartigen ethnischen und kulturellen Zusammensetzung, die
den Aufstieg Brasiliens zu einer mächtigen modernen Wirtschaft
und politischen Nation ermöglicht hatte. Die AIB zelebrierte also

genau die „Rassenmischung", die von den Rassisten der National-sozialisten, der Legion, der Pfeilkreuzler und der Ustascha so ge-fürchtet wurde (Turda und Gillette 2014).

Bis zum Verbot seiner Bewegung durch den Diktator Getúlio Vargas 1938 setzte sich Salgado dafür ein, dass Brasilien als ideales Labor angesehen werde, in welchem die Macht einer rassisch ge-mischten Gesellschaft zur geistigen und kulturellen, und somit auch politisch und wirtschaftlichen Neubelebung demonstriert werde, um so die Grundlagen für die „vierte Ära der Menschheit" legen zu können (Bottura 2009). Mit einem nach Portugal verbann-ten Salgado konnte Vargas den versöhnlichen Mythos der Rassen-mischung der AIB übernehmen und fördern.

Die Vielfalt der faschistischen Genderpolitik

Die patriarchalischen Annahmen des Faschismus im Bereich der Genderpolitik sind gut erforscht. Sowohl im italienischen Faschis-mus als auch im deutschen Nationalsozialismus gehörte der weib-liche Körper (und letztlich auch der männliche) dem Staat und musste der nationalen Gemeinschaft dienen (Horn 1994; Stephen-son 2001). Beide Regime behaupteten, dass sie Frauen durch die Rückkehr in ihre „natürlichen" biologischen Rollen als Mütter und Hausfrauen von ihrer „falschen" Emanzipation durch den Feminis-mus befreit hätten, der laut faschistischer Propaganda für die Steri-lität und Hysterie der „Krisenfrau" (*donna crisi*) verantwortlich sei. Die Frau sei der Leibeigenschaft der häuslichen Umgebung nur ent-kommen, um eine triviale, eitle, narzisstische Existenz auszuüben, die unnatürlich für ihr Geschlecht sei und schlechte Folgen für die Nation habe..

Neuere Forschungen haben jedoch ein höheres Maß an spon-taner Komplizenschaft mit sowie Unterstützung des Faschismus durch Frauenorganisationen und einzelne Aktivistinnen aufge-deckt, als vereinfachte Vorurteile über das Patriarchat erwarten lie-ßen (Passmore 2003). Besonders falsch ist die Vorstellung, dass der Faschismus Frauen einfach in die Rollen zurückdrängen wollte, die ihnen von den traditionellen Konservativen zugedacht wurden. Sicherlich wurden Frauen, sobald sie verheiratet waren, dazu ermutigt, die Geburtenrate durch eine Kombination aus fortwährender Propaganda, die die Mutterschaft idealisierte (in Italien mit Anklängen an den Madonna-Kult), finanzielle Anreize für den Ausstieg verheirateter Frauen aus dem Arbeitsmarkt und Medaillen für große Familien zu erhöhen. Aber der faschistische Natalismus unter dem *Duce* und dem *Führer* beinhaltete ein ausgeprägt modernisierendes und antikonservatives Element. Die zur Verbesserung der demographischen Gesundheit der Nation eingeführten Innovationen, wie etwa staatliche Investitionen in Mutterschaftshilfe und Kindermedizin, nahmen Aspekte der aus der modernen demokratische Wohlfahrstaaten bekannten weiblichen Gesundheitsversorgung vorweg, jedoch ohne die liberale Betonung auf den Individualismus oder die Rechte der Frauen (Quine 2002).

Darüber hinaus wurden Frauen nun ermutigt, ihr Engagement für Familie, Haushalt und Mutterschaft im Kontext einer offiziellen Weltanschauung neu zu erleben, die ihrer Selbstaufopferung für die zukünftigen Generationen eine heroische Rolle zuschrieb. Dies war ein Mythos, der sich für eine Minderheit von Frauen auf der Suche nach mehr Wirkungskraft sowohl in Italien (De Grazia 1992) als auch in Deutschland (Pine 1997) und sogar für einige Suffragetten in England (Gottlieb 2000) als attraktiv erwies. Übereinstimmend mit dieser Neudefinition der Geschlechterrollen, die Frauen ermutigten, sich selbst als vollwertige Mitglieder der nationalen Gemeinschaft zu erleben, veranlassten beide Regime Frauen in ihrer Jugend und im Erwachsenenalter dazu, sich Massenorganisationen anzuschließen, die darauf abzielten, sie in die aktivistische faschistische Mentalität bei der Arbeit und beim Spiel zu integrieren sowie ihre körperliche Stärke und Arbeitsmoral zu erhöhen. Für Millionen von Frauen in Deutschland und insbesondere in Italien bedeutete dies, dass die erste wirkliche Erfahrung mit der Moderne war, an uniformierten paramilitärischen Aktivitäten in einer Jugendorganisation, an Hilfsarbeiten für die Armee oder an gemeinschaftlichen Freizeitaktivitäten teilzunehmen, die durch die nationalen Freizeitorganisationen Dopolavoro (zu Deutsch: Nach der Arbeit) oder Kraft durch Freude veranstaltet wurden.

Wichtige nationale Unterschiede sind jedoch in der faschistischen Genderpolitik leicht zu finden. Das zutiefst katholische soziale Umfeld des italienischen Faschismus und des spanischen Falangismus sorgte dafür, dass im Gegensatz zu NS-Deutschland in Italien und Spanien weder die negative Eugenik, die im Dritten Reich zur Sterilisation oder Liquidation von Frauen führte, die als körperlich oder geistig behindert galten, noch die Kategorisierung von Millionen von Frauen im besetzten Osteuropa und Russland als Exemplare eines untermenschlichen, rassisch unterlegenen Zweigs der Menschheit, der nur als Sklaven des Regimes überleben durfte, in Frage kam. Unter Mussolini und Franco konnte keine Rede davon sein, dass sich Frauen dem so genannten Mischling-Test unterziehen mussten, den ihre deutschen Pendants vor der Heirat machen mussten, um feststellen zu lassen, wie arisch ihr Blut sei. Zudem hätte es in einem (post-)katholischen Land keinen Versuch gegeben, der nationalsozialistischen Initiative *Lebensborn* zur Massenproduktion gesunder Babys aus guter arischer Abstammung nachzueifern, die darin bestand, menschliche Zuchtbetriebe einzurichten, in denen SS-Offiziere ihre genetischen Merkmale weitergeben konnten.

Im Ustascha-Staat während des Krieges war die Genderpolitik ebenso differenziert. Der Einfluss von Theorien, die aus osteuropäischen Strömungen der Eugenik, Rassenhygiene und pro-natalistischen demographischen Theorien entnommen waren, führten in Kombination mit vorherrschenden katholischen Annahmen zu einem anhaltenden „Doppeldenken" (diesmal im Orwellschen Sinne) in rassischen Fragen. Kroatische Frauen wurden ermutigt, in die häusliche Gemeinschaft zurückzukehren und ihre „natürliche" Funktion als Hausfrauen, Reproduzentinnen und moralische Hüterinnen der Rasse zu erfüllen. Die katholische Moral, verstärkt durch die auffällige Unterstützung einiger katholischer Kleriker für das Regime, verweigerte Frauen auch das Recht auf Abtreibung und hinderte die Ustascha daran, negative Eugenik anzuwenden, die verhindert hätte, dass kroatische Frauen, die als rassisch ungesund galten, sich fortpflanzten, ebenso wie sie Kroaten mit einer Erbkrankheit vor einer Euthanasiekampagne nach NS-Vorbild schützte. Im Gegensatz zum faschistischen Italien hatten die Milizen der Ustascha keine vergleichbaren Skrupel, das Schicksal ihrer „Feinde" aus säkularen rassischen Gründen zu bestimmen (Yeomans 2002). Infolgedessen wurden die Konzentrationslager der Ustascha zu abgegrenzten Gebieten des Mordens, um Kroatien von weiblichen und männlichen Serben, Juden und Zigeunern zu „reinigen", und zwar in einem Ausmaß, das, gemessen am Prozentsatz der getöteten Bevölkerung, der Endlösung der Nazis in Europa entsprach. Allein im größten Lager Jasenovac kam es zu über 80.000 Morden, die in einzelnen brutalen Handlungen ohne die Anonymität von Massenmorden in Gaskammern begangen wurden.

Wenn weitere faschistische Bewegungen an die Macht gekommen wären, hätte zweifellos jedes dieser Regime seine eigene Variante der ultranationalistischen Genderpolitik entwickelt. Nach ihrer Ideologie zu urteilen hätte nur eine Minderheit offiziell Kategorien von zu sterilisierenden oder zu ermordenden Frauen aufgestellt, und einige hätten möglicherweise die Emanzipation von Frauen innerhalb der Grenzen eines faschistischen Staates durch die Förderung eines aktiven Dienstes für die Nation auch nach der Heirat ermutigt. Man kann nur darüber spekulieren, wie viele der faschistischen Bewegungen, die einst auf die Rolle als kollaborative Marionetten des Dritten Reiches reduziert wurden, in der Praxis mit der Eliminierungspolitik der deutschen Nationalsozialisten gegenüber ihren angeblichen rassischen und genetischen Feinden, weiblich wie männlich, als Teil der Neuordnung Europas, zusammengearbeitet hätten.

Die Vielfalt der faschistischen Moderne

Das Ausmaß, in dem die einzelnen faschistischen Bewegungen die Ästhetik der kulturellen Moderne im herkömmlichen kunsthistorischen Sinne annahmen oder ablehnten, war ebenso sehr vielfältig. Im Gegensatz zum Dritten Reich, in dem die Goebbelssche Reichskulturkammer eine drakonische Zensur in allen Bereichen der Kulturproduktion durchsetzte, hatte der italienische Faschismus einen ineffizienten Propagandaapparat und setzte keinen offiziellen Stil des Regimes und keine ästhetische Zensur durch. Stattdessen setzte er auf das Prinzip des „hegemonialen Pluralismus", der alle künstlerischen Schöpfungen willkommen hieß, solange diese der durch die präsidialen Führungsqualitäten des *Duce* ermöglichten Wiedergeburt Italiens gewidmet oder mit dieser verbunden waren (Stone 1998).

Im Ergebnis waren wichtige Talente der Moderne wie Filippo Marinetti, Umberto Boccioni, Giuseppe Terragni, Adalberto Libera und Mario Sironi nur einige von Tausenden von hochkreativen Italienerinnen und Italienern, die freiwillig zu einem außergewöhnlichen Schwall an zeitgenössischer Malerei, Bildhauerei, Design, Fotografie, Mode, Kino, öffentlicher Kunst, Architektur und Stadtplanung, einschließlich der Planung von ganz neuen Städten, beitrugen – ganz zu schweigen von einer Fülle von avantgardistischer, Design- und bildender Kunstzeitschriften und wichtigen Kulturprojekten wie der *Enciclopedia italiana* (die viele Beiträge von Nicht-Faschisten enthielt). Damit verliehen sie indirekt einem Regime Legitimität, welches damit prahlte, dass es im Zuge des allumfassenden Erneuerungsprozesses eine kulturelle und intellektuelle Renaissance als weiterer Ausdruck des ewigen Genies Italiens einleitete.

Diese Stimmung der erneuerten nationalen Schöpfungskraft wurde proaktiv durch einen stetigen Strom an Wettbewerben, Ausstellungen und visionären öffentlichen Arbeiten, wie etwa dem neuen System der *autostrada* (Autobahn) und dem italienischen Hollywood *Cinecittà*, gefördert. In ihrer Verschmelzung des römischen Klassizismus mit dem Neoklassizismus der Neuen Sachlichkeit der 1930er Jahre verkörperte La Sapienza, die von Marcello Piacentini entworfene neue Universität Roms, das faschistische Ideal der „verwurzelten Moderne" (Griffin 2018), das an die heroischen Wertvorstellungen einer glorreichen Vergangenheit erinnerte (in diesem Fall an das antike Rom) und gleichzeitig die moderne Funktionalität vollständig aufnahm (Kallis 2014). Faschistische „neue Städte" wie Sabaudia, die im „litoralen" Stil der faschistischen Moderne auf Landflächen gebaut wurden, die aus Malaria-befallenen Sumpfgebieten gewonnen worden waren, verkörperten die Schaffung einer angeblich autarken Agrarwirtschaft in Verbindung mit

hochmoderner Planung, Technologie, Hygiene und Bevölkerungspolitik, die im „römischen" Geist der nationalen Erneuerung realisiert wurde, und produzierte Bilder eines wirtschaftlichen, ideologischen und ästhetischen Gleichgewichts zwischen Vergangenheit
und Gegenwart, die die faschistische Utopie kurzzeitig verbild-
lichte.

In Frankreich entstand nach 1918 eine produktive faschistische intellektuelle Kultur, die ihre Wurzeln in der Rebellion gegen
die Dekadenz des *Fin de Siècle* hatte. In der Praxis ging sie selten
über die erste, Proto- oder Präphase der Bewegung eines utopischen Ultranationalismus hinaus, und die einzige große Ausnahme, der Croix de Feu (zu Deutsch Feuerkreuzler), entsagte
schließlich der Revolution und entwickelte sich zu einer demokratischen Partei. Es unterstreicht jedoch die Vielfalt des faschistischen
kulturellen Denkens, dass viele der französischen ultranationalistischen Intellektuellen, die in den 1930er Jahren zu Bewunderern des
Dritten Reiches wurden, ihre Begeisterung für die modernistische
Ästhetik noch deutlicher als ihre italienischen Kollegen zum Ausdruck brachten. Sie sahen das Ethos des neuen Frankreichs nicht im
französischen Neoklassizismus skizziert, sondern in den Werken
von Persönlichkeiten wie dem symbolistischen Maler Maurice
Denis, den Architekten Le Corbusier und Auguste Perret, den Bild-
hauern Charles Despiau und Aristide Maillol, der „New Vision"-
Fotografin Germaine Krull und dem Fauvisten Maurice Vlaminck
(Antliff 2007). Noch überraschender ist vielleicht, dass eine Reihe
von rumänischen modernistischen Künstlern und Intellektuellen,
insbesondere Mircea Eliade und Emil Cioran, unbeirrt von ihrer
scheinbar atavistischen, rassischen und pseudotheologischen Mythologie zu Sympathisanten der rumänischen Eisernen Garde wurden (Bejan 2019).

Selbst das Verhältnis des Nationalsozialismus zur ästhetischen Moderne ist weitaus ambivalenter als allgemein angenommen wird. Jahrzehntelang wurde die Feindseligkeit des Dritten Reiches gegenüber den meisten experimentellen Stilen der Malerei,
versinnbildlicht durch die berüchtigte Ausstellung „Entartete
Kunst", die Schließung des Bauhauses (ein wichtiger Vorreiter der

modernistischen Architektur), die Verbrennung „dekadenter" Bücher und das Verbot von Jazz und atonaler Musik, als Zeichen dafür gewertet, dass der Faschismus als Gesamtes nicht nur anti-modern, sondern *anti-modernistisch* war. Eine Fraktion innerhalb der NS-Führung sah jedoch im (nicht-kommunistischen) deutschen Expressionismus einen faustischen Geist, der archetypisch arisch war. 1934 war Berlin sogar Gastgeber einer Ausstellung der italienischen *Aeropittura*, einem Zweig des Futurismus, die mit einer visionären Rede des erzexpressionistischen Dichters Gottfried Benn eröffnet wurde. Unterdessen feierte Goebbels Edvard Munch (den norwegischen Maler von *Der Schrei*) für seine Ausdrucksform des nordischen Geistes, und einige SS-Offiziere blieben (ebenso wie Goebbels) trotz offizieller Zensur leidenschaftliche Jazzfans. In der bildenden Kunst wurde der internationale rationalistische Baustil für Fabriken, Brücken, Kraftwerke und sogar einige städtische Gebäude verwendet, während das Design des Volkswagen so fortschrittlich war, dass er 2006 in der Ausstellung „Modernism: Designing a New World" des Victoria and Albert Museum gezeigt wurde. Noch überraschender ist vielleicht, dass Hitler selbst 1933 auf einer Kulturkonferenz über die Notwendigkeit sprach, dass Design einen „Funktionalismus kristalliner Klarheit" zeigen soll (Dyckhoff 2002).

Aus diesem Blickwinkel betrachtet wird deutlich, dass die Verwendung des Neoklassizismus für ikonische NS-Gebäude wie das Haus der deutschen Kunst oder den Flughafen Tempelhof nicht als antimodern, sondern als eigene revolutionäre Ästhetik des Nationalsozialismus zu betrachten ist. Diese stellt eine Mischung aus Altertum und Moderne dar, die wieder eine Form der für den generischen Faschismus typischen „verwurzelten Moderne" zu sein scheint (Griffin 2018). Ebenso kann das zeitaufwendige Ethos von Speers Projekt des Wiederaufbaus Berlins im „ewigen" Geist der „arischen" klassischen Antike im Sinne seiner paradoxerweise futuristischen Stoßrichtung hin zur nationalen Ewigkeit (Michaud 2004) als modernistisch verstanden werden.

Kurz gesagt ist es im revolutionären politischen Kontext des Faschismus der Zwischenkriegszeit wichtig, sich der faschistischen

Kultur nicht nur durch die vertraute Lupe der ästhetischen Kategorien der konventionellen Kunstgeschichte zu nähern. Sobald die
„Moderne" aus einer weitgefassten soziokulturellen oder anthropologischen Perspektive heraus betrachtet wird, bezieht sie sich
nicht nur auf stilistische Experimente, sondern ruft auch das Ethos
der beweglichen Strömung der Modernität mit einer lebensbeja-
henden und zukunftsweisenden Haltung hervor, die Peter Osborne
„die Affirmation der Zeitlichkeit des Neuen" nennt (Osborne 1995:
142). Es ist eine Antwort auf den dynamischen, kreativ-destrukti-
ven Aspekt des modernen Lebens, der vom Futurismus begeistert
aufgenommen wurde und mit der Ermahnung von Ezra Pound, einem Altmeister der Moderne und großen Propagandisten des italienischen Faschismus (Feldman 2013) einherging, „es neu zu machen" (Pound 1935). In diesem Sinne kann der Drang des Nationalsozialismus, das Kontinuum der Geschichte mit einem radikalen,
totalisierenden Experiment zur Schaffung einer neuen gesellschaftspolitischen Ordnung zu sprengen, als die eigentliche Inkarnation der Moderne angesehen werden (Fritzsche 1996). Auf ihre
unterschiedliche Weise sollten daher sowohl das faschistische Italien als auch das nationalsozialistische Deutschland möglicherweise als „modernistische Staaten" betrachtet werden (Griffin
2007), und das trotz ihrer sehr unterschiedlichen kulturellen Stile,
ihrer Regime der sozialen Kontrolle und ihrer Besessenheit von mythischen Vorfahren.

Die Vielfalt der faschistischen Wirtschaftspolitik

Bis auf die Einschätzung, dass die Wirtschaft die Wiedergeburt der
Ultra-Nation in der ersten Phase fördern und anschließend ihre neu
gewonnene Größe erhalten sollte, gab es auch für die Wirtschaft
kein einheitliches faschistisches Modell, was Versuche der Verall-
gemeinerung gefährlich macht (Baker 2006). Im Gegensatz zum
Bolschewismus wurde die Umwandlung des kapitalistischen Systems nicht als Voraussetzung für die Durchführung der Revolution
angesehen. Stattdessen sollte, wie aus Leni Riefenstahls Propagan-
dafilm *Der Triumph des Willens* ersichtlich wird, Voluntarismus offiziell der Hauptträber des Wandels sein, der revolutionäre

„Wille" der wiedergeborenen nationalen Gemeinschaft, der vom charismatischen Führer geweckt und orchestriert wurde und in heroische Aktivität, Kreativität, Produktivität und Innovation in allen Bereichen kanalisiert wurde. Natürlicherweise setzten beide Regime auf erhebliche staatliche Eingriffe beim Aufbau eines industriell-militärischen Komplexes, bei der Erreichung von Autarkie und der Einführung einer Kriegswirtschaft, damit ihre imperialistischen Ambitionen verwirklicht werden konnten. Hätten die Achsenmächte jedoch den Krieg gewonnen, kann man nur darüber spekulieren, was mit dem europäischen Kapitalismus geschehen wäre, obgleich die geheime Nutzung der Schweizer Banken als Teil der Kriegsanstrengungen (Lebor 1997) nahelegt, dass sich eine Art hybrides System totalitärer staatlicher Kontrolle in Zusammenarbeit mit internationalen Währungsinstitutionen hätte entwickeln können.

Es besteht kein Zweifel daran, dass für die radikalsten Faschisten das längerfristige Ziel darin bestand, die tiefgreifende soziale Ungleichheit und den zerspaltenden Individualismus, der durch den Kapitalismus und die Klassengesellschaft hervorgerufen wurde, durch eine nationale Gemeinschaft zu ersetzen. Deren Mitglieder sollten durch einen hochinterventionistischen Staat vor Ausbeutung und Entbehrung geschützt werden, der die Wirtschaft im Interesse der gesamten Nation verwaltete und als ethnisch oder kulturell homogener Organismus begriffen wurde. Dies stimmt überein mit Goebbels' Erklärung, dass die Nazis „Todfeinde des gegenwärtigen kapitalistischen ökonomischen Systems mit seiner Ausbeutung der ökonomisch Schwachen, mit seiner Ungerechtigkeit in der Vermögensverteilung" seien, und dass die Nazis entschlossen seien, „eine alte Welt zu stürzen und eine neue zu schaffen, zu zerstören, um Platz für eine neue Schöpfung bis zum letzten Stein zu schaffen" (Pellicani 2012).

Sowohl die palingenetischen als auch die völkermörderischen Implikationen dieser Vision und das Primat der Rassenpolitik vor der Wirtschaft (Mason [1966] 1972) wurden 1938 in einer Rede von Hitler dargelegt:

„Schöpfer dieser Wiedergeburt ist die Nationalsozialistische Arbeiterpartei... Sie musste Deutschland von allen Parasiten befreien, für die die Not des Vaterlandes und des Volkes eine Quelle der persönlichen Bereicherung war. Sie musste den ewigen Wert von Blut und Boden erkennen und diese auf die Ebene der geltenden Gesetze unseres Lebens erheben" (Hitler 1942: 242).

Was dies tatsächlich in der Praxis für die Wirtschaft der Neuordnung Europas bedeutet hätte, wenn der Krieg von den Achsenmächten gewonnen worden wäre, wird man nie klären können. Das Dritte Reich zeigte sich jedenfalls bestens darin vorbereitet, die Macht unabhängiger Finanzinstitute, der Privatwirtschaft, der Großunternehmen und der verarbeitenden Industrie zu nutzen, solange sie den Interessen der Nation dienten (Tooze 2006).

Die italienischen Faschisten agierten ähnlich pragmatisch und vermischten den Laissez-faire-Kapitalismus mit staatlicher Planung, Protektionismus und der Einmischung in den Wechselkursmechanismus, um *autarchia* zu erzielen. Im Gegensatz zum Dritten Reich unternahm das Regime jedoch einige institutionelle Schritte zur Entwicklung einer korporatistischen Alternative zum Kapitalismus, oder besser gesagt zur freien Marktwirtschaft, die eher in die von den Nationalisten vorgeschlagene Richtung ging als in die der Nationalsyndikalisten, obwohl diese Alternative in einem embryonalen Stadium blieb. In der Folge waren die wirtschaftlichen Schwächen des Faschismus und damit seine militärische Verwundbarkeit entscheidende Faktoren, um zu verhindern, dass Italien ein zuverlässiger Verbündeter NS-Deutschlands und ein Schwergewicht der Achse werden konnte.

Katholische, autoritäre und faschistische organische Theorien über korporatistische Staaten waren ein Merkmal des Europas der Zwischenkriegszeit (Costa Pinto 2017), aber das Modell, das von Alexander Raven Thomson in *The Coming Corporate State* (1935) vorgeschlagen und als offizielle Politik der British Union of Fascists (BUF) angenommen wurde, hätte eine andere Wirtschaft hervorgebracht als der Hybrid, der unter dem italienischen Faschismus entstand (Cerasi 2017). Einige Ideologen der Eisernen Garde hielten zwar grundsätzlich am Korporatismus fest, sahen ihn aber (im Gegensatz zu den italienischen Faschisten) als eine Strategie an, die erst *nach* der Durchführung der nationalen Revolution, welche die Nation von unerwünschten Elementen (vor allem Juden) reinigen würde, umgesetzt werden sollte (Moța 1933: 3; Platon 2012). Der deutsche Nationalsozialismus hingegen brachte eine sich stetig verändernde improvisierte Mischung aus Marktwirtschaft und staatlicher Planung auf einer Ad-hoc-Basis hervor, die in keinem der korporatistischen Modelle vorhergesehen war (Neumann 2017; Tooze 2006; Kershaw [1985] 2000: 47-69).

Was den deutschen Nationalsozialismus jedoch wirtschaftlich und moralisch von allen anderen Faschismen unterschied, war, dass seine rassistische Variante des Faschismus ihn dazu veranlasste, ein riesiges europäisches Imperium zu schaffen, das in zunehmendem Maße nicht nur von der landwirtschaftlichen und ökonomischen Produktion der eroberten Gebiete abhängig war, sondern bis zum Ende des Krieges auch von mindestens zwölf Millionen Zwangsarbeiterinnen und -arbeitern, oder auch Sklaven, die verschiedene Formen der Entmenschlichung, der Ausbeutung und körperlicher und psychischer Qualen ausgesetzt waren. Viele Tausende von ihnen verloren ihr Leben bei der Arbeit für kapitalistische Unternehmen in Fabriken, die in Konzentrationslagern gebaut worden waren, wie etwa das berühmte Buna-Werk in Auschwitz. Das empathische Paradigma legt jedoch nahe, dass es Träume von Deutschland als wiedergeborene Ultra-Nation waren, die diese Menschen versklavt hatten, und keine kapitalistischen Pläne der Gewinnsteigerung.

Die Vielfalt des Scheiterns des Faschismus

Ein grundlegendes Muster in der vergleichenden Forschung zur „faschistischen Epoche" sollte sich nun verdeutlichen. Egal welches Thema auch immer untersucht wird, auf der Oberfläche entsteht die Abbildung einer extremen Heterogenität von Phänomenen, die mit einer fundamentalen Homogenität koexistieren, die in den Fokus rückt, wenn sich die Aufmerksamkeit auf die generische Arbeitsdefinition oder die ideologische Matrix richtet, die (metaphorisch) die einzigartigen phänomenologischen Realitäten erzeugt.

Eine optische Darstellung für dieses Paradoxon wäre ein 3D-Linsenrasterposter (auch Lentikularposter genannt) mit zwei Bildern: Aus dem einen Blickwinkel wird ein einprägsamer visueller Moment aus der Geschichte einer bestimmten faschistischen Bewegung betrachtet und aus dem anderen Blickwinkel der Einband eines Buches über den generischen Faschismus (z.B. dieses Buches!), so dass der Betrachtende zwischen den beiden durch ein einfaches Ändern der Blickrichtung hin und her wechseln kann.

Die Matrix wurde im letzten Kapitel auf der Grundlage der methodischen Empathie als das Streben nach einer neuen Ultra-Nation gekennzeichnet, die phönixartig aus einer sich in der Krise befindenden liberalen Gesellschaft aufsteigt. Das Paradoxon, ein einzigartiges politisches oder historisches Phänomen wie den Holocaust gleichzeitig als Manifestation eines generischen Konzepts (in diesem Fall „Genozid" oder „Völkermord") zu betrachten, löste eine ausgedehnte Debatte darüber aus, ob der deutsche Nationalsozialismus „zu einzigartig" oder „extrem" gewesen sei, um als eine Form des Faschismus behandelt zu werden (Kershaw [1985] 2000: 20-46): Er war *sowohl* einzigartig *als auch Teil* einer (idealtypisch konstruierten) Gattung eines Phänomens namens „Faschismus". Tatsächlich würde jedes Thema innerhalb der Faschismusforschung, das komparativ untersucht wird, das gleiche Syndrom extremer Heterogenität/Besonderheit *und* Homogenität/Generizität offenbaren, unabhängig davon, ob es sich um die Beziehung des Faschismus zum Kapitalismus, Antisemitismus, zur etablierten Religion, politischen Religion und Ritualpolitik, zu Bevölkerungspolitik, Volkstraditionen und Volksbräuchen, Technokratie, Arbeit, Wohlfahrtsstaatlichkeit, Malerei, Ästhetik, Film, Sport, Architektur, Bildung, Massenorganisationen, Männlichkeit, Propaganda, sozialer Kontrolle, Recht und Rechtssystem, Zeit, Sprache oder einer Reihe anderer spezifischer Themen handelt. Roger Eatwell leistete einen wichtigen theoretischen Beitrag zum Verständnis darüber, wie Vielfalt und Homogenität in der vergleichenden Faschismusforschung in Einklang gebracht werden können, als er argumentierte, dass die gleiche Matrix von Kernidealen und Zielen in den verschiedenen Ansammlungen an Überzeugungen und Richtlinien einzelner Bewegungen, die in verschiedenen historischen Habitaten operierten, ausgedrückt werden können (Eatwell 1992, 2009).

Wie zuvor beschrieben, wurden sogar innerhalb derselben Bewegung radikal kontrastierende Positionen zu verschiedenen Grundsätzen innerhalb konkurrierender Fraktionen vertreten (Roberts 2000), und eine Untersuchung der Weltanschauungen der NS-Führung zeigte tiefe Spaltungen bei Schlüsselthemen wie dem Antisemitismus und der Rolle der Bauernschaft in der neuen Ordnung (Kroll 1999). Doch so verbittert die Streitigkeiten auch gewesen sein mögen, alle ideologischen oder politischen Unterschiede wurden im Allgemeinen innerhalb dessen aufgefasst, was *phänomenologisch* als die „gleiche" Bewegung (Platt 1980) verstanden wurde, die auf dem übergreifenden Mythos des kollektiven Fortschritts auf dem Weg zur bevorstehenden Wiedergeburt des Volkes in Form einer modernen Ultra-Nation basierte und dieser Zusammenhalt verlieh, regiert von einem durch die Vorsehung bestimmten Führer.

Eine zu enge Konzentration auf einzelne Themen birgt jedoch die Gefahr, einen weiteren der außerordentlichen generischen Wesenszüge des Faschismus als neue ideologische Kraft zwischen 1918 und 1945 aus den Augen zu verlieren, welcher wiederum sehr unterschiedliche Formen annahm, aber in diesem Fall erst offensichtlich wird, wenn die „faschistische Epoche" als Ganzes betrachtet wird: der Wesenszug des wiederholten Scheiterns als revolutionäre Form der Politik. Von den vielen faschistischen Bewegungen, die im Europa der Zwischenkriegszeit auftauchten, konnten nur eine Handvoll das erreichen, was Robert Paxton „das Wurzeln schlagen" nennt, also eine Phase, in der sie in das politische System des Landes integriert wurden, und nur zweien, dem italienischen Faschismus und dem deutschen Nationalsozialismus, gelang die „Übernahme der Macht" als neue Phase, in der sie ein anhaltendes Maß an autonomer Hegemonie über Staat und Gesellschaft in Friedenszeiten erreichten (Paxton 2006: Kap. 3-4). Die kroatische Ustascha übernahm trotz ihrer völkermörderischen Gewalt die Macht lediglich unter dem Deckmantel des Krieges, blieb letztlich jedoch von den Achsenmächten abhängig und zerfiel rasch mit deren Niederlage.

Was die gescheiterten Bewegungen betrifft, so war die rumänische Eiserne Garde tatsächlich zweimal an der Macht beteiligt, bevor sie unterdrückt und schließlich eliminiert wurde, während andere Bewegungen auf die Rolle als Marionettenregierung während der deutschen Besatzung in Frankreich, Belgien, den Niederlanden, Dänemark, Norwegen, Ungarn und dem republikanischen Italien reduziert wurden. In autoritären Regimen wurde der Rest entweder vernichtet (z.b. in Salazars Portugal), verboten (in Vargas' Brasilien) oder integriert (in Francos Spanien). In liberalen Demokratien wurden die Faschismen mit Ausnahme von Italien und Deutschland überall marginalisiert (Griffin 1991: Kap. 5). In Hinblick auf die endgültige Niederlage der Gründungsmächte der Achse trat der italienische Faschismus nach Paxton (2006: Kap. 6) in eine Phase der Entropie ein, in der er sich in einen traditionellen autoritären Staat zu verwandeln begann, während der sich verstärkende Radikalismus des deutschen Nationalsozialismus dazu führte, dass er sich mit seinen militärischen und imperialistischen Ambitionen überforderte und dadurch selbst in die Katastrophe führte.

Historikerinnen und Historiker untersuchten detailliert die bedingenden Faktoren, die dazu führten, dass sowohl das faschistische Italien (Deakin 1962; De Grand 1991) als auch das nationalsozialistische Deutschland (Kershaw 1999: Kap. 9-16; Evans 2004: Kap. 5-7) vom Weg abkamen und schließlich militärisch besiegt wurden. Die entscheidende Frage in diesem Zusammenhang ist, ob jedes Scheitern des Faschismus, ob als gescheiterte Bewegung oder als Regime, selbst kontingent war und somit kontrafaktisch hätte vermieden werden können. Oder war es stattdessen die individuelle Variante eines anderen grundlegenden Aspekts der faschistischen Matrix, der den Faschismus generell daran hinderte, den Staat überhaupt erst zu erobern, und, sollte er doch jemals die Macht ergreifen, *unweigerlich* seine Versuche zur Verwirklichung der eigenen ultranationalistischen Utopien verdammte, die Dystopie und Katastrophe hervorbrachten, auch wenn die genaue *Art und Weise, wie* ein faschistisches Regime scheiterte, kontingent blieb?

Wieder einmal kann dieses Buch nur an der Oberfläche einer derart komplexen Frage kratzen, aber es lassen sich eine Reihe von Faktoren hervorheben, die darauf hindeuten, dass der Faschismus unabhängig von der tiefgreifenden Kontingenz, die mit der Frage nach dem *Wie* verbunden ist, immer zum Scheitern verdammt ist. Der erste offensichtliche zu berücksichtigende Faktor ist die Notwendigkeit eines politischen Raumes (Linz 1980), damit eine faschistische Gruppe oder vielleicht zunächst die revolutionäre Fantasie eines einzelnen Individuums den Übergang zu einer Bewegung mit erheblicher populistischer Dynamik vollziehen kann. Da autoritäre Regime die Macht haben, Bedrohungen gegenüber ihrer Hegemonie gewaltsam aus dem Weg zu räumen, können nur liberale demokratische Regime, die eine tiefe Legitimitätskrise in einer Nation entstehen lassen, die eine existenzielle Bedrohung für ihr Überleben als Gesamtsystem darstellt, einer faschistischen Bewegung erlauben, mit demokratischen Mitteln die „Macht zu ergreifen". Im weitesten und sehr unterschiedlichen Sinne war dies die Situation, die Mussolini und Hitler ausnutzen konnten, obwohl beide zuvor die Drohung eines paramilitärischen Putsches mit sehr unterschiedlichen Ergebnissen angewandt hatten. Ein chronischer Mangel an politischem Raum besiegelte – vor und nach 1945 – das Schicksal der meisten faschistischen Bewegungen in ihrer Anfangsphase, und sorgte dafür, dass die Trauben des faschistischen Fanatismus schnell an der Weinrebe verwelkten. Tatsächlich ist ein wichtiger Faktor der Marginalisierung des Faschismus das Fehlen einer ausreichend tiefen und weit verbreiteten *subjektiven* Krise der Identifikation mit dem Status quo im Gros der Bevölkerung, so schwerwiegend die *objektiven* Krisenfaktoren auch sein mögen (für eine Fallstudie siehe Cronin 1996).

Was die beiden Regime anbelangt, die „an die Macht kamen", so verdammten mehrere generische Faktoren die faschistische und nationalsozialistische palingenetische Ultra-Nation dazu, eine außerordentlich kostspielige Fantasie für die Menschheit zu sein. Erstens sind faschistische Regime im Gegensatz zu autoritären und konservativen Regime für ihre Lebensfähigkeit auf eine konstante Dynamik und Erweiterung der nationalen und internationalen Macht angewiesen, die kein Staat aufrechterhalten kann. Zweitens werden territoriale Ambitionen immer zu Konflikten, Kriegen und kolonialen Besetzungen führen, die, wenn kein wesentlicher wirtschaftlicher Nutzen für den Kolonisator entsteht, nicht auf unbestimmte Zeit aufrechterhalten werden können, ohne das Land in den Ruin zu treiben (wie es beim italienischen Imperialismus der Fall gewesen wäre, wenn die Niederlage nicht interveniert hätte). Selbst wenn ein faschistisches Reich in der Lage ist, ein totalitäres Imperium zu gründen und es mit den gewaltsam beschlagnahmten Ressourcen seiner eroberten Feinde zu führen, wie es im Dritten Reich beabsichtigt war, unterliegt es dem von Paul Kennedy (1987) identifizierten Gesetz vom „Aufstieg und Fall der großen Mächte", das besagt, dass dieses Vorgehen schlussendlich nicht nachhaltig ist und aus einer Kombination von wirtschaftlichen, sozialen, logistischen und militärischen Gründen scheitern wird. Darüber hinaus führte die nationalsozialistische Besessenheit vom rassischen Determinismus dazu, dass seine Anführer wohl kaum den Pragmatismus gezeigt hätten, aus Untertanen Bürger zu machen, was es dem römischen und mehrere europäischen kolonialen Imperien ermöglicht hatte, sich so lange aufrechtzuerhalten.

Lange vor dem unaufhaltsamen Zerfall des Dritten Reiches wären seine Machtbasis und sein innerer Zusammenhalt der großen Schwachstelle des Faschismus der Zwischenkriegszeit als System der Staatsmacht zum Opfer gefallen, nämlich seiner Abhängigkeit von einem charismatischen Führer, der *per Definition* durch keinen Mechanismus der Nachfolge ersetzt werden kann, es sei denn, es wird eine Familiendynastie gegründet. Dies war ein blinder Fleck, der von Mussolini und Hitler sorgsam ignoriert wurde. Es waren aber tiefere Faktoren, die selbst das mächtigste faschistische Regime der Geschichte dazu verdammten, kaum etwas mehr als zwölf Jahre seines verkündeten Jahrtausends der Macht zu bestehen: Sowohl totalitäre Regime als auch ihre versuchten totalistischen Revolutionen basierten auf der Möglichkeit von utopischem *Social Engineering* und zerschellten am Felsen der menschlichen Natur und gingen daran unter. Der Mensch ist mit einem wandelbaren (proteischen) Selbst ausgestattet (Lifton 1993), welches weder auf unbestimmte Zeit in eine Ideologie umgewandelt noch dauerhaft auf eine gefügige Einheit im System der von der Hybris getriebenen

Fantasten reduziert werden kann, egal wie viel Leid ihm zugefügt und wie viel Grausamkeit von ihren Handlangern angewendet wird. Der Terrorstaat ist also immer ein Zerrbild und eine Perversion der revolutionären und totalitären Utopie, die in seiner eigenen Propaganda verkündet wird, und der Versuch, seine Utopie mit Zwang und Gewalt zu verwirklichen, ist ein groteskes Versagen von Führung und politischer Intelligenz. Die anthropologischen und temporären Revolutionen, die von der faschistischen palingenetischen Fantasie hervorgebracht werden, werden immer Totgeburten sein.

Dieses Kapitel hat hoffentlich zeigen können, dass es für die Erforschung und Interpretation des großen Abschnitts der modernen Geschichte, der unter dem Begriff „Faschismus" subsumiert wird, von entscheidender Bedeutung ist, mehr als „eine verdammte Sache nach der anderen" darzustellen – oder, wie Millionen von Nicht-Faschisten und Opfer es tatsächlich erleben mussten, eine schreckliche Sache nach der anderen. Stattdessen ist es unerlässlich, dass Historikerinnen und Historiker auf ein kohärentes generisches Konzept zurückgreifen, das als so genanntes „interpretatives Raster" dienen kann, um den Faschismus von Nicht-Faschismen zu unterscheiden und sich in Ideen, Politik und Handlungen wiederholende Syndrome zu identifizieren. Ohne ein solches Raster gäbe es nichts was einem bei der Erforschung helfen könnte, und dabei zu entscheiden, welche Bewegungen und Regime als faschistisch einzustufen sind und wie bestimmtes Material zu Ereignissen in so vielen unterschiedlichen nationalen Geschichten zu verstehen ist. Ausgestattet mit diesem Raster beginnen sich unwillkürlich aus der scheinbaren Zufälligkeit und Kontingenz von Fakten narrative Muster, allgemeine Kausalfaktoren und interpretierende Bilder zu entwickeln. Solche Bilder ähneln den Formen, die auf mysteriöse Weise aus einem 3D-Stereogramm der Bücherreihe „Das Magische Auge" entstehen, wenn der scheinbar bedeutungslose abstrakte Wirbel von Details und Farben nicht angestarrt, sondern *durchstarrt wird*, um sich auf einen Punkt *hinter* dem Bild zu konzentrieren (Levine und Priester 2008). Die konzeptionelle Matrix, die im letzten Kapitel vorgeschlagen wurde, ermöglicht es, eine tiefgreifende Homogenität festzustellen, die unsichtbar für diejenigen bleibt, die darauf bestehen, dass Faschismusforscherinnen und -forscher sich an die Fakten halten und aufhören müssen, sich auf wilde Gänsejagden nach einer Definition einzulassen, und nicht weniger geheimnisvoll aus der Flut roher und scheinbar zufälliger Daten, die den Faschismus betreffen, hervorgeht.

Im nächsten Kapitel wird sich das Augenmerk darauf richten, zu zeigen, wie die gleiche Matrix des politischen Utopismus, die so viele einheitlich faschistische Bewegungen vor 1945 hervorgebracht hatte, sich auch in einer Fülle von sehr unterschiedlichen rechtsextremen Phänomenen verstetigte, die äußerlich sehr wenig mit dem Faschismus der Zwischenkriegszeit gemein zu haben scheinen. Obwohl der vielfältig auftretende Neofaschismus nicht mehr in der Lage ist, Hunderttausende von Menschen zu mobilisieren, ist er für Politikwissenschaftlerinnen und -wissenschaftler mehr als ein Objekt reiner Neugierde, da er weiterhin Hass verbreitet und in der Lage ist, gezielte Diskriminierungs- und Gewalttaten zu inspirieren, die außerhalb des Kontextes der ursprünglichen faschistischen Visionen einer neuen Ordnung, die aus dem Chaos des Europas der Zwischenkriegszeit hervorgehen sollte, wenig Sinn ergeben.

5 Neofaschismus: Entwicklung, Anpassung, Verwandlung

Der reduzierte politische Handlungsraum für Faschismus in der Nachkriegszeit

Den Fokus der vergleichenden Faschismusforschung von der Zwischenkriegszeit auf die Nachkriegszeit zu verlagern, bedeutet, in eine völlig veränderte historische Landschaft einzutreten. Zwischen 1945 und 1955 erlebte die internationale politische, soziale, wirtschaftliche und kulturelle Ordnung strukturelle Veränderungen, die nicht weniger tiefgreifend, rapide und unerwartet waren als diejenigen, die nach dem Ersten Weltkrieg die ursprünglichen Bedingungen schufen, unter denen der Faschismus unangekündigt und unerwartet die politische Bühne betreten konnte. Aber während der Faschismus in den 1930er Jahren, als sich die krisenhafte Lage der Welt verschärfte, in mehreren Ländern zu einem Anwärter auf die Staatsmacht wurde oder sich zumindest als solcher verhielt, erwiesen sich die Folgen der neuen Welle seismischer Umwälzungen, die sich bald nach dem Krieg rund um den Globus ausbreitete, als tödlich für den Faschismus als ernsthafte Alternative zur parlamentarischen Demokratie, zum konservativem Autoritarismus und zum Kommunismus.

Jenseits der ehemaligen Achsenmächte schränkte die schnelle Wiederherstellung von Liberalismus und Kapitalismus in West- und Nordeuropa, gleichzeitig mit der Entwicklung der USA und der UdSSR zu rivalisierenden Supermächten in einem potenziell katastrophalen Kalten Krieg, den politischen Raum für revolutionäre Formen des Nationalismus als populistische Bewegungen stark ein. Deren Rhetorik der nationalen und rassischen Erneuerung und Wiedergeburt war nun gänzlich in Verruf geraten. Mit Bezug auf T. E. Lawrences *Die sieben Säulen der Weisheit* nannte Kevin Coogan (1999) Francis Yockey, einen unermüdlichen Aktivisten und verdeckten Makler für ein internationales faschistisches

Imperium, welches aus der Asche des Krieges auferstehen sollte, einen gefährlichen *„Dreamer of the Day"*, also „Tagträumer" (Yockey 1948). Seit 1945 verbrachten unzählige tausende von obskuren „Tagträumern" über die ganze Welt verstreut ihr Leben damit, allein oder in kleinen Gruppen vergeblich zu versuchen, ihre aktualisierte Version einer faschistischen Utopie zu verbreiten, und ihre eigene Strategie, wie man in einem postfaschistischen Zeitalter ein Faschist sein kann, zu verfeinern, ebenso wie es bedeutendere reuelose „Überlebende" der faschistischen Ära wie Oswald Mosley (1968; Macklin 2007), Julius Evola (1953, 1961; Furlong 2011: Kap. 6), Maurice Bardèche (1961) oder Léon Degrelle (1969) taten. Diese Loyalität gegenüber der Sache musste aufrechterhalten werden angesichts der totalen militärischen Niederlage der Achsenmächte auf den Kriegsschauplätzen Europas und des Pazifiks, die insgesamt über 70 Millionen Menschenleben kostete, und der Enthüllung von Millionen von schrecklichen Verbrechen an Zivilisten als Folge von Unterdrückung, Verfolgung und Völkermord, die im Namen einer Neuordnung Europas und der Großostasiatischen Wohlstandssphäre begangen wurden. Obwohl das imperiale Japan technisch gesehen nicht faschistisch war, hatte es genügend Affinitäten für einen Beitritt zu den Achsenmächten im Jahr 1937 gegeben.

Seit Beginn des Kalten Krieges in den späten 1940er Jahren blies der Wind des historischen Wandels heftig gegen die extreme Rechte, was es umso schwieriger macht, die Flamme ihres anhaltenden Glaubens an eine ultranationalistische Wiedergeburt am Leben zu erhalten (die Flamme ist ein beliebtes faschistisches Symbol). So zuversichtlich jeder Faschist auch an den letztendlichen „Sieg" glauben mag, bleibt der revolutionäre Nationalismus seit dem Tod von Mussolini und Hitler doch in einer ewigen politischen Vorhölle gefangen, oder in dem, was Armin Mohler, einer der bedeutendsten neofaschistischen Intellektuellen, in seinem (für Faschisten) einflussreichen Werk *Die Konservative Revolution in Deutschland 1918-1932* (1950) „das Interregnum" nannte: selbst für die meisten Gläubigen musste die erwartete Palingenese auf unbestimmte Zeit verschoben werden (Griffin 2000a, 2000b). Plötzlich gestrandet in einem feindlichen Lebensraum waren Faschisten nun gezwungen, neue Organisationsarten zu entwickeln, nachdem das

Zeitalter der uniformierten Massenbewegungen für die revolutionäre Rechte vorbei war.

Auch wenn sich die westlich-liberale Demokratie nach der Niederlage der Achsenmächte nicht aller Widrigkeiten zum Trotz so schnell erholt hätte (Kershaw 2015), wäre eine drastische Rundumerneuerung des Faschismus (beurkundet mit dem Präfix „Neo-") in jedem Fall unvermeidlich gewesen, nachdem die Vision einer neuen Art faschistischer Ultrastaaten toxisch geworden war und die mit der NS-Variante des Faschismus verbundene Sprache von Rasse, Eugenik und Antisemitismus für die große Mehrheit mit abstoßenden Assoziationen konnotiert war. Dies galt insbesondere für die vielen Millionen Soldaten, die den Schrecken des Kampfes nicht nur gegen die Achsenmächte, sondern auch *für* diese erlebt hatten, aber auch für die vielen weiteren Zivilistinnen und Zivilisten (darunter viele Millionen deutsche Staatsangehörige), die direkt oder indirekt unter den Folgen der Militärkampagnen sowohl der Achsenmächte als auch der Alliierten gelitten hatten. Grausame Bilder von der Befreiung des Konzentrationslagers Belsen-Bergen und der Öfen von Auschwitz wurden für kommende Generationen in das kollektive historische Bewusstsein eingebrannt und machten den Antifaschismus für liberale Demokraten und die Linke im Westen zu einer Grundposition.

Der Versuch westlicher Idealisten, die Hegemonie des Humanismus wiederherzustellen, wurde durch die Veröffentlichung der ersten von vier Passagen zur „Rassenfrage" durch die im Jahr 1950 gegründete UNESCO symbolisiert. In der Präambel hieß es:

> „Der große furchtbare Krieg, der jetzt zu Ende ist, wurde nur möglich, weil die demokratischen Grundsätze der Würde, Gleichheit und gegenseitigen Achtung aller Menschen verleugnet wurden und an deren Stelle unter Ausnutzung von Unwissenheit und Vorurteilen die Lehre eines unterschiedlichen Wertes von Menschen und Rassen propagiert wurde (UNESCO [1950] 2001)."

Die faschistische Epoche war für immer vorbei, und die Vorzeichen für den Neofaschismus waren düster.

Die Kontroverse um den „Neofaschismus"

Wie bei jedem anderen Aspekt des Faschismus ist jedoch das Thema sowie die generelle Existenz eines „Neofaschismus", wie er hier dargestellt wird, umstritten. Für Lesende, die mit dem Thema nicht vertraut sind und sich beispielsweise im Rahmen eines Essays in diesen besonders komplexen Bereich der politischen Phänomene begeben, ist es daher besonders wichtig zu verstehen, wie die in diesem Kapitel gegebene Darstellung in die Gesamtthese und das „Narrativ" dieses Buches passt.

Aus dem bereits Geschriebenen geht hervor, dass der offensichtlichste Einwand, den man erwähnen muss, darin besteht, dass, indem man über den Faschismus in evolutionärer Hinsicht als eine Gattung spricht, die sich „anpasst" und „weiterentwickelt" und nach 1945 in eine neue Phase der Artenbildung eintritt, sein Status so durch einen verbalen Taschenspielertrick deutlich verändert wird. Anstatt einfach ein konzeptionelles Konstrukt zu sein, das aus einem Prozess der idealtypischen Abstraktion stammt, könnten Skeptiker nun behaupten, dass der Faschismus nun verdinglicht und, schlimmer noch, *biologisiert wird* und so zu einer Lebensform wird, die zu Zyklen von Krankheit und Gesundheit, von Überleben und Aussterben und zu evolutionärer Mutation in einem Diskurs fähig ist, der interessanterweise daran erinnert, wie die Faschisten die Nation als organisch erachtet hatten. Solche Vorwürfe sind jedoch leicht von der Hand zu weisen. Es wurde bereits darauf hingewiesen, dass Sprache eine eingebaute Tendenz zur Verdinglichung und Vermenschlichung inne hat, sobald ein generischer Begriff im akademischen Diskurs verwendet wird. Eine Geschichte des Kapitalismus, Sozialismus, Feudalismus, der Kriegsführung, Diktatur oder des Terrorismus kann nicht anders, als Sätze zu produzieren, die vermuten lassen, dass es sich um sich biologisch verhaltende Entitäten handelt: „wachsend", „fallend", „sich ausbreitend", „zurückweichend" usw. Glücklicherweise verdeutlicht der analytische Kontext, dass eine solche „Personifizierung" nichts Unheimlicheres ist als eine konzeptuelle Verkürzung. Wenn Richard Evans in seinem Vorwort von *The Coming of the Third Reich* vom „Aufstieg" und „Triumph" des Nationalsozialismus spricht (2004:

xxvii), wäre es daher absurd, ihm vorzuwerfen, den Nationalsozialismus als einen Organismus zu behandeln, der (in einer faschistischen Denkweise) mit einer eigenen überindividuellen Lebenskraft ausgestattet ist.

Die Leserinnen und Leser werden daher gebeten, sich an das zu erinnern, was in der Diskussion um Idealtypen in Kapitel 3 geschrieben wurde: „Als Idealtypus ist der generische Faschismus ein Konstrukt, eine leere konzeptuelle Hülle und führt von sich aus kein unabhängiges oder organisches Leben." Mit anderen Worten: Die personifizierten oder organischen Metaphern, die in diesem Kapitel über den Faschismus der Nachkriegszeit verwendet werden, sind genau das: Metaphern. Sie vermitteln das Narrativ der Entwicklung des Faschismus, welches durch die Herangehensweise auf Grundlage des empathischen Paradigmas entsteht. Sie sollten nicht durch die geistige Neigung zur Dramatisierung in eine belebte, überindividuelle „Kraft" verwandelt werden, wie beispielsweise die wirbelnden grünen und violetten Nebel von Neid und Boshaftigkeit, die Moskaus Unterschicht in Walt Disneys *Anastasia* (1997) zur Rebellion gegen die Romanows aufhetzen.

Ein substanziellerer Einwand könnte sein, dass das Thema „Neofaschismus" gleichwertig zum Faschismus der Zwischenkriegszeit kein eigenes Kapitel verdiene. Schließlich ignorieren einige Bücher, die sich angeblich mit dem generischen Faschismus befassen, das Thema der Nachkriegsentwicklung völlig (z.B. De Felice 1977; Carsten 1967) oder behandeln den Neofaschismus als eine Art Nachspiel zur Hauptgeschichte, welches einige interessante allgemeine Überlegungen über das Scheitern des Faschismus nach 1965 ermögliche (z.B. Payne 1995: 496-522; Mann 2004: 265-275; Paxton 2004: 172-205). Am anderen Ende der Skala wittern militante Marxisten den Faschismus typischerweise in jeder Form von organisiertem Rassismus, von Fremdenfeindlichkeit, Islamophobie oder Diskriminierung, wie z.B. in den Anti-Immigranten-Protesten, G8-Konferenzen und allen Formen des Anti-Linke-Autoritarismus, und schreiben ihn der latenten Tendenz des Kapitalismus zu, soziale Ausgrenzung und Diskriminierung zu züchten. Die Art und Weise, wie Journalistinnen und Journalisten sowie Politikerinnen und Politiker den Begriff „Faschismus" verbreiten, trägt auch nicht dazu bei, eine sachliche Atmosphäre für forensische Untersuchungen zu schaffen. So verwundert es nicht, dass einige Nicht-Marxisten, insbesondere James Gregor (2006), ihre Skepsis über den gesamten Begriff des Neofaschismus äußerten und den „Missbrauch der Sozialwissenschaft" bei seiner Weiterverwendung kritisierten. Selbst wohlwollende „liberale" Politikwissenschaftlerinnen und Politikwissenschaftler könnten mit der hier angebotenen Klassifizierung möglicherweise nicht einverstanden sein und wünschen sich die Aufnahme von „Rechtspopulismus" und Dschihadismus in ihren Anwendungsbereich. Sie würden jedoch vielleicht die Neue Europäische Rechte und den russischen Eurasismus ausschließen, da diese nicht offen für Gewalt plädieren, oder sie würden die White Noise Music und den Punk-Rassismus als eher theatralisch denn als politisch motiviert abtun, obwohl es, wie später argumentiert wird, Gründe gibt, sowohl die Ablehnung liberal-demokratischer Werte als auch den Ausdruck des politischen Utopismus, der durch palingenetische ultranationalistische Fantasie geprägt wird, ernst zu nehmen.

Im gegenwärtigen Kontext muss „Faschismus" sorgfältig vom „Populismus" unterschieden werden, da seine angeblich wachsende Bedrohung für die Demokratie oft als Zeichen der Ausbreitung des Faschismus angesehen wird. Sogar meine eigene Definition spricht von einem „populistischen Ultranationalismus". Es ist daher zu betonen, dass in der akademischen Analyse und im ordentlich recherchierten Journalismus der Populismus, genauer gesagt die „populistische radikale Rechte", im Allgemeinen dazu benutzt wird, eine illiberale, aber demokratische und *nicht revolutionäre* Form der Politik zu kennzeichnen, die von einem weit verbreiteten (und damit populären) Misstrauen gegenüber den herrschenden politischen und wirtschaftlichen Eliten im In- und Ausland angetrieben wird. Dieses Misstrauen wird noch verstärkt durch die Sorge um die Auswirkungen auf die nationale Identität und Souveränität durch Folgen der Globalisierung wie etwa Multikulturalismus, internationalem Handel, Export von Arbeitsplätzen in der Produktion und Masseneinwanderung (Moffitt 2016).

Eine umfassende Analyse von David Goodhart (2017) legt nahe, dass die treibende Kraft des Populismus nicht die faschistische Sehnsucht nach einer Ultra-Nation ist. Stattdessen ist es Anomie, also das Gefühl einer vagen existentiellen Bedrohung durch die Moderne, das Gefühl, fremd im eigenen Land zu sein, die Sehnsucht, Wurzeln und eine Identiät an einem bestimmten Ort („Somewhere") zu haben, und nicht in einer neuen Welt des revolutionären Imaginären leben zu müssen. Diese „Somewhere"-Menschen wollen sicherstellen, dass die Demokratie ihrer Nation und die von ihr garantierten Menschenrechte nur für die „heimische" Ethnie gelten (eine Form des „ethnokratischen Liberalismus") und dass die nationale Kultur nicht durch „fremde" Einflüsse verunreinigt wird. Daher bewohnen sie ein anderes phänomenologisches Universum als Individuen, die sich überall Zuhause fühlen („Anywhere"-Menschen), die sich in einer wurzellosen, zentrumslosen postmodernen Welt des Multikulturalismus, der Auslandsgeschäftsreisen, der Übergangsräume von Flughäfen, der exotischen Restaurants und der Konferenzhotels wohlfühlen, wie sie im Film *Up in the Air* (2009) dargestellt werden. Solche „Anywhere"-Menschen mögen die demographische Minderheit sein, bilden aber eine Mehrheit innerhalb der politischen, bildungspolitischen, fachlichen und wirtschaftlichen Eliten. Dieser Argumentation folgend ist der Populismus sowohl ideologisch als auch psychologisch vom Faschismus zu unterscheiden, was nicht heißt, dass nicht einige rechtspopulistische Parteien in Europa Stimmen von „genuinen" Faschisten erhalten. Verwendet man die rechtliche Unterscheidung der deutschen Verfassungsschutzbehörden, so ist der Rechtspopulismus „radikal" und somit legal, im Gegensatz zum Faschismus, der „extrem" und folglich illegal ist.[28]

Wenn man von der Idee ausgeht, dass der Neofaschismus nur eine Fußnote des Faschismus der Zwischenkriegszeit darstellt, vor

---

[28] Anm. des Übersetzers: Siehe hierzu etwa das Online-Glossar zum Thema Extremismus/Radikalismus des deutschen Bundesamts für Verfassungsschutz: https://www.verfassungsschutz.de/de/service/glossar/extremismus-radikalismus.

allem wenn dieser in erster Linie durch einen charismatischen Führer, eine Partei der Milizen, uniformierte Paramilitärs, rituelle Politik, territorialen Expansionismus und virulenten Antikommunis-
mus definiert wird, so verdient diese Idee tatsächlich kaum Aufmerksamkeit. Die in diesem Buch vertretene Position ist jedoch zunächst, dass es nach dem Angebot einer Definition, die dem Faschismus in seiner „Epoche" als Mythos der ultranationalistischen
Wiedergeburt einen Sinn gibt, wichtig ist, aus mehreren Gründen
eine Idee anzubieten, wie man die Geschichte des revolutionären
Nationalismus bis in die Nachkriegszeit weiterverfolgen kann. Erstens gibt es die legitime menschliche Neugierde zu wissen, was aus
einer so starken Zerstörungskraft und aus der kalkulierten Unmenschlichkeit, besonders in ihrer nationalsozialistischen und kroatischen Erscheinungsform, nach 1945 geworden ist. Zweitens besteht sicherlich eine gewisse berufliche Verantwortung seitens der
Faschismusexpertinnen und -experten, *forensisch* seine strukturellen Verbindungen zu anderen jüngeren Formen des Rechtsextremismus darzustellen. Dazu gehören insbesondere Verbindungen
zum extremistischen ethnischen Separatismus, wie er sich in den
Balkankriegen in verschiedenen ethnisch, kulturell oder religiös inspirierten terroristischen Handlungen, Kampagnen und Kriegen
manifestierte – ebenso wie in den Handlungen, die von „Einsamen
Wölfen" (englisch *lone wolf*, sprich Einzeltätern) wie Timothy
McVeigh und Anders Breivik begangen wurden.

Drittens ist es im Kontext der Bestrebungen der Europäischen
Union, eine harmonische multikulturelle internationale Gesellschaft zu gewährleisten, wichtig, dass Expertinnen und Experten
die Bedrohungen gegenüber der Demokratie durch zeitgenössische
rechtsextreme Bewegungen verstehen und bewerten können.
Hierzu gehören die ungarische Jobbik, die griechische Goldene
Morgenröte und die Volkspartei Unsere Slowakei (LSNS), die allesamt, wie gezeigt werden wird, starke neofaschistische Elemente
aufweisen oder aufwiesen. Dies könnte auch nützlich sein, falls das
Fachwissen der Faschismusexperten von den Medien und Staats-
bediensteten angefragt werden würde, um die von einigen Diplo-

maten bei territorialen Streitigkeiten gegenseitig erhobene historisch sinnfreien Anschuldigungen des „Faschismus" zu dekonstru-
ieren.

Viertens ist es nur auf der Grundlage von tiefem historischer
Wissen und sorgfältiger wissenschaftlicher Analyse (die kollabora-
tiv sein muss) möglich, die Entwicklung des Faschismus in seinen
verschiedenen Formen nachzuverfolgen, seine Genealogie und
Netzwerke zu rekonstruieren und sachkundige – *empirisch fundierte
und konzeptionell kohärente* – Bewertungen dazu anzubieten, ob Aussichten bestehen, dass etwas, das dem Faschismus der Zwischenkriegszeit ähnelt (wenn auch in anderer Gestalt), als virulente Kraft
in einzelnen Ländern oder sogar als internationales Übel zurück-
kehren kann. Leider sind dies keine Qualitäten, die in den meisten
Zeitungsartikeln, Blogeinträgen, Dokumentationen, Büchern oder
Äußerungen von Politikerinnen und Politiker vorzufinden sind,
die in den letzten fünf Jahrzehnten veröffentlicht wurden und vor
dem bevorstehenden Wiederaufleben des Faschismus warnten
(z.B. Eisenberg 1967; Goslan 1998; Lee 1999; Albright 2018).

Schlussendlich ist es ebenso wichtig den Neofaschismus zu
verstehen, um über strukturelle Verbindungen zwischen ihm und
dem „Krieg gegen den Westen" des politischen Islam und dem
Dschihadismus im Allgemeinen – manchmal irreführend als „Islamfaschismus" bezeichnet – aufzuklären. Das Schlüsselargument
dieser Analyse ist, dass der Faschismus, selbst wenn er stark rituell
und kultisch auftritt, nicht über die Sakralisierung extrem nationalistischer und rassistischer Politik hinausgehen kann, die beide ihre
Wurzeln in der sich schnell säkularisierenden Gesellschaft Europas
des 19. Jahrhunderts haben. Er bleibt also eine säkulare Kraft und
unterscheidet sich damit vom islamistischen Terrorismus, der eine
extreme Form der *Politisierung und Säkularisierung einer Religion* repräsentiert, die auf die Ursprünge des Islam selbst zurückgeführt
werden können. Die Tatsache, dass einige Neonazis wie Ahmed
Huber und David Myatt vom Erfolg der islamistischen Angriffe auf
den Westen seit dem 11. September 2001 so beeindruckt waren,
dass sie zum Islam konvertierten und muslimische Namen annahmen (Michael 2006), impliziert keine grundlegende Affinität zwi-

schen den beiden Glaubensrichtungen (außer vielleicht der Sehnsucht nach einem totalen, transzendenten Glauben und nach existentiellem Halt).

Das Scheitern des Neofaschismus als populistische revolutionäre Kraft

Die Stärke der populistischen Rechten in den USA und in Europa seit den 1980er Jahren, in einer Zeit, in der der revolutionäre Ultranationalismus als Anwärter auf die Staatsmacht so hartnäckig marginalisiert blieb, zeigt ein zentrales Paradoxon in der jüngsten Geschichte des Faschismus. Er versäumte es in Europa und den USA eine bedeutende populäre Zugkraft zu entwickeln, was ihn dazu verurteilte, in all seinen Erscheinungsformen in einer verkümmerten „Vorbewegungsphase" der Entwicklung auszuharren, was sein Bestreben betrifft, einen transformativen Einfluss auf die Geschichte zu nehmen. Seit 1945 hat sich diese revolutionäre Impotenz durchgesetzt, obwohl ein Überangebot an Bedingungen und Faktoren bestand, die theoretisch zu einem allgegenwärtigen Gefühl des Zerfalls und der existentiellen Bedrohung nationaler zivilisatorischer oder rassischer, kollektiver Identitäten hätten führen können, und daher zum Glauben, dass die Etablierung einer gesunden Ultra-Nation der einzige Weg sei, diese Probleme zu lösen. Dazu gehören die Weltwirtschaftskrise 2007/08 und ihre langfristigen Auswirkungen, insbesondere die hohe Jugendarbeitslosigkeit in den meisten westlichen Ländern, die Jugendlichen wenig Aussicht auf Arbeit oder materielle Sicherheit gibt. Dies zu einer Zeit, in der die Ausbreitung des Konsumismus, die Globalisierung einer amerikanisierten Kultur und die „Religion" des Materialismus weiterhin an Boden gewinnt und die Säkularisierung voranschreitet. Zusätzlich gibt es eine weit verbreitete Krise der persönlichen Identität und Sinngebung, die zu einer Epidemie der Abhängigkeit in vielen Formen führt. Ein Symptom dessen ist die Verbreitung einer immer tödlicheren Drogen- und Alkoholkultur in der Jugend der Welt. All dies wird vor dem Hintergrund der großen strukturellen Herausforderungen an die traditionelle nationale und kulturelle Homogenität ausgelebt.

Besonders markant ist die sichtbar wachsende Stärke des Islam in vielen (ehemals) christlich europäisierten Ländern, während erschütternde sozioökonomische und humanitäre Krisen in vielen Ländern Asiens, des Nahen Ostens, Zentralafrikas und Lateinamerikas, die oft durch die Auswirkungen von Kriegen verschärft werden, dazu führen, dass Millionen von Menschen versuchen als Wirtschaftsmigranten oder politische Flüchtlinge nach Europa und in die USA zu kommen. Der chronische Niedergang der Industrie- und Produktionswirtschaft in Europa und in den USA vor dem Hintergrund des Aufstiegs Chinas als wirtschaftliche Supermacht, die Aussicht auf einen zweiten Kalten Krieg mit Russland, die Freiheit von Millionen aus (derzeit) 27 Nationalitäten innerhalb der Europäischen Union arbeiten zu können, die zunehmenden Belege für eine ökologische und demographische Krise, die enorme Kluft zwischen kapitalistischen und herrschenden Eliten und den einfachen Menschen ... Die Lesenden können die Liste selbst erweitern.[29] Selbst die in Augen von Liberalen positiven Entwicklungen wie die Emanzipation der LGBT-Community, die wachsende multikulturellen Toleranz und die Arbeit der NGOs zur Entwicklung einer gerechteren globalen Gesellschaft werden von einigen im rechten Spektrum als Symptome der wachsenden moralischen Dekadenz erachtet.

Doch trotz dieser Fülle von Faktoren, die die Faschisten der Zwischenkriegszeit als Beweis für eine Zivilisation in der Krise interpretiert hätten, bleibt der Neofaschismus, mit Ausnahme der drei in Ungarn, Griechenland und der Slowakei vorübergehend etablierten faschistischen parteipolitischen Bewegungen, weitgehend auf eine marginalisierte Subkultur in den jeweiligen Gesellschaften beschränkt. Diese reduziert sich darauf, Demonstrationen abzuhalten, konstante Propagandakampagnen durchzuführen und sporadisch tätliche Angriffe auf „dämonisierte Andere" auszuüben

---

[29]   Auch die globale COVID-19-Pandemie, die bei der Übersetzung und Drucklegung dieses Buches noch in vollem Gange ist, könnte für Neofaschisten zu einer weiteren potenziellen Quelle globaler Existenzängste und der Anomie werden, ganz zu schweigen von den massiven wirtschaftlichen Folgen der Corona-Krise.

– obschon die verheerenden und manchmal tödlichen Auswirkungen einer solchen Aggression gegenüber Einzelpersonen und Zielgruppen nicht kleingeredet werden sollen. Die offensichtlichen Darstellungen von revolutionärer nationalistischer Leidenschaft ist im Westen so tabu, dass selbst islamfeindliche oder anti-islamistische Bewegungen wie die English Defence League (auf Deutsch Englische Verteidigungsliga, EDL), Stop Islamisation of Europe (SIOE) oder Pegida (vom Akronym für „Patriotische Europäer gegen die Islamisierung des Abendlandes") sich in gewisser Weise vom Neonazismus distanzieren. Dies hat zur Folge, dass diese Bewegungen in der Praxis als aktivistische Fraktionen rechtsradikaler populistischer Parteien wie der französischen Rassemblement National (deutsch Nationale Sammlungsbewegung, RN) und der Alternative für Deutschland (AfD) agieren und keine Symptome des „Aufstiegs des Faschismus" sind (auch wenn die radikale Linke dieser Kategorisierung widersprechen würde).

Es gibt jedoch eine wichtige Einschränkung meines Beharrens darauf, dass rechtspopulistische Parteien (Volksparteien) nicht als faschistisch einzustufen sind. Der schwammige Charakter des populistischen Nationalismus und der Protestparteien im Allgemeinen bedeutet, dass sie, mehr noch als die etablierten politischen Parteien, keinen genauen „Punkt" im Links-Rechts-Spektrum der politischen Positionen besetzen. Stattdessen befinden sie sich auf einem breiten Abschnitt, der sich von demokratisch vertretbaren Positionen zur Einwanderung und zur EU (ein „demokratischer" Populismus wie jener der Brexit-Partei und Nigel Farages ursprünglicher UKIP) über die klassische populistische Ablehnung des Multikulturalismus und das Einbeziehen der Islamophobie (ein radikaler Rechtspopulismus, wie er im früherem Front National, in der neuen UKIP und bei Pegida vorzufinden ist), bis hin zur offen faschistischen/neonazistischen Ablehnung des demokratischen „Systems" erstreckt, der oft euphemistisch in Form der Identitätspolitik der Neuen Rechten ausgedrückt wird (davon später mehr). Der Front National (heute Rassemblement National) ist ein klassisches Beispiel für diese breit angelegte populistische Rechte. Ein weiteres Beispiel ist der „Trumpismus". Bereits Donald Trumps eigene Politik und seine rhetorischen Ausschweifungen in Bezug auf die Einwanderung und den Islam gehen über Äußerungen konservativer Republikaner hinaus in Richtung eines rechtsradikalen, offen fremdenfeindlichen Teils der Skala. Eine Minderheit seiner Unterstützer geht aber deutlich über den Rechtspopulismus hinaus und bewegt sich auf dem neofaschistischen Territorium der Alt-Right-Bewegung. (Im Falle des republikanischen Senators Steve King und des politischen Strategen Stephen Bannon geschieht dies gar auf höchster Ebene).

Hybride populistische Parteien mit neofaschistischen Elementen findet man in der Tschechischen Republik, in der Slowakei, in Polen, Österreich und in der Ukraine. Im Falle der AfD wird der durch den identitären Diskurs verschleierte „faschistische Populismus" innerhalb des Spektrums durch die von Björn Höcke geführte Fraktion (bekannt als „der Flügel") repräsentiert, wie aus der gründlichen Analyse von Andreas Kemper (2016) eindeutig hervorgeht. Dennoch argumentiere ich weiterhin, dass der wachsende Erfolg und Einfluss der AfD auf die deutsche Politik bei der Drucklegung dieses Buches nicht als Symptom für den Aufstieg des Faschismus als solchen zu verstehen ist. Vielmehr ist er ein signifikantes Beispiel für eine hybride, breit angelegte Form des Populismus, die von zum harten Kern gehörenden Faschisten, in diesem Fall eine kleine Fraktion der Neuen Rechten mit Verbindungen zum Neonazismus, ausgenutzt wird. Dieser rechte „Entrismus"[30] kann als weitere Strategie zur Lebenserhaltung der faschistischen Utopie in einer Ära betrachtet werden, die fundamental feindselig gegenüber dem revolutionären Nationalismus ist.

Außerhalb der Kreise des euphemistischen, salonfähigen faschistischen Neusprech[31] existiert jedoch in vielen Teilen der euro-

---

[30] Anm. des Übersetzers: Der Begriff „Entrismus" bezieht sich ursprünglich auf eine Taktik von kommunistischen bzw. trotzkistischen Bewegungen zur Unterwanderung von Organisationen wie etwa Parteien der Arbeiterbewegung mit dem Ziel, den Kurs der übernommenen Organisationen zu verändern oder, einem Verbot entgehend, legal politisch aktiv bleiben zu können.

[31] Neusprech (englisch Newspeak) war George Orwells Bezeichnung für die offizielle Sprache des Staatstotalitarismus in seinem dystopischen Roman 1984 und

päisierten Welt weiterhin ein harter Kern an unverschleierten, eindeutigen Neofaschisten, die sich offen nostalgisch über die Nazi-Ära äußern und aktiv an einem rhetorischen und manchmal gewalttätigen Kampf gegen den „Genozid" an ihrer Nation durch Massenmigration, Multikulturalismus und Islamisierung und den Verlust der nationalen Souveränität an supranationale Institutionen wie die Europäische Union und die Vereinten Nationen beteiligt sind. Die Organisation des ersten „Hass-Rock-Festivals" durch Tom Metzger im Jahr 1988, an dem einige hundert weiße Rassisten teilnahmen, und auch das Rechtsrock-Festival „Rock gegen Überfremdung" 2017 in Thüringen, welches rund 6.000 Hardcore-Neonazis anzog, die ihre Wut über die „ethnische Notlage" Deutschlands teilen wollten, sollten jedoch aus einer umfassenderen Perspektive betrachtet werden. Selbst wenn die teilweise weiße suprematistische „Alt-Right-Bewegung" mit ihrer Unterstützung für Trump 2016 einen medialen Erfolg landete und 2017 den deutschen Behörden etwa 12.000 gewaltbereite Rechtsextremisten bekannt waren, sollten solche Zahlen damit kontrastiert werden, dass 1925 über 50.000 Ku-Klux-Klan-Mitglieder in Washington aufmarschierten (Roberts 2012) und dass im Januar 1932 die nationalsozialistische paramilitärische Kampforganisation Sturmabteilung (SA) 400.000 Mitglieder hatte. Noch aufschlussreicher ist, dass in Deutschland über 100.000 Menschen *gegen* eine Pegida-Demonstration mit 20.000 Menschen demonstrierten (Huggler 2015).

Die Filme der Bewegung „Die Unsterblichen" von stillen Fackelumzügen durch deutsche Städte, deren Teilnehmer identische, ausdruckslose Theatermasken trugen, gingen 2012 in den Sozialen Medien viral und erinnerten absichtlich an Szenen der Dokumentation *Der Triumph des Willens*. Die visuelle Suggestion, dass der Nationalsozialismus eine schlummernde Kraft ist, die im Begriff sei, Deutschland vor den Bedrohungen seiner Kultur zu schützen, war ein starker öffentlichkeitswirksamer Werbeauftritt, die jedoch eine bereits tote Sache bewarb: die Bundesrepublik verbot die Bewegung einfach. Der Kontrast zur Weimarer Republik könnte nicht

---

wird durch Euphemismus, Umschreibungen und die Umkehrung gewohnter Bedeutungen gekennzeichnet.

bildlicher sein. Der rasche Aufstieg und der ebenso rasche Fall von „Die Unsterblichen" sind im Vergleich zur Zwischenkriegszeit sinnbildlich für die akute Marginalisierung und strukturelle Schwäche des Neofaschismus als eine Kraft in der heutigen Weltpolitik. Das systematische Scheitern des Neofaschismus als „Bewegung", geschweige denn als politische Partei, ist zumindest im Vergleich zu Weimar in den Jahren 1929-1933 weitgehend auf die bemerkenswerte Abwesenheit eines allgemeinen subjektiven Gefühls einer existenziellen Krise der Nation und der modernen liberalen Zivilisation zurückzuführen, die tiefgreifend genug ist, um ausreichend politischen Raum für radikale Alternativen zu schaffen, die auf Mythen der nationalen, rassischen und kulturellen Homogenität und Erneuerung basieren. Der geringe, möglicherweise hierfür zur Verfügung stehende Raum wurde entweder durch radikalen und extremen Rechtspopulismus ausgefüllt oder durch den Eingriff in den öffentlichen Raum durch den privaten und virtuellen Raum, der das moderne Leben effektiv entpolitisiert.

Eine umfassende Internetrecherche zum Thema Neofaschismus könnte dem Beharren auf seiner Machtlosigkeit widersprechen, selbst wenn Populismus und Islamismus aus der Gleichung gestrichen werden. Es könnte schnell der Eindruck erweckt werden, dass der Neofaschismus tatsächlich eine außerordentliche Widerstandsfähigkeit bewiesen hat, um die Niederlage der Achsenmächte um mehr als siebzig Jahre überlebt zu haben – also sechsmal so lange wie das Dritte Reich überhaupt existierte. Dies führte auf der ganzen Welt zur Verbreitung von Parteien, Bewegungen und Gruppen und generierte tausende auffindbare Überschriften und Namen im World Wide Web, die sich auf Einzelpersonen und Gruppen beziehen, die gemeinsam eine permanente, sich größtenteils der Verfolgung entziehende Subkultur des Rechtsextremismus bilden. Die scheinbare Vielfalt neofaschistischer Phänomene ist jedoch eigentlich ein Zeichen der fortgeschrittenen Fragmentierung (bzw. Disaggregation)[32] und Machtlosigkeit im Vergleich zur „Ära

---

32   Griffin (2020) führt das Konzept der „Disaggregation" ein, um zu erklären, wie die umfangreichen Zusammenballungen verschiedener Varianten des Faschismus, die zu Zeiten des italienischen Faschismus und des Nationalsozialismus

des Faschismus", als ein Bündnis von nur zwei seiner Varianten, der italienische Faschismus und der deutsche Nationalsozialismus, die Hegemonie der liberalen Demokratie und des sowjetischen Kommunismus schwer bedrohte und die Welt für fünf Jahre in einen Krieg stürzte.

Die schiere Anzahl unbedeutender neofaschistischer Parteien und Organisationen, die im Cyberspace präsent sind, erinnert eher an die Zersplitterung des winzigen und hoffnungslos ineffektiven jüdäischen Widerstands gegen die römische Besetzung, wie er in Monty Pythons *Das Leben des Brian* (1979) dargestellt wird. Die überwiegende Mehrheit der seit 1945 in vielen Teilen der Welt entstanden Gruppen, die palingenetische Fantasien der nationalen oder rassischen Erneuerung oft weit außerhalb der ursprünglichen Kernländer des Faschismus verfolgen, erreichten nur eine unbedeutende und flüchtige aktive Mitgliedschaft, erhielten geringfügige öffentliche Unterstützung und verschwanden spurlos (wenn auch nicht unbedingt ohne in der kurzen Zeit ihrer Existenz echte Einschüchterungen und Hassdelikte zu verüben). Eine Gruppe, die auf ihrer Website machtvoll und ehrgeizig klingt, stellt sich in der Regel als eine Handvoll von Enthusiasten mit einem defekten Realitätssinn heraus, die in Selbsttäuschung gefangen und ohne praktischen Einfluss sind, egal mit wie vielen Besuchern, geposteten Kommentaren oder „Likes" die Website im Zeitalter des Cyberfaschismus prahlen kann.

Symptomatisch für das systembedingte Scheitern des Neofaschismus als politisch effektive Massenbewegung waren die erfolglosen Versuche der Führer von Britain First Mitte der 2010er Jahre, ihre 500.000 Facebook-Likes in eine Massenbewegung umzuwandeln, um „ihr Land zurückzuholen". Die von ihnen durchgeführten Kundgebungen konnten lediglich ein paar hundert Anhänger aus Fleisch und Blut anziehen, die von den Gegendemonstranten und der Polizei weit übertroffen wurden. Ohne die kritische Masse an verkörperter und aktivistischer Unterstützung, die notwendig ist, um eine massenhafte palingenetische Erwartung auf eine weltliche

---

entstanden waren, seit 1945 in weitgehend isolierte splittergruppenhafte Phänomene zerfielen.

Retterfigur zu projizieren, die dann ihren Angriff auf das „System" leitet und koordiniert, kann es in der Nachkriegszeit keinen echten charismatischen Führer des Faschismus geben. Dies reduziert den Möchtegern-*Führer* auf einen Fantasten, einen Anführer ohne Anhänger, der für eine Bewegung verantwortlich ist, die sich nicht bewegt. Veranschaulicht wird dies in Daniel Ragussis' Spielfilm *Imperium* (2016), der die völlige Isolation und verzweifelte Fantasiepolitik der neonazistischen Gruppen in der Zeit nach 1945 darstellt. Dies zeigt sich in Organisationen, die durch ihre Webpräsenz eine starke Macht der Veränderung suggerieren können, aber tatsächlich lediglich eine Handvoll Mitglieder haben und oft mit wenigen Groschen finanziert werden.

Ein weiteres Symptom für das strukturelle Scheitern des Neofaschismus ist die Trennung in unterschiedliche Elemente einer Reihe von Komponenten, die aufgrund der schieren Größe und populistischen Energie der numerischen Unterstützung nach 1929 innerhalb der nationalsozialistischen Bewegung organisch zusammenwachsen hatten können. Die Führung, die Wählerschaft der Partei, ihr paramilitärischer Flügel, die Parteiideologen, ihre Propagandisten, ihre kulturellen Visionäre und Intellektuellen, ihre Schlägertruppen, Handlanger und Killer lösten sich im feindlichen Klima seit 1945 auf und begannen ein eigenständiges Leben. Zur Schaffung eines Überblicks über den Neofaschismus wird das Thema daher in einzelne Komponenten unterteilt werden, die man von den Arten der Zwischenkriegszeit nur als integrale Bestandteile der Bewegungen kennt. Danach wird sich die Aufmerksamkeit auf mehrere Varianten bzw. Permutationen des Neofaschismus richten, die in der Zwischenkriegszeit unvorstellbar waren und nun für sein Überleben förderlich sind.

Das Scheitern der faschistischen Nachkriegsparteien

Nach dem Krieg gab es in beiden europäischen Ländern, die die Achsenmächte gebildet hatten, Versuche, nationale „Parteien" zu gründen, die die nationale faschistische Sache innerhalb der neu wiedererschaffenen demokratischen Systeme aufrechterhalten sollten. Die Movimento Sociale Italiano (Italienische Sozialbewegung,

MSI) brachte ehemalige sogenannte „intransigenti" (unnachgie-
bige) *Repubblichini* aus dem Norden der antiklerikalen und antimo-
narchistischen Italienischen Sozialrepublik (RSI) (Quartermaine
2000) mit unbelehrbaren Faschisten aus dem Süden zusammen, die
immer noch nostalgisch gegenüber der ersten Inkarnation von
Mussolinis *ventennio* der zwei faschistischen Jahrzehnte waren.
Nachdem sie ihre revolutionären Lasten und die Rhetorik einer bevorstehenden Wiedergeburt Italiens abgelegt hatte, trat die MSI als
nach außen hin respektable Mitte-Rechts-Partei in das parlamentarische System ein und wurde neben den Christdemokraten (DC)
und der (nicht minder entfremdeten) Kommunistischen Partei Italiens (PCI) rasch vollständig in das italienische Parteiensystem integriert. Diese drei Parteien beherrschten die nationale Politik, bis
die Anti-Korruptionskampagne „Saubere Hände" sie alle in den
1990er Jahren in die Auflösung zwang.

   In der Zwischenzeit passte sich die MSI an die neue Hegemonie der westlichen Demokratie an, indem sie eine ausgeklügelte
Doublespeak, also Doppelsprache (Feldman und Jackson 2014), entwickelte. Es handelte sich um einen kodierten Diskurs, in dem Strategien und Grundsatzprogramme versprochen wurden, die es den
Eingeweihten erlaubten, Echos der Träume von epischer Größe der
Zwischenkriegszeit zu hören, während die Uneingeweihten sich
dafür entscheiden konnten, die exoterische Rhetorik als demokratisch zu erachten und für bare Münze zu nehmen. So wurde beispielsweise die letztendliche Unterstützung der MSI für die NATO
und die EU von nostalgischen Faschisten insgeheim nicht als prag-
matische Kapitulation vor der neuen Weltordnung wahrgenommen, sondern als Unterstützung eines „europäischen Nationalismus", dessen Wurzeln in der panfaschistischen Unterstützung des
Kampfes der Achsenmächte zur Verteidigung des Kontinents gegen die amerikanische und russische Besetzung lagen (Griffin
2008). MSI-Propagandaposter zeigten ein anhaltendes Engagement
für eine Zukunft nach dem Vorbild der faschistischen Tage des
Ruhms. Diese Botschaft verdeutlichte sich in dem Slogan „Nostalgie für die Zukunft" (Cheles 1991), die der Parteivorsitzende der
1970er Jahre, Giorgio Almirante, der der ehemalige Leiter der Propaganda der RSI war, formuliert hatte.

In Deutschland lief es für den parteienbasierten Neonazismus nicht besser. Die von der Sowjetunion kontrollierten Deutsche Demokratische Republik (DDR) wurde von Anfang an weitgehend vom Nazi-Aktivismus bereinigt, während der Faschismus im Einklang mit der orthodoxen Lehre der Komintern als dem Kapitalismus endemisches Krebsgeschwür dargestellt wurde. In der neu gegründeten Bundesrepublik sorgten die Schrecken des Krieges und das spontane Aufgreifen der Werte der Zivilgesellschaft in den Aufbaujahren des „Wirtschaftswunders" dafür, dass nur eine kleine Minderheit, die die Realitäten des Dritten Reiches leugnete, aktiv an der Reaktivierung der NS-Bewegung der Vorkriegszeit arbeitete. Nach dem Dahinscheiden der Kriegsgeneration sollte sich der Neonazismus jedoch als eine wichtige Anlaufstelle für jugendliche Unzufriedenheit und Ängste etablieren. Entfremdete Jugendliche nahmen das rassische Glaubensbekenntnis des Neonazismus und seine Insignien eher deshalb an, um ihre Ablehnung gegenüber dem Multikulturalismus, der Masseneinwanderung und „dem System" zum Ausdruck zu bringen, als dass sie eine ernsthafte Demonstration revolutionären Engagements für eine neue nationalistische Ordnung gezeigt hätten (weshalb einige Expertinnen und Experten meinen, dass der Neonazismus nicht wirklich als eine Form des Neofaschismus behandelt werden sollte). Der schlecht getarnte Versuch, die NSDAP zunächst als Deutsche Reichspartei (DRP) 1950 und dann ab 1964 als Nationaldemokratische Partei Deutschlands (NPD) wiederzubeleben, war damit von Anfang an zum Scheitern verurteilt, und beide Parteien vegetierten am Rande der Legalität, ohne jemals die in Deutschland gültige Fünf-Prozent-Hürde in einer Wahl auf Bundesebene zu überschreiten (Nagle 1970).[33] Obwohl die NPD nach dem großen Zustrom von Flüchtlingen in Deutschland in den Jahren 2015-2016 einen leichten An-

---

[33]   Anm. des Übersetzers: Auf Landesebene konnte die NPD jedoch einige Erfolge erzielen. Als bestes Ergebnis ihrer Geschichte erreichte sie 9,8 Prozent bei den Landtagswahlen 1968 in Baden-Württemberg. Erneute Erfolge gelangen der NPD in den 2000ern in Ostdeutschland, z.B. 9,2 Prozent bei den Landtagswahlen 2004 in Sachsen.

stieg an Unterstützung erzielte, wurde ihr Neofaschismus vom radikalen Rechtspopulismus der überwiegend nicht-revolutionären
Alternative für Deutschland überschattet, zumal diese einen kaum
getarnten neonazistischen Flügel beheimatet.

Außerhalb Italiens und Deutschlands blieben neofaschistische
Parteien für das politische Leben der meisten europäischen Demokratien noch irrelevanter und waren nicht in der Lage, die Rhetorik
des extremen Nationalismus nach den Schrecken des Dritten Reiches zu rehabilitieren. In Großbritannien erwies sich beispielsweise
die 1948 von Oswald Mosley gegründete Partei Union Movement
als unfähig, die wachsende Fremdenfeindlichkeit, die mit der
wachsenden Anzahl an afrokaribischen Migrantinnen und Migranten und anderer ethnischer Minderheiten nach dem Krieg in Verbindung zu bringen ist, zu ihrem Vorteil zu nutzen. Die Partei erlitt
bis zu ihrer endgültigen Auflösung 1994 immer wieder desaströse
Wahlniederlagen. Währenddessen konnte die Partei National Front
selbst auf dem Höhepunkt ihrer Straßen- und Medienpräsenz im
Jahr 1979, als sie sowohl schwere wirtschaftliche und politische
Probleme als auch die zunehmende Angst vor Einwanderung
nutzte, nur 0,6 Prozent der Stimmen bei den nationalen Wahlen gewinnen, die Margaret Thatcher an die Macht brachten. Thatchers
Amtsantritt als Premierministerin, der (fälschlicherweise) als Sig-
nal für eine neue Härte gegenüber Einwanderung wahrgenommen
wurde, bedeutete das Ende des minimalen Wiederauflebens des
Faschismus in Großbritannien als wählbare Kraft. Dies sorgte im
Zusammenhang mit dem Aufstieg der United Kingdom Independence Party (UKIP) in den 2000er Jahren als konkurrierendes Element der identitären Politik dafür, dass Nick Griffins Versuch, die
British National Party (BNP) zu „modernisieren", um ihre neonazistischen Referenzen zu verschleiern und rechtspopulistische
Stimmen abzugreifen, scheiterte (Copsey 1996; Griffin 1996). Als
die Wählerinnen und Wähler bei den Unterhauswahlen im Jahr
2015 vor der Wahl zwischen einer echten rechtspopulistischen Partei und einer neonazistischen Imitation standen, scheiterte die BNP
kläglich an den Wahlurnen, während die UKIP triumphierte (Copsey 2007; Mudde 2007; Mudde und Kaltwasser 2017).

Ein ähnliches Muster zeigte sich am Schicksal der *intransigenti* der MSI in Italien, der einst größten neofaschistischen Partei der Welt. Als sie in die rechtspopulistische Nationale Allianz umgewandelt wurde, beschlossen hartnäckige Faschisten, die Fiamma Tricolore (schon wieder die Flamme!) zu gründen, um die wahre italienische faschistische Tradition am Leben zu erhalten – und verschwanden prompt vom Radar. Dieses Muster des Scheiterns wiederholt sich in den meisten ehemaligen kommunistischen Staaten – zum Beispiel in Rumänien, wo in den 1930er Jahren der Legion des Erzengels Michael (der Eisernen Garde) der Anstieg zu einer bedeutenden populistischen politischen Kraft gelungen war. Der Sturz von Ceaușescu führte zum Entstehen mehrerer winziger und ineffektiver Parteien, die das Erbe ihres genuinen charismatischen Führers Corneliu Codreanu beanspruchten, mit Namen wie z.B. die Eiserne Garde, Alles für das Vaterland (ein anderer Name der Eisernen Garde), Für das Vaterland und die Neue Rechte. Als parteipolitische Kraft ist der Neofaschismus daher für die Politik der Nachkriegszeit weitgehend irrelevant.

Ausnahmeerscheinungen in der Ukraine, in Ungarn, in Griechenland und in der Slowakei

Glaubt man einigen pro-russischen Kommentatoren und Politikern, ist die Ukraine die wichtigste Ausnahme von diesem Muster. Mitte der 2010er Jahre, so würden diese argumentieren, sei es dem Neofaschismus tatsächlich gelungen, den Parlamentarismus derart zu durchdringen, dass die gesamte Regierung des Nationalsozialismus habe zugeordnet werden können. Die Vorwürfe beziehen sich auf den Aufstieg der Allukrainischen Vereinigung „Swoboda" (Freiheit), die zwischen 2012 und 2014 siebenunddreißig Parlamentssitze und 2014 kurzzeitig drei Ministerposten innehatte, darunter den des stellvertretenden Ministerpräsidenten. Sicherlich hatten sowohl Swoboda als auch die kleine paramilitärische Partei Prawyj Sektor (Rechter Sektor) zur Zeit der Ukraine-Russland-Krise Mitglieder, die nostalgisch auf den militanten Patriotismus zurückblickten. Dieser hatte 1941-1944 einen Teil der Bevölkerung

dazu veranlasst, vorübergehend mit der Wehrmacht, der Schutz-
mannschaft, dem Reichskommissariat Ukraine und der SS zu kol-
laborieren und sich an brutalen, protovölkermörderischen ethnischen Säuberungen von Polen und Juden im Westen des Landes zu
beteiligen. Sicherlich verschärften die territorialen Konflikte mit
Russland – in welchem es ebenso eine wichtige neofaschistische
und populistische rechtsradikale Subkultur gibt (Umland 2015) –
die Rhetorik des militanten Patriotismus sowie den Aufstieg des
nationalistischen Paramilitarismus im Namen der Verteidigung
der Ukraine vor der ernsten Bedrohung durch die anhaltende sepa-
ratistische Bewegung von ethnischen Russen, die von der russischen Armee inoffiziell unterstützt wird.

In der Praxis fungieren jedoch beide Parteien, unabhängig von
ihren fernen Wurzeln im ukrainischen Faschismus, eher als Bewegungen der populistischen radikalen Rechten und manchmal nur
der populistischen Rechten und nicht als Bewegungen des revolutionären Nationalismus. Ein Beleg dafür ist die aktive Beteiligung
von Swoboda an den proeuropäischen, prodemokratischen Protes-
ten im Jahr 2013 sowie ihre anschließende Unterstützung für die
Ratifizierung des Assoziierungsabkommens mit der EU. Die Partei
unterstützte auch die Verfassungsreform zur Einschränkung der
Befugnisse des Präsidenten zu einem Zeitpunkt, als Umfragen na-
helegten, dass Swobodas Parteiführer Oleh Tjahnybok bei einer
Volksabstimmung 28,8 Prozent gewinnen würde. Ohnehin sank
die Unterstützung der Wählerinnen und Wähler bis 2017 auf unter
fünf Prozent, so dass man bei der Ukraine kaum von einem nationalsozialistischen Land sprechen kann (Shekhovtsov 2016).

Es gibt jedoch drei Länder, in denen es den faschistischen Parteien gelungen ist, integraler Bestandteil des „politischen Systems"
zu werden, ohne dafür ihre extremistische Identität völlig geopfert
zu haben: Griechenland, Ungarn und die Slowakei. Nachdem die
Chrysi Avgi (Goldene Morgenröte) sich 1993 mit extravaganten irredentistischen Ambitionen für Griechenland auf dem Balkan, welcher sich damals in kriegerische ethnische und religiöse Gruppierungen spaltete, als politische Partei registriert hatte, eignete sie
sich mehrere Elemente an, die sie eine Zeit lang in Europa zur pro-

filiertesten Nachahmung der faschistischen Bewegung der Zwischenkriegszeit machten. Dazu gehörte ein umfassender Mythos der nationalen Wiedergeburt, der auf den angeblichen Eigenschaften der hellenischen Zivilisation basiert, aber in Form von (nationalsozialistischem) arischem biologischem Rassismus neu formuliert wurde; eine Nostalgie nach dem parafaschistischen, ultranationalistischen diktatorischen Regime von Ioannis Metaxas in den 1930er Jahren (Kallis 2010); und eine politische Religion, die aus dem römischen Gruß besteht, aus einschüchternden Fackelkundgebungen, das Feiern von symbolischen Tagen in der Geschichte der Nation und dem Durchdringen des öffentlichen Raumes mit Fahnen mit dem altgriechischen Symbol für Ewigkeit, die bewusst dazu bestimmt sind, an das NS-Hakenkreuz zu erinnern (Vasilopoulou und Halikiopoulou 2015). Ihrer Ideologie entsprechend gießt sie ihr Gift über alle üblichen Verdächtigen aus und appelliert an populistische Fremdenfeindlichkeit, Antiamerikanismus und, insbesondere seit Beginn der griechischen Staatsschuldenkrise im Jahr 2009, an anti-EU und antideutsche Empfindungen. Dies verbindet sich mit einem instinktiven Hass auf den Kommunismus, den internationalen (jüdischen) Kapitalismus und Konsumismus sowie auf liberale (jüdische) Intellektuelle und den kulturellen Kosmopolitismus.

Vielleicht offenbart sich aber in der Entschlossenheit der Goldenen Morgenröte, als „militärische Massenpartei" zu fungieren, ihre tiefe Nostalgie für die Ära des Faschismus, indem sie in Wahlkämpfen um Unterstützung wirbt, während ihre Aktivisten gleichzeitig kooperative Verbindungen zu den Sicherheitsdiensten pflegen und den linken Rapper Pavlos Fyssas in Nacheiferung der Gewalt der nationalsozialistischen SA ermordeten. Nach 2012 sorgte die Kombination aus den sich vertiefenden wirtschaftlichen Problemen Griechenlands mit dem massiven Andrang von Flüchtlingen aus Syrien, Asien, Afrika und darüber hinaus für einen perfekten Sturm zur Befeuerung des Extremismus. Doch trotz der für die Partei günstigen konjunkturellen Faktoren erwarb ihr Anführer Nikolaos Michaloliakos nie mehr als das nur für die Parteigläubigen existente „Seilschafts-Charisma" (Eatwell 2006), und bei den EU-Wahlen 2014 erreichte die Partei einen Wahlhöchstand mit 9,4

Prozent. Aktuell hat die Partei nach der Ermordung des populären Rappers Pavlos Fyssas signifikant an Unterstützung verloren.[34]

Im Gegensatz dazu wurde bei den gleichen EU-Wahlen 2014 Jobbik (Kurzform von Jobbik Magyarországért Mozgalom, Bewegung für ein besseres Ungarn) mit über 20 Prozent der Stimmen zur drittgrößten Partei Ungarns, obwohl sie gegen die dominante Mitte-Rechts-Partei Fidesz antrat. Fidesz hatte sich selbst deutlich in Richtung Anti-EU-, Anti-Multikulturalismus-, Anti-Immigration- und Anti-Liberalpolitik bewegt (zu der bis 2017 die Schließung von Grenzen und Angriffe auf die liberalen Grundfreiheiten gehörten), wodurch der politische Spielraum für Rechtsextremismus verringert worden war.[35] Bis 2016 hatte Jobbiks Anführer Gábor Vona, der ehemalige Chef der inzwischen verbotenen paramilitärischen Einheit Magyar Gárda Mozgalom (Bewegung der ungarischen Garde), die von allen neofaschistischen Parteien seit 1945 zum Überleben notwendige „Doppelsprache" perfektioniert. Während Vona hart daran arbeitete, das rassistische, antisemitische und extremistische Image der Partei in den Medien herunterzuspielen und die Partei offiziell in der Parteienfamilie der populistischen radikalen Rechten zu halten, führten Jobbik-Milizen weiterhin aufwändige politische Rituale durch, die an die antiliberale, antikommunistische, antisemitische und Roma-feindliche Ära des Horthy-Regimes in der Zwischenkriegszeit erinnern (und dadurch an Ferenc Szálasis hungaristische und kollaborative Pfeilkreuzler). Unterdessen verbreiten viele Parteiideologen immer noch offen antisemitische und irredentistische Botschaften, und die Parteiliteratur bewahrt den turanischen Mythos, der in den 1930er Jahren

---

[34]   Anm. des Übersetzers: In den Europawahlen im Mai 2019 kam die Goldene Morgenröte lediglich auf 4,9 Prozent. Zum Zeitpunkt der Fertigstellung dieser deutschen Übersetzung warten 69 Mitglieder der Goldenen Morgenröte noch immer auf den Ausgang ihres Prozesses, in dem sie auf Bildung einer kriminellen Vereinigung verklagt wurden. Dies steht im krassen Kontrast zu dem Versäumnis der Weimarer Regierungen in den 1920er Jahren, die weitaus kriminellere NSDAP zu verbieten.

[35]   Die nicht-faschistische antiliberale extreme Rechte ist dennoch in vielen europäischen Staaten eine zwar marginalisierte, aber dennoch starke Macht geblieben. Für aktuelle Übersichten siehe Melzer (2013) und Charalambous (2015).

durch den Hungarismus verkündet worden war. Dieser besagte, dass die organische nationale Einheit des Landes von seinen außereuropäischen Ursprüngen als zentralasiatischer Stamm abstammt – für Szálasi war sogar Christus turanischer Herkunft gewesen. Diese Ambivalenz ermöglicht es Jobbik, entweder als populistische rechtsradikale Partei oder als neofaschistische Partei gewählt zu werden, deren revolutionäre Vorreiter trotz des Verbots in ihrem emotionalen und ideologischen Kern noch immer im Geiste „präsent" sind.[36]

Diese Unklarheit, die für den anhaltenden Erfolg des französischen Front National (heute Rassemblement National) als gleichzeitig harte (radikale) rechte sowie gemäßigte rechte Partei nicht minder wichtig ist, ist symptomatisch für die Anpassung des Faschismus an das, was der ehemalige MSI-Chef Gianfranco Fini in einer Rede vor der neu gegründeten Nationalen Allianz im April 1994 als ein „postfaschistisches" Zeitalter bezeichnete. Die extremistischen Wurzeln von Jobbik und in geringerem Maße des Front National ließen eine Aura des Faschismus um die beiden Parteien für diejenigen schweben, die diese wahrnehmen wollten, egal wie vorsichtig sie waren, sich in öffentlichen Räumen nicht wie eine faschistische Bewegung der Zwischenkriegszeit zu verhalten (Blomqvist et al. 2013).

Das jüngste Symptom für die potenzielle Vitalität des parteipolitischen Neofaschismus ist der Aufstieg der Volkspartei Unsere Slowakei (LSNS). Dieser ist zum Teil auf das persönliche Charisma des Parteichefs Marián Kotleba (in den Augen seiner Anhängerinnen und Anhänger) zurückzuführen, der von 2013 bis 2017 zum ersten offen neonazistischen Regionalpräsidenten einer Provinz innerhalb Europas wurde. Die LSNS gewann 2016 dreizehn Parlamentssitze nach einer Kampagne, die durch grobe Hassreden gegen ethnische Minderheiten und Anspielungen auf die Vernichtungsaktionen des Dritten Reiches als Lösung für die Probleme des

---

[36] Seitdem dieser Abschnitt im englischen Original verfasst wurde, ist Jobbik mehr in die Mitte und Fidesz, die Regierungspartei von Orban, weiter nach rechts gerückt. Beide nehmen neofaschistische Elemente auf, ohne ihre Identität als aus dem „Spektrum" rechtspopulistischer Parteien stammend zu verlieren.

Landes gekennzeichnet war (Nociar 2017). Alle diese Parteien sowie jede rechtspopulistische Partei mit einem extremen Rand müssen genau in Bezug auf Verbindungen zu rechter Gewalt und Terrorismus überwacht werden, welche sie vom demokratischen Prozess ausschließen sollten, wenn der Liberalismus die Vorherrschaft
bewahren möchte.

Das kultische Milieu des Neofaschismus der Splittergruppen

Angeblich gibt es über 20.000 Teilchen an Weltraumschrott, die je-
weils größer als eine Orange sind und die Erde umkreisen. Wahrscheinlich gibt es eine ähnliche Anzahl an rechtsextremen Splittergruppen, die, mal größer oder kleiner, mal mehr oder weniger be-
ständig und mal mehr oder weniger obskur, seit 1945 entstanden
sind. In ihren verschiedenen Formen kultivieren sie Fantasien einer
revolutionären nationalen oder internationalen Ordnung, die sich
aus gesunden organischen Völkern zusammensetze, die von Dekadenz bereinigt sei und übersprudeln vor erneuerter gemeinschaftlicher Stärke und Staats- oder Rassenmacht, die aus ihren ursprünglichen kulturellen oder völkischen Wurzeln erwachsen sei.
Auch diese Splittergruppen können als Schrott und Trümmer betrachtet werden, als Bruchstücke von utopischen Projekten, die
nach der Zerstörung der Achsenmächte durch dieselben angelsächsischen und sowjetischen Mächte, die sie immer wieder dämonisiert und als ihre kulturell und rassisch unterlegenen Feinde unter-
schätzt hatten, katastrophisch auseinanderbrachen.

   Diese Splittergruppen in einer Übersichtseinführung zu einem Schlüsselbegriff wie dieser hier zu untersuchen und einzelne
zur Vertiefung herauszufiltern, ist problematisch, da jedes Land
sein eigenes sich dynamisch veränderndes rechtsextremes Milieu
besitzt, geprägt von einzigartigen historischen Bedingungen. Alexander Ross (2017) bietet zum Beispiel eine faszinierende linke Perspektive auf die energische, heterogene, aber immer noch stark
marginalisierte faschistische Subkultur, die sich in den USA in der
Zeit nach 1945 entwickelte. Er behandelt ihre tiefen Wurzeln so-

wohl im europäischen Zwischenkriegsfaschismus als auch in Amerikas langer, heimischer Tradition des weißen Suprematismus (*White Supremacy*) und des Kolonialismus sowie ihre umfangreichen zeitgenössischen Verflechtungen mit der von Donald Trump mobilisierten populistischen (und damit demokratischen) Rechten. Obwohl mangelnder Raum eine umfassende Darstellung der globalen Formen neofaschistischer Organisation und Aktivität, die sich seit 1945 herausgebildet haben, unmöglich macht, kann eine knappe Übersicht es uns ermöglichen, die schiere Fülle an Aktivitäten der Splittergruppen zu betonen, die, wie bereits argumentiert wurde, sowohl ein Symptom für die Schwäche als auch für die Überlebenskraft des Neofaschismus sind.

Individuell betrachtet mag die Unterstützerbasis einer jeden Organisation so winzig erscheinen, dass sie für das politische Leben eines Landes irrelevant ist, auch wenn sie wie die in Paris ansässige neofaschistische Groupe Union Défense (GUD) relativ alt und hoch entwickelt ist. Die GUD, die sich offen mit dem keltischen Kreuz assoziiert, dem Symbol der internationalen weißen Vorherrschaft, wurde als Reaktion auf die linken Studentenproteste in Paris im Mai 1968 gegründet. Fünf Jahrzehnte später unterhält sie einen professionellen Internetauftritt, mit dem sie ihre Anhänger zu ihren Versammlungen einlädt, Aktionen koordiniert und neofaschistische Kommentare zu aktuellen Themen publiziert, die jedoch kaum in die Schlagzeilen geraten.

Sobald jedoch Splittergruppen wie die GUD (Griffin 1999), Nouvelle Résistance (Bale 2002), der Nationalsozialistische Untergrund (Koehler 2014), Casa-Pound (Castelli Gattinara und Froio 2014), die Nordische Widerstandsbewegung in Norwegen, Schweden, Finnland und Island, die britische National Action (die 2016 verboten wurde) und die weitaus hartnäckigere White Aryan Resistance (Weißer Arischer Widerstand, WAR) in den USA als einzelne Pixel eines viel größeren Bildes betrachtet werden – kleine Knoten in einem weit verzweigten Netzwerk des sehr unterschiedlichen, lose verknüpften, in der gesamten westlichen Welt operierenden neofaschistischen Radikalismus –, offenbaren sie eine tiefere Bedeutung. Einen Einblick in die verworrene und beunruhi-

gende Subkultur militanter Splittergruppen zeitgenössischer Neonazis bietet der Fall eines 16-jährigen Jungen aus Durham (England), der 2020 als jüngste Person aller Zeiten wegen der Planung
eines Terroranschlags in Großbritannien verurteilt wurde. Er radi-
kalisierte sich durch Online-Foren wie Iron March (Eiserner
Marsch) und Fascist Forge (Faschistische Schmiede), die aktiv auf
der Suche nach beeinflussbaren Rekruten für ihre extreme Form
des Avantgarde-Neonazismus sind. Ziel ist es, diese Rekruten im
Geheimen auszubilden, um mit gezielter Gewalt Anschläge auf
Ziele zu verüben, die die von ihnen verhasste multikulturelle Gesellschaft symbolisieren um so das Ende der Demokratie zu be-
schleunigen und Platz für eine globale arische-Revolution zu schaffen. Diese apokalyptische Vision ist teilwesie von *The Turner Diaries*
(Pearce [1978] 2013) abgeleitet, beinhaltet aber auch Aspekte des
Heldentums, des Okkultismus und des Satanismus. The Base ist
der Name der Organisation, die dafür verantwortlich ist, diese Strategie aufrechtzuerhalten. Diese Schattenorganisation verwendet
verschlüsselte Nachrichten auf Social Media wie etwa Telegram um
die neue Elite auszuwählen und zu rekrutieren. Der Großteil der
Organisation befindet sich in den USA, ihre graue Eminenz, der
US-Amerikaner Rinaldo Nizzaro, versteckt sich jedoch in Russland.
In dieser Black-Mirror-Welt des ideologisierten und intrumentali-
sierten Hasses könnten Pläne für zukünftige Terroranschläge enste-
hen.

Der Gesamteffekt von vielen tausenden solcher Splittergruppen, mögen sie im Einzelnen auch ephemer sein, besteht darin, als
dynamisches, internationales „kultisches Milieu" zu fungieren, das
es denjenigen, die sich ihm anschließen, ermöglicht, sich als Teil einer esoterischen „Ordnung" zu fühlen und mit einer geheimen politischen Aufgabe betraut zu sein, die für sie zu einer heiligen Mission werden kann. Der faschistische Terrorist Timothy McVeigh
wurde beispielsweise von der fiktiven White-Supremacy-Unter-
grundorganisation „the Order" beeinflusst, die in *The Turner Diaries*
(Pearce [1978] 2013) geschildert wurde und ein rassisches Arma-
geddon beschreibt, welches ebenso eine gewalttätige neonazistische Splittergruppe gleichen Namens inspirierte. Es ist auch kein

Zufall, dass Okkultismus und heidnische Mysterien in einigen neofaschistischen Gruppen eine erhebliche Rolle spielen (Goodrick-
Clarke 2003; Kaplan 1997).

Die kumulative Wirkung der internationalen rechten Kleingruppen besteht darin, eine permanente latente „oppositionelle
Subkultur" (Kaplan und Lööw 2002) zu bilden, die Tausende auf
ihrem Weg zur Radikalisierung durchlaufen können. Darüber hinaus kann jede Splittergruppe in einem internetaffinen Zeitalter gewährleisten, dass jemand, der bereits für den extremen Nationalismus prädisponiert ist, nur einen Mausklick davon entfernt ist, zu
weiterem Fanatismus angetrieben zu werden. Im Extremfall bedeutet dies, den Rubikon von der kompensatorischen Fantasie hin zum
gewalttätigen Aktivismus in der Praxis zu überschreiten.

Im Gegensatz zu den paramilitärischen Parteien der Zwischenkriegszeit, stellt ein Großteil des Splittergruppenfaschismus
ein Avantgardephänomen dar, welches nicht um populistische Unterstützung wirbt und charismatische Führerschaft kultiviert, sondern den Prinzipien des „führerlosen Widerstands" folgt (Beam
1992; Griffin 2003b). Sobald Formationen auf der Mikroebene des
kultischen Milieus der extremen Rechten verschwinden, können
neue entstehen, wodurch die Intensität des Netzwerks als radikali-
sierender Einfluss erhalten bleibt und sich weitgehend der Überwachung entzieht, geschweige denn der Kontrolle der Sicherheits-
dienste. Zwei Beispiele im britischen Kontext unterstreichen die
Wirksamkeit des Neofaschismus als Übermittler des Extremismus.
Der via Internet entstandene Kontakt des extremen Einzelgängers
David Copeland (der ebenso von *The Turner Diaries* beeinflusst
wurde) mit der National Socialist Movement von David Myatt in
den 1990er Jahren trug dazu bei, dass Copeland einen terroristischen Akt unternahm, der irreführend als die Tat eines „einsamen
Wolfs" bekannt geworden ist (Gable und Jackson 2011). Copeland
verübte eine Serie von Nagelbombenanschlägen in London in der
Absicht, einen Krieg der Rassen anzuzetteln (McLagen und Lowles
2000). Zwei Jahrzehnte später war es die regelmäßige Lektüre des
National Vanguard, dem Magazin der neofaschistischen US-amerikanischen Splittergruppe National Alliance durch Thomas Mair,
der in einer ruhigen Stadt in Yorkshire lebte, die dazu beitrug, dass

dieser sich im Jahr 2016 vom neonazistischen Fantast zum todbringenden Terroristen wandelte, in dem er die Unterhausabgeordnete Jo Cox ermordete. Aufgewertet durch die Macht des Internets fördert das neofaschistische kultische Milieu apokalyptische Fantasien einer bevorstehenden oder aufgeschobenen ultranationalistischen Wiedergeburt, die durch Gewalt gegen eine dekadente Gesellschaft herbeigeführt wird, und bietet so ein antidemokratisches Hinterland für die nach außen demokratische Landschaft der neofaschistischen und rechtsradikalen populistischen Parteien.

Die Internationalisierung des Faschismus in der Nachkriegszeit

Das Internet verleiht auch einem Trend neofaschistischer Splittergruppen zusätzliche Dynamik, der sich seit der faschistischen Ära viel stärker verbreitet hat: Internationalisierung. Bereits in den 1930er Jahren präsentierten einzelne Ideologen wie Drieu la Rochelle (Soucy 1979), José Streel (1942) und Ezra Pound (Feldman 2013) den Faschismus als paneuropäische Kraft der Wiedergeburt, und einige von Mussolinis Anhängern, die von der „universellen" zivilisatorischen Bedeutung ihrer Bewegung überzeugt waren, versuchten, eine faschistische Internationale zu kreieren (Ledeen 1972; Kallis 2016).

Als der Krieg noch Hitlers Vorstellung entsprechend zu verlaufen schien, setzte das Dritte Reich eine ganze Verwaltungsstruktur zur Planung der europäischen Neuordnung der Nachkriegszeit (Herzstein 1982) ein, und unter etwas verzweifelteren Umständen war in den letzten zwei Kriegsjahren die Rettung Europas vor der Zerstörung durch die USA und die UdSSR ein großes Thema der nationalsozialistischen und faschistischen Propaganda. Neueste Untersuchungen der vergleichenden Faschismusforschung haben damit begonnen, einen weiteren Fall einer intensiven transnationalen Dimension des Faschismus zu beleuchten, indem sie die engen Kontakte und Verwicklungen italienischer und spanischer revolutionärer Ultranationalisten vor und nach dem Krieg analysieren (Albanese und del Hierrero 2016). Obwohl noch viel zu tun bleibt, um die Verbreitung von Faschismus und Nationalsozialismus durch die Gründung der vielen Zwischenkriegsbewegungen abzubilden, die wie Anton Musserts Nationaal-Socialistische Beweging (NSB) in den Niederlanden und Oswald Mosleys British Union of Fascists (BUF) den Einfluss der Vorbilder Italien und Deutschland mit einheimischen Strömungen des Ultranationalismus verschmelzen ließen, ist die Idee des Zwischenkriegsfaschismus als ausschließlich nationales Phänomen im Sinne des Nationalstaates längst überholt.

Kein Wunder also, dass der Faschismus nach 1945 häufig von seinen glühendsten Idealisten, die den Krieg überlebt hatten, nicht nur als Kampf für eine nationale, sondern auch für eine *europäische* Wiedergeburt präsentiert wurde. Dieses Thema zeigte sich in Mosleys Politik „Europa eine Nation", in der Gründung der New European Order (NOE) und in der Zeitschrift *Nation Europe*, alle aus dem Jahr 1951 datierend (Griffin 2008). Unterdessen hatte der bereits erwähnte US-amerikanische eingefleischte Nazi-Sympathisant und Antisemit Francis Yockey ein Leben als Umherreisender begonnen, um seine Vision einer neuen faschistischen internationalen Ordnung zu verwirklichen, die diesmal die USA einschließen, Oswald Spenglers Prognosen über den endgültigen Niedergang des Westens widerlegen und die Revitalisierung der Zivilisation unter autoritärer Herrschaft erreichen sollte (Coogan 1999). Trotz der unermüdlichen Vernetzung mit führenden europäischen faschistischen Gruppen, die sein Magnum Opus des Neofaschismus, *Imperium* (1948), veröffentlichten sowie bald darauf auch das darauf aufbauende Manifest *The Proclamation of London* (1949), und obwohl er 1949 sein eigene Splittergruppe European Liberation Front gründete, blieb Yockeys faschistische Internationale eine weitere folgenlose palingenetische Fantasie. Sicherlich operierten der Ku-Klux-Klan, die Christian-Identity-Bewegung, der Odinismus, Anhänger der Third Position und eine Vielzahl nationalbolschewistischer und nationalrevolutionärer Splittergruppen (Lee 1999: 320-329) auf internationaler Ebene oder bildeten Klone in jeder Gesellschaft mit einer passenden rechtsextremen Subkultur. In der Praxis blieben sie jedoch in der Regel für die Allgemeinheit unsichtbar und völlig unfähig, den Status quo zu beeinflussen.

Doch der Versuch, den Faschismus im Geiste von Yockey zu globalisieren, um der wirtschaftlichen und humanistischen Globalisierung etwas entgegenzusetzen, besteht fort. Im September 2015 veröffentlichte das SOWA-Zentrum, eine Organisation zur Beobachtung der russischen rechtsextremen Szene, die Einladung einer neuen ultranationalistischen Gruppe namens World National-Conservative Movement (WNCM) an 71 weltweite neofaschistische Gruppierungen bzw. Personen in einem erneuten Versuch, eine effektive faschistische Internationale zu gründen (Shekhovtsov 2015).[37] Dies ist ein weiteres Zeichen für die unbändige Schaffenskraft und den Ehrgeiz des Kleingruppen-Neofaschismus, der im absoluten Widerspruch zu seiner objektiven Unfähigkeit und seiner akuten Marginalisierung steht. Im Dezember 2015 gab das ultrarechte *Vanguard News Network* auf seiner Website bekannt, dass vierundvierzig Parteien, Organisationen, Gruppen und Einzelpersonen, die hauptsächlich in Europa und den USA ansässig sind, an der Internetkonferenz der WNCM teilnahmen. Sie endete mit der Annahme „eines Manifests, eines Programms und einer Satzung, die die Funktionsweise der Bewegung regeln", und der Bildung „einer Reihe von Ausschüssen, die sich mit verschiedenen Themen wie Ideologie, Information, Demonstrationen, rechtlichen, militärischen und ehrenamtlichen Aktivitäten und humanitärer Arbeit [sic] befassen."[38] Dieses Ereignis, so sehr es auch für die globalisierenden Faschisten von Bedeutung sein mag, blieb

---

37   Anm. des Übersetzers: Aus Deutschland findet sich neben der NPD und dem ehemaligem NPD-Parteivorsitzenden Udo Voigt auf der Einladungsliste auch „Die Russlanddeutschen Konservativen", eine Gruppierung, die sich selbst als die „national-konservative Bewegung der Deutschen aus Russland" bezeichnet. Eine Liste der 71 Splittergruppen und Personen, die (virtuell?) von der WNCM zur Eröffnungssitzung im Jahr 2015 eingeladen wurden, findet sich unter https://www.sova-center.ru/files/xeno/parties.pdf.

38   Die Ankündigung der Gründung der WNCM veranlasste die „libertäre" Online-Zeitschrift *Counterpunch* dazu, im September 2015 eine ausgezeichnete Geschichte des Neofaschismus als außerordentlich verflochtene internationale Kraft zu veröffentlichen. Siehe Alexander Reid Ross, *A New Chapter in the Fascist Internationale*, https://www.counterpunch.org/2015/09/16/a-new-chapter-in-the-fascist-internationale/.

für die breite Öffentlichkeit mit Ausnahme der eifrigen Wächterinnen und Wächter über den Extremismus unentdeckt – wie ein geisterhaftes Photon.

Die krasse Ausnahme von der kaum wahrnehmbaren Existenz des internationalen Neofaschismus ist der Neonazismus. Nachdem er seine nationalistische Identität für eine weiße Rassenidentität abgelegt und Hitler nicht als Retter Deutschlands, sondern der gesamten arischen Rasse bezeichnet hatte, wurde das Erwachsenwerden des Neonazismus als universelle neofaschistische Bewegung im Jahr 1962 lange vor dem Internet durch die Gründung der World Union of National Socialists (WUNS) durch britische Neonazis symbolisiert (Jackson 2017). Innerhalb eines Jahrzehnts begann der Neonazismus auch damit, eine eigene internationale Jugendsubkultur mit einem unverwechselbaren „Skinhead-Stil" durch Kleidung und Aussehen zu entwickeln (Dobratz 1997), der sich bis Mitte der 1970er Jahre Elemente von Punk und Heavy Metal aneignete, um dadurch eine eigene lukrative Marke in Form von Hard Rock, White Power Music oder White Noise zu kreieren (Lowles und Silver 1998; Shekhovtsov 2012). Eine so radikale und einflussreiche Abweichung vom engen Nationalismus des Nationalsozialismus der 1930er Jahren verdient ein eigenes Konzept: Universalnazismus (im englischen Original *Universal Nazism*).

Im Kontext der Internationalisierung des Nazismus erlangte William Pearces Roman *The Turner Diaries* (1978) eine bemerkenswerte Resonanz. Das Buch setzte den Glauben an den weißen Suprematismus in einen breiten historischen und geographischen Kontext und sagte einen finalen Konflikt voraus. Pearce schilderte einen rassischen Harmagedon zwischen den weißen Auserwählten und dem Rest der Welt, der in apokalyptischer Hinsicht so anschaulich beschrieben wurde, dass das letzte Kapitel für die rassistischen Glaubensanhänger zum Äquivalent der Offenbarung des Johannes in der Bibel wurde. Der Neonazismus brachte auch andere intensive sakralisierte Formen seiner Vision von der universellen Erlösung aus der Dekadenz hervor, wie etwa die Church of the Creator sowie in jüngster Zeit die Creativity-Bewegung. In diesen Formen wurde der arische Glaube ausdrücklich in eine neue religiöse Bewegung umgewandelt, in der die Rasse den christlichen Gott ersetzte. Ebenso dient der Neonazismus überall auf der Welt als die klassische Form des rassistischen Extremismus, und zwar nicht nur für unzufriedene Jugendliche, die ihre weiße Identität beteuern. Paradoxerweise inspirierte die Ikonographie des Universalnazismus sogar gelegentlich nicht-weiße Gruppen, die ihre rassische Reinheit gegen wahrgenommene Bedrohungen zu verteidigen suchen, wie etwa die antisemitische und antiarabische türkische Partei der Nationalistischen Bewegung oder die virulent antichinesische mongolische Splittergruppe Tsagaan Khas.

Cyberfaschismus, Metapolitisierung, Geschichtsrevisionismus

Es gibt jedoch eine Reihe von Entwicklungen innerhalb der ideologischen Argumentation und der Propagandastrategie des Neofaschismus, die im Hinblick auf den Zwischenkriegsfaschismus vielleicht noch tiefgreifender innovativ sind als seine vorgetäuschte Demokratisierung als eine konventionelle parteipolitische Kraft, seine Internationalisierung durch die Bildung einer weltweiten splitterparteilichen Einheit und seine Globalisierung des deutschen rassistischen Glaubensbekenntnisses. Diese Entwicklungen sind seine Virtualisierung hin zum „Digitalen Faschismus" (Fielitz und Marcks 2020), seine Metapolitisierung als „kultureller Faschismus" und die Etablierung einer eigenen neofaschistischen „revisionistischen" Schule der modernen Geschichtswissenschaft.

Die von den russischen Gastgebern im Jahr 2015 organisierte Online-Konferenz des WNCM hebt einen der auffälligsten und originärsten Aspekte des Neofaschismus hervor: den seit dem Aufkommen des Internets erkennbaren Trend zum Ersetzen der im höchsten Grade physischen, einheitlichen Bewegungen, die man aus der „faschistischen Ära" kennt, die aus reglementierten und oft uniformierten Menschen bestanden, die in Echtzeit im dreidimensionalen Raum fungierten, durch Organisation, die fast ausschließlich im Cyberspace mit minimaler physischer Existenz operieren. Die Beständigkeit von Organisationen im Internet ist von Natur aus außerordentlich unvorhersehbar, aber im Jahr 2017 waren vor allem die drei anglophonen Organisationen Stormfront, Daily Stormer und Metapedia besonders erwähnenswert. Aufgrund der vergänglichen und volatilen Art des Cyberfaschismus sind die Leserinnen und Leser aufgefordert, diesen einführenden Abschnitt als Ausgangspunkt zu nehmen, um die aktuelle Präsenz unterschiedlicher Neofaschismen in ihrem eigenen nationalen und internationalen Cyberspace unter besonderer Berücksichtigung von Verknüpfungen zu anderen faschistischen oder rechtsgerichteten virtuellen, splittergruppenartigen, parteipolitischen oder aktivistischen Phänomenen zu erforschen.

Stormfront entstand ursprünglich in den 1990er Jahren aus einem Mitteilungsblatt des Ku-Klux-Klans und wurde zu einer der ältesten und ausgereiftesten Webseiten mit dem Ziel, weißen suprematistischen Hass und Utopismus zu entfachen. So achteten die Betreiber beispielsweise 2017 darauf, sich nicht im exklusivistischen Diskurs des Rassenhasses oder der weißen Vorherrschaft zu präsentieren, sondern im Diskurs der populistischen radikalen Rechten: „Wir sind eine Gemeinschaft von rassischen Realisten und Idealisten. Wir sind weiße Nationalisten, die sich für *wahre* Vielfalt und eine Heimat für *alle* Völker einsetzen." Hernach machen sie ihre wahre Agenda deutlich, wenn auch weiterhin defensiv formuliert: „Tausende von Organisationen fördern die Interessen, Werte und das Erbe nicht-weißer Minderheiten. Wir fördern unsere." Darunter befinden sich Links zu Webseiten von zugehörigen Stormfront-Organisationen in fünfzehn weiteren Ländern, und den Besuchenden werden viele Seiten mit Material der *White Supremacy* zu einer Vielzahl von Themen und Nachrichten geboten sowie die Möglichkeit, an Diskussionsforen teilzunehmen.

The Daily Stormer, dessen Name bewusst an die antisemitische NS-Zeitung *Der Stürmer* erinnert, wurde 2013 gegründet, um der neofaschistischen US-amerikanischen Alt-Right-Bewegung zu dienen, die 2016 durch die Unterstützung von Donald Trump mediale Aufmerksamkeit erlangte. Ein Symptom für die wachsende Raffinesse des Cyberfaschismus ist die Nutzung der „Imageboard"-Website „4chan" zur Verbreitung von „Internet-Memes" in einer neuen Generation, für die soziale Medien die dreidimensionale materielle Realität weitgehend ersetzt hat (Fielitz und Marcks 2020). Noch auffälliger für den Ehrgeiz und die Entschlossenheit der extremen Rechten, den liberalen Humanismus im Cyberspace zu bekämpfen, ist die Etablierung einer neofaschistischen Alternative zu Wikipedia: Metapedia. Sie entstand 2006, um der schwedischen extremen Rechten eine Alternative zu dem durch Wikipedia verbreiteten „voreingenommenen" humanistischen Wissen zu bieten, und verfügte 2015 über Versionen in Ungarisch, Deutsch, Englisch, Spanisch, Schwedisch, Rumänisch, Estnisch, Französisch, Griechisch und Slowakisch (Arnstad 2015).[39] Faszinierenderweise bestätigt der kurze Artikel auf Metapedia über den Zwischenkriegsfaschismus die definitorische Rolle, die der palingenetische Mythos in seiner Ideologie spielt, und damit auch den Wert des empathischen Ansatzes bei dessen Untersuchung, wenn er feststellt, dass seine Kernüberzeugung darin bestand, dass „die europäische Rasse und Zivilisation in einem Prozess des katastrophalen Niedergangs war (wie etwa durch die Auswirkungen schädlicher Ideologien und Dysgenik) und nur durch revolutionäre Veränderungen und Heldentum regeneriert werden konnte" (Metapedia 2017)[40].

Schon vor dem Internetzeitalter und der technischen Möglichkeit der „freien Bewegung faschistischer Ideen" hatte der Neofaschismus eine andere, intellektuell anspruchsvollere Art der Virtualisierung erfahren, und zwar durch die Entstehung der Nouvelle Droite (Neue Rechte), die, als sie sich von Frankreich aus ausbreitete, als European New Right (ENR) bekannt wurde (Sunic 2012; O'Meara 2013). Inspiriert wurde sie in den 1960er Jahren von Alain de Benoists bewusster Entscheidung, sich vom Diskurs der rassischen Überlegenheit und der revolutionären Gewalt abzuwenden, hin zu einer kulturellen Wiedergeburt bzw. einer nationalen und europäischen Renaissance (de Benoist und Champetier 2012) als

---

[39] Anm. des Übersetzers: Im Januar 2020 sind es zwanzig Sprachen.

[40] Auf der deutschsprachigen Seite der Metapedia wird der generische Faschismus folgendermaßen definiert: „Der Faschismus wendet sich gegen jede Ideologie oder Gruppe, die der Integrität der Nation schaden kann. Er erstrebt grundsätzlich etwas Neues und propagiert den Beginn eines ‚neuen Zeitalters'." https://de.metapedia.org/wiki/Faschismus.

Lösung für das vorherrschende Klima der Enddekadenz. In Anlehnung an Gramscis Theorie der „kulturellen Hegemonie" als Voraussetzung für eine politische Hegemonie verbreitet die Neue Rechte einen „rechten Gramscismus". Dekodiert bedeutet dies, dass Nachkriegsfaschisten (obwohl die Ideologen der ENR alles dafür geben, sich nicht mehr als solche zu bezeichnen) sich nicht mehr der Niederlage der pluralistischen liberalen Demokratie durch paramilitärische Gewalt oder politisches Engagement widmen sollten. Stattdessen sollten sie ihre Energien für eine nachhaltige Kampagne der *Meta*politik verwenden. Dies bedeutet, außerhalb der Arena der Parteipolitik zu agieren, um die intellektuelle und künstlerische Produktion zu nutzen, und zwar zur Überwindung der Kräfte des Materialismus und der degenerativen ethnischen und kulturellen „Panmixie" (Rassenmischung) und des allgemeinen geistigen Chaos der Moderne. Das ultimative Ziel ist die Vielfalt und die ethnische und kulturelle „Differenz" zu bewahren, so dass eine neue Form der Politik zu ihrer Verteidigung entstehen wird.

Dieser „Ethnopluralismus" schafft eine neue Form von Fremdenfeindlichkeit und „Angst vor dem Anderen", nämlich den „differentialistischen Rassismus" (Lentin 2000), der durch ausgeklügelte Doppelsprache getarnt wird. (Diese neue Art von verschleiertem Rassismus bildet ein grundsätliches Element der gegenwärtigen „identitären Bewegung", die zumal unter der disorienterten Jugend in vielen Ländern zunehmende Unterstützung genießt, aber auch die Staatspolitik einiger Großmächte bestimmt.) Er besteht auf dem „Menschenrecht" der Zugehörigkeit zu einer unverwechselbaren, historisch verwurzelten Kultur (mythisch konzipiert als vollkommen homogen und „rein"), die unbelastet bleibt durch Massenmigration und Globalisierung, welche durch das liberal-demokratische Bekenntnis zum Pluralismus angeblich gefördert werden. Demokratie wird als „ein neuer Totalitarismus" dargestellt, der „kulturellen Völkermord" fördere. Die beiden intellektuell wichtigsten Vordenker des metapolitischen Neofaschismus sind der rassistische eurofaschistische Italiener Julius Evola und der Schweizer Armin Mohler, der bereits oben als der Verfasser eines sehr einflussreichen Kompendiums von (deutschen) Quellen der „Konservativen Revolution" der Nachkriegszeit erwähnt wurde (Griffin

2000b). Die Nouvelle Droite bzw. die Französische Neue Rechte hatte einen nachweisbaren Einfluss auf die erfolgreiche Transformation des damaligen Front National in eine populistische (radikale) rechte Partei und somit, zumindest indirekt, auf den Aufstieg populistischer und identitärer rechtsgerichteter Politik in der ganzen europäisierten Welt. Es gibt Hinweise darauf, dass Steve Bannon, der 2017 kurzzeitig Donald Trumps Chefstratege war, ein Bewunderer von Julius Evolas faschistischem „Traditionalismus" (Horowitz 2017) ist. Einflussreiche gegen-kulturelle Strömungen der metapolitischen Neuen Rechte haben sich in Belgien, Italien und Deutschland[41] etabliert, aber vor allem in Russland hatte der Neofaschismus der Neuen Rechten den größten offenkundigen Einfluss auf die offizielle Politik. Unter Putin verstärkte sie geopolitische Vorstellungen vom Erhalt der kulturellen Homogenität und Hegemonie Russlands gegenüber der Europäisierung mithilfe der publizistischen Tätigkeit von Alexander Dugin, dessen Mission seit zwei Jahrzehnten darin besteht, den Eurasianismus in Gestalt der konservativen Revolution wiederzubeleben (Shekhovtsov 2008b).

Ein Jahr nachdem Alain de Benoist 1977 den bahnbrechenden Text *Vu de droite* (Von rechts gesehen) zur Revision des Faschismus in metapolitischer Richtung veröffentlicht hatte, wurde in den USA das Institute for Historical Review gegründet, um sich einer weiteren „metapolitischen" Taktik zur Akzeptanz der faschistischen Ideen der Wiedergeburt zu widmen. Nun wurde nicht nur die Verbindung zwischen Nationalsozialismus und Holocaust in Zweifel gezogen, sondern auch die Tatsache, dass die Nazis einen systematischen Völkermord am jüdischen Volk begangen hatten. Unter den vielen dem „Negationismus" gewidmeten Publikationen des Instituts finden sich solche über die Verfolgung von Rassenfeinden, die Leugnung des Holocaust, die Minimierung der Kriegsverbrechen des Dritten Reiches oder die Hervorhebung derjenigen der Alliierten. Dabei wurde der akademische Diskurs und der wissenschaftliche Apparat der professionellen Geschichtswissenschaft – manch-

---

41 Vgl. Andreas Speit (Hg.): *Das Netzwerk der Identitären. Ideologie und Aktionen der Neuen Rechten*. Verlag Ch. Links, Berlin 2018.

mal mit erheblicher Raffinesse – verwendet, um eine Gegenerzählung zur faktischen Geschichte der *Shoah zu* schaffen. (In den USA verwendete Jonah Goldberg (2008) eine ähnliche pseudoakademische Technik, um republikanische Leserinnen und Leser davon zu überzeugen, dass der Faschismus linke Wurzeln innehabe, die immer noch die Tradition der Demokratischen Partei der staatlichen Intervention in sozialen Fragen prägen würden.)

Der internationale Geschichtsrevisionismus hält in seinen Büchern und Zeitschriften an einer Flut von dem, was man heute „alternative Fakten" nennt, fest, um Antifaschisten zu überzeugen oder andere nationalsozialistische Apologeten durch eine Reihe von Vorschlägen rückzuversichern: Es habe keine bewusste Kampagne des Dritten Reiches zur Begehung des Völkermordes an Juden gegeben; Vernichtungslager hätten nie existiert; die Gaskammern seien in Wahrheit tatsächlich nur Duschräume gewesen; die Massaker an Juden im Osten durch die Spezialeinheiten der SS-Einsatzkommandos seien eine Propagandalüge; Hitler habe nie einen Befehl zur Vernichtung von Juden gegeben; proportional seien nicht mehr Juden durch den Krieg gestorben (nicht mehr als 600.000!) als in jeder anderen ethnischen Gruppe oder sozialen Kategorie; die abgemagerten Leichen, die in den Vernichtungslagern gefunden wurden, seien das Ergebnis von US-Bombardements gewesen, die die Nahrungsmittelversorgung unterbrochen hätten; die Juden hätten den aufwändigen „Schwindel" der *Shoah* erfunden, um die Gründung des Staates Israel zu rechtfertigen; jedenfalls sei der Massenmord an den Juden nur einer von vielen Völkermorden in der Geschichte und dürfe nicht die Erinnerungen an den Krieg monopolisieren; die Alliierten hätten mehr Kriegsverbrechen als die Nazis begangen und so weiter und so fort (Lipstadt 1993; Evans 2002). Der Geschichtsrevisionismus erwies sich jedoch als viel wirksamer zur Beruhigung des Gewissens der Faschisten und zur Freisprechung von der Kollektivschuld, als darin, Antifaschisten von der Unschuld des Nationalsozialismus zu überzeugen.

Im Westen kann der Negationismus (der eine wichtige islamische Variante innehat) in unterschiedlichen Ausprägungen praktiziert werden. Viele Nazis universaler Prägung betrachten die Holocaustleugnung als Teil ihrer Kampagne zur Bewahrung der Offensive des Dritten Reichs gegen die Juden. Ebenso sehen sie die Holocaustleugnung als eine Möglichkeit, die Glaubwürdigkeit antifaschistischer Argumente in Frage zu stellen, indem sie den Nationalsozialismus als heroischen Versuch darstellen, die ethnischen Völker der westlichen Zivilisation daran zu hindern, Selbstmord zu begehen, indem sie in ein schwarzes Loch aus Multikulturalismus, Materialismus, Globalisierung und Amerikanisierung fallen. Studierende des Faschismus, die dieses Buch lesen, werden aufgefordert, ihr Engagement für die wissenschaftliche Methodik beim Studium des Faschismus als lebenswichtig für die Aufrechterhaltung der humanistischen Gegenoffensive zum Geschichtsrevisionismus und aller anderen Versuche zu erachten, die den akademischen Diskurs und die Methodik manipulieren, um den rassischen oder kulturellen Suprematismus und die daraus hervorgehende Unmenschlichkeit zu rechtfertigen.

Terroristischer Neofaschismus

Die vielleicht alarmierendste Innovation innerhalb der Entwicklung des Neofaschismus wurde bereits angesprochen, nämlich der Rückgriff auf terroristische Gewalt im Geiste des einsamen Wolfes des „führerlosen Widerstands" ohne Befehl von oben. (Natürlich ist „Terrorismus" ein wertgeladenes Wort, aber im Kontext faschistischer Versuche, Fantasien einer wiedergeborenen Ultra-Nation durch extreme Gewalt zu verwirklichen, ist es hoffentlich für die meisten Lesenden unumstritten verwendbar.) Auch hier handelt es sich um eine Komponente, die vor 1945 ein wiederkehrendes Merkmal der aggressiveren faschistischen Bewegungen gewesen war. In der „faschistischen Epoche" verwendeten paramilitärische Gruppen Gewalt, um ideologische und rassische Feinde anzugreifen und ihre Gegner einzuschüchtern. Wahrscheinlich hätten mehrere Bewegungen einen Terrorapparat nach nationalsozialistischem Vorbild eingerichtet, um die „Neuordnung" durchzusetzen und die Nation von der „Dekadenz" zu reinigen, wenn sie an die Macht gekommen wären (Law 2016). Italienische faschistische *Squadristi*, die nationalsozialistische Sturmabteilung SA (Gellately 1991) und die

Killerkommandos der Legionäre (Clark 2012) sowie die kroatische Ustaschamiliz (Tomasevich 2001) widmeten sich ihren Strafexpeditionen und lokalen Einschüchterungskampagnen oft mit verstörender Begeisterung.

Auch in diesem Falle spaltete sich ein im Zwischenkriegsfaschismus integrierter Charakterzug ab und entwickelte sich zu einer eigenständigen, spezialisierten Form des neofaschistischen Aktivismus. In seinem ideologischen Kern birgt der Faschismus das Potenzial für den Kult der kathartischen und transformativen Gewalt, der der aus seinem Imperativ ergebenden Logik der „schöpferischen Zerstörung" folgend eine Revolution gegen die bestehende dekadente Ordnung durchführen soll (Forgacs 1994; Albanese und del Hierrero 2016). Heute sind es jedoch nicht Bewegungen, sondern Individuen oder kleine Terrorzellen, die die gefährlichsten Handlungen vollziehen.

Eine ungebrochene Tradition lokaler faschistischer Gewalt auf niedriger Ebene, die lose als „terroristisch" betrachtet werden könnte, hat es immer gegeben, solange das Hauptziel war, eine gesamte Kategorie von Menschen (Juden, Migranten, Kommunisten, ethnische Minderheiten, Schwule und Lesben, Drogenabhängige usw.) in Angst und Schrecken zu versetzen und sie aus der Nachbarschaft oder dem Land zu vertreiben. In diesem Sinne kann der Ku-Klux-Klan mit seinen Kreuzverbrennungen und Lynchmorden durch maskierte Männer als Vorläufer des modernen rassistischen Terrorismus erachtet werden, obwohl ihm lange der revolutionäre Mythos fehlte, um als neofaschistisch klassifiziert zu werden, bis er auf den erstmals Ende der 1980er stattfindenden arischen Festen aktiv mit dem Neonazismus zusammenarbeitete. An diesem Punkt ging sein weißer Suprematismus eine Symbiose mit dem palingenetischen Mythos des Universalnazismus ein, der besagte, dass die ganze Welt von nicht-arischem Blut gereinigt werden solle. 1992 wurde in Großbritannien Combat 18 gegründet, einer der ersten Splittergruppen, die sich ausschließlich der faschistischen Gewalt im Namen von Adolf Hitler widmeten (auf dessen Initialen in den beiden Ziffern der 18 angespielt wird). Die Organisation hat in mehreren europäischen Ländern Zweigstellen und pflegt Beziehungen zu gewalttätigen Rechtsextremen in den USA. In jüngster

Zeit tauchte National Action als eine weitere britische Gruppe auf, die sich der terroristischen Gewalt widmete, bis sie 2016 verboten wurde. Beide haben überall dort Pendants, wo Universalnazismus und Ultranationalismus eine bedeutende rechtsextreme Subkultur entwickelten, wie etwa in Russland mit Splittergruppen wie die RONA, die RFO „Erinnerung" und die Russische Rechte Partei, die zwar häufig nur kurzlebig, aber dennoch bedeutend für die Aufrechterhaltung der physisch bedrohlichen Präsenz eines faschistischen Kultmilieus sind (Werchowsky 2016).

Dass es zu vereinfachend wäre, jede faschistische terroristische Gewalt auf den Neonazismus zu reduzieren, wurde unterstrichen, als Matthew Heimbach, der Organisator der Demonstration „Unite the Right" in Charlottesville im August 2017, die in einem Terroranschlag auf antifaschistische Demonstranten gipfelte, sich entschied, kein T-Shirt mit dem Konterfei Hitlers zu tragen, sondern eines mit dem von Cornelius Codreanu, dem Führer der rumänischen Eisernen Garde. Als er im Juli 2016 mit anderen Mitgliedern der Alt-Right auftrat, um Donald Trump beim Nationalkonvent der Republikaner zu unterstützen, brachte er seine Bewunderung für José Antonio (von der spanischen Falange), für Oswald Mosley (von der britischen BUF) und für Léon Degrelle (von der belgischen Partei Rex) sowie für Bashar al-Assad, Saddam Hussein und Muammar al-Gaddafi zum Ausdruck. Es sei auch darauf hingewiesen, dass in den USA ein wichtiger Beitrag zum weißen Suprematismus von einer sektenartigen Bewegung namens Christian Identity (CI) geleistet wird, die auf einer höchst unorthodoxen und rassistischen Variante des fundamentalistischen Christentums basiert.

Obwohl CI theoretisch das Heidentum des Nationalsozialismus ablehnen sollte, schließen sich in der Praxis viele seiner Kämpfer bereitwillig mit den Nazis zusammen, um gemeinsame Feinde zu attackieren. Ihr Antisemitismus stellte gemeinsam mit dem Neonazismus einen wichtigen Einfluss auf David Copeland, den Londoner Nagelbomber, dar (McLagen und Lowles 2000). In ähnlicher Weise können zeitgenössische Ku-Klux-Klan-Mitglieder zwar immer noch Treue zu einer rassistischen Form des Protestantismus schwören, haben aber keine Skrupel, an arischen Festen mit Mitgliedern der Church of the Creator teilzunehmen, für die die weiße Rasse Christus ersetzt hat. Die politische Karriere von Tom Metzger, dem Anführer der offen terroristischen White Aryan Resistance, verdeutlicht die durchlässige Membran, die zwischen rassistischem Christentum und neonazistischem Heidentum im heutigen Amerika existiert, wie der Dokumentarfilm *Blood in the Face* von Anne Bohlen, Kevin Rafferty und James Ridgeway aus dem Jahr 1991 anschaulich zeigt.

Die Entdeckung der deutschen Behörden im Jahr 2011, dass der geheime Nationalsozialistische Untergrund (NSU) seit über einem Jahrzehnt eine Reihe von Bankrauben und Morden an Muslimen (die so genannten „Döner-Morde"[42]) begangen hatte, unterstreicht das anhaltende Potenzial neofaschistischer Splittergruppen, die Strategie eines „spontanen" terroristischen Krieges gegen die Gesellschaft zu verfolgen, auch wenn der Terror von winzigen Zellen von Kämpfern ausgeübt wird. Die Handlungen des NSU sind vor dem Hintergrund der 1.485 rechtsextremen Gewaltverbrechen zu sehen, die allein in Deutschland im Jahr 2015 auf dem Höhepunkt der ausländerfeindlichen Proteste registriert wurden, von denen nur wenige das vorsätzliche Handeln zentral organisierter Gruppen miteinbezogen (Köhler 2016). Im Jahr 2020 enthielt die vom Deutschen Institut für Radikalisierungs- und Deradikalisierungsforschung (GIRDS) gepflegte Datenbank zum Rechtsterrorismus Informationen über eine beunruhigende Liste neofaschistischer Aktivitäten in der Bundesrepublik, darunter 108 (mindestens) rechtsterroristische Akteure seit 1963; 156 rechtsterroristische Ereignisse mit Sprengstoff seit 1971 (inklusive erfolgreicher und fehlgeschlagener Versuche); 2.459 rechtsextreme Brandanschläge seit 1971; mindestens 348 rechtsextrem motivierte Morde und Mordversuche seit 1971 (GIRDS 2020). Im Vergleich zu der Menge an Verbrechen, die der Nationalsozialismus zwischen 1919 und 1945

---

42   Anm. des Übersetzers: Im Jahr 2011 wurde der Begriff „Döner-Morde" in Deutschland zum Unwort des Jahres gekürt, die Jury begründete dies unter anderem mit dem „rassistischen Tenor des Ausdrucks". Siehe dazu: http://www.unwortdesjahres.net.

beging, verblassen solche Zahlen. Aber die Fähigkeit winziger Scherben der zersplitterten totalen palingenetischen Vision des Nationalsozialismus der Zwischenkriegszeit, noch immer unzufriedene Gruppen dazu zu motivieren, Tod, Elend und Angst auf direkter, lokaler Ebene zu verbreiten, darf nicht vergessen werden. Hinter jeder dieser Statistiken steht ein weiteres verlorenes oder zerbrochenes Leben. Gelegentlich kann der neofaschistische Terrorismus daher substantiellere und ideologisch stärker ausgeprägte Formen als ein anhaltender Krieg gegen das „System" annehmen.

Die bisher tödlichste und langwierigste kollektive Kampagne des neofaschistischen oder „schwarzen Terrorismus" wurde in Italien zwischen 1969 und 1980 in den so genannten „Bleiernen Jahren" verübt. Der Ausdruck bezieht sich auf eine Zeit großer Verwerfungen im öffentlichen, universitären und politischen Leben, die von der revolutionären Linken bewusst in willkürlichen Terroranschlägen der Roten Brigaden gegen das „System" und von der revolutionären Rechten in der so genannten Strategie der Spannung, die auf einen rechten Staatsstreich abzielte, angeheizt wurden. Dabei sprachen sich Formationen wie Nuclei Armati Rivoluzionari, Ordine Nuovo, Avanguardia Nazionale, Ordine Nero, Terza Posizione und eine Reihe noch kleinerer Splittergruppen, von denen viele von Julius Evola inspiriert waren, mit Vertretern der Regierung, Polizei und Justiz direkt ab. In diesem Fall erwies sich der Neofaschismus als viel zu marginal und unvereinbar mit der prodemokratischen Stimmung der damaligen Zeit, um eine glaubwürdige Bedrohung für die Staatsstrukturen darzustellen, aber über ein Jahrzehnt gelang es ihm, ein dauerhaftes Gefühl der nationalen Krise zu schüren (Ferraresi 1996; Albanese und del Hierrero 2016: 137-158).[43]

Das Scheitern jeder anderen Variante des Faschismus der Nachkriegszeit, aus seiner Ghettoisierung auszubrechen oder die

---

[43]   Ein permanentes Gefühl der nationalen und strukturellen Krise war unabding-
bar, damit die so genannte „Strategie der Spannung" ein Erfolg werden konnte.
Mit dieser Strategie glaubten Faschisten zu erreichen, dass eine rechtsextreme
Regierung für Millionen von Menschen als eine „Lösung" für die von der Linken geschaffenen Probleme erscheinen würde (Bull 2012).

ersten Schritte zur Verwirklichung seiner Utopie zu vollziehen, wie schwer die nationale Krise auch gewesen sein mag, ließ nur einen letzten, verzweifelten Ausweg für den revolutionären Nationalismus offen: den (so genannten) Terroranschlag des einsamen Wolfes. Basierend auf einer Taktik, die in der Vergangenheit bereits von Anarchisten, Kommunisten, Separatisten, Widerstandskämpfern, religiösen Fundamentalisten, Abtreibungsgegnern und Öko-Terroristen angewandt wurde, würde ein Individuum, das weitgehend unabhängig von einer Bewegung oder Kleingruppe agiert und sich fanatisch dafür einsetzt, seine imaginäre Ultra-Nation vor der Dekadenz zu retten, ein Symbol des verhassten liberalen multikulturellen „Systems" attackieren. Der bisher tödlichste und berüchtigtste einzelne Akt terroristischer Gewalt durch die deutsche neonazistische Rechte war der Bombenanschlag auf das Münchner Oktoberfest 1980, bei dem der Rechtsextreme Gundolf Köhler dreizehn Menschen tötete und 225 verletzte. Seitdem mussten sowohl Europa als auch die USA sporadische Angriffe auf verschiedene lebende Symbole für die Bedrohung der „arischen Zivilisation" erleben (z.B. auf eine multiethnische Familie[44], auf einen vom Gebet zurückkehrenden Muslim[45], auf Afroamerikaner[46], auf eine die Immigration befürwortende Abgeordnete[47] und auf das Holocaust-Gedenkmuseum in Washington[48]).

Bis zur Fertigstellung dieses Buches waren es vor allem die drei von Timothy McVeigh, Anders Breivik und Brenton Tarrant verübten terroristischen Angriffe, die die außerordentliche Fähig-

---

[44]   Beispielsweise feuerte 1999 in den USA der neonazistische Skinhead Jessy Joe Roten Schüsse in das Haus einer multiethnischen Familie ab.

[45]   Der Mörder war der Ukrainer Pavlo Lapshyn, der in seiner Heimat für seine rassistischen und neonazistischen Aktivitäten bekannt ist.

[46]   Ein Hinweis auf den Neonazi Dylann Roof, der 2015 eine Massenschießerei in einer Kirche in Charleston durchführte.

[47]   Ein Hinweis auf die Ermordung der britischen Parlamentsabgeordneten Jo Cox durch Thomas Mair im Jahr 2016.

[48]   Ein Hinweis auf einen Schusswaffenangriff des Neonazis James Wenneker von Brunn im Jahr 2009.

keit der neuen ideologischen und technischen Ressourcen demonstrierten, die Neofaschisten zur Verfügung stehen und es einem Fanatiker ermöglichen, nahezu eigenständig tödliche (und völlig
sinnlose) Zerstörungsakte gegen das auszuführen, was für den
Mörder lebende Symbole davon sind, was die idealisierte Ultra-Nation seiner Fantasie korrumpiert und untergräbt. Wie so häufig im
modernen Terrorismus wurden die Bürgerinnen und Bürger, die
unschuldig ihre eigene Normalität auslebten, von der politisierten
palingenetischen Denkweise in „dämonisierte Andere" verwandelt
und entmenschlicht. Deren Ermordung sollte die Gesellschaft zu
einer tieferen Wahrheit über die Welt „erwecken" oder zumindest
ihr Gefühl von Sicherheit und Selbstvertrauen untergraben. Was in
den 1930er Jahren von Mitgliedern der paramilitärischen Einheiten
von Massenbewegungen angerichtet wurde, konnte nun von einem
Einzelnen übernommen werden, der durch das kultische Milieu
des Neofaschismus radikalisiert worden war.

Bei der Untersuchung der tieferen Motivationen von
McVeighs Anschlag auf das Murrah Federal Building in Oklahoma
City, welches 168 Menschenleben kostete und 680 weitere verletzte
(Michel und Herbeck 2001), sowie Breiviks erfolgreicher Platzie-
rung einer Autobombe im Regierungsviertel von Oslo, gefolgt von
der Hinrichtung von 69 Mitgliedern der sozialdemokratischen Jugendorganisation Arbeidernes Ungdomsfylking auf der Insel
Utøya (Seierstad 2015), erkennt man, wie idiosynkratisch, komplex
und merkwürdig *privat* und *sozial isoliert* die Psyche zeitgenössischer Neofaschisten sein kann. Es besteht für sie keine Notwendigkeit, offizielles Mitglied einer hierarchischen Bewegung zu sein, deren ideologische Begründung für Gewalt von einem charismatischen Führer oder einer speziellen Parteiführung ausgeht. Ihre subjektive Analyse der Geschichte und die Notwendigkeit revolutionärer Maßnahmen zur Rettung der mythisierten Ultra-Nation stimmen nicht mit dem objektiven Zustand der Welt überein. Sie können daher in einen fanatischen Geisteszustand eintreten, eine Art
selbstinduzierte Psychose (medizinische Psychosen spielen selten
eine Rolle), die auf die Zerstörung symbolischer Ziele fixiert ist. Dabei besitzen sie aber nicht die Fähigkeit, die Rationalität ihrer Ziele
und das Ergebnis ihres Handelns realistisch zu bewerten, da ihre

humanistischen Werte von den höheren moralischen Anforderungen ihres Ziels, ihrer sakralisierten „Sache" transzendiert wurden.

Breivik, der jahrelang in selbst auferlegter Abgeschiedenheit lebte, nutzte den Luxus des Internets, welches Informationen ohne die Zwänge akademischer Genauigkeit liefert, um eine ausgeklügelte ideologische Begründung für seinen Plan, Norwegen vor der Islamisierung zu „retten", durch Kopieren und Einfügen von anderen Webseiten zu kreieren. Er tat dies in Form einer alternativen Geschichte des weltlichen Krieges des Islam gegen das christliche Europa. Das Ergebnis war *2083: A European Declaration of Independence*, ein ausuferndes, aber wertvolles Dokument der einsamen neofaschistischen Geisteshaltung in einer Zeit, in der neue Themen, neue Technologien, neue Kommunikationsformen und neue Möglichkeiten zur Kriegsführung gegen die Gesellschaft entstanden sind, die in der „faschistischen Epoche" unvorstellbar gewesen waren.

Breiviks auf Fantasie beruhende „Ultra-Nation", die sich zwischen Norwegen, Europa und dem Westen und Grundprinzipien des Glaubens an die arische Rasse, des kulturellen Christentums und des kitschigen Kriegerethos, auf das man in Videospielen wie *Assassin's Creed* trifft, bewegt, ist das Ergebnis einer Psyche, die in ihrer Verzweiflung, ihr Leben mit einem höheren, heiligen Zweck auszustatten, völlig von der Realität abgekoppelt ist (Griffin 2012b). Die Morde, die er so sorgfältig geplant und durch stundenlanges Spielen von *World of Warcraft* trainiert hatte, sollten einen Prozess des nationalen Erwachens auslösen, der zur Wiedergeburt Europas als homogene, existentiell sichere, „kulturelle" christliche Gesellschaft führen würde, die ihrer ruhmreichen Vergangenheit würdig und von „ausländischer Verschmutzung" gereinigt sein sollte. Stattdessen inspirierten die Morde das Entstehen eines riesigen Gedenkortes mit Blumen vor dem Osloer Dom, als Menschen spontan den Opfern gedachten.

Im März 2019 führte der Australier Brenton Tarrant einen Doppelanschlag auf eine Moschee und ein islamisches Studienzentrum in Christchurch, Neuseeland, durch, bei dem 51 Menschen getötet und 39 verletzt wurden. Dabei wandte er eine Taktik an, die sich an islamistischen Anschlägen in Paris und Mumbai orientierte.

Der Massenmord wurde live von einer Helmkamera übertragen. Tarrant wurde unverletzt festgenommen, hatte aber für den Fall seines Todes online ein Manifest publiziert, in dem seine Motive erläutert wurden. Darin behauptet er, dass seine Ideologie durch den Nationalsozialismus von Heinrich Himmler, den Faschismus der BUF und den Ökofaschismus beeinflusst worden sei, aber auch von der durch die Neue Rechte und die Identitären artikulierten Form der Islamophobie. Diese besagt, dass Muslime durch einen Prozess, der von der extremen Rechten als „the great replacement" (im deutschen Sprachraum als „der große Austausch" bekannt) bezeichnet wird, wie auch der Titel eines Buches von Renaud Camus lautet (Camus 2011), allmählich demografische Überlegenheit und kulturelle Hegemonie erlangten.

Neofaschisten: nicht im Einklang mit der Gegenwart, aber immer noch entschlossen, Geschichte „zu schreiben"

Für überzeugte Faschisten müssen die 1930er Jahre, in der ihre palingenetischen Hoffnungen auf eine nationale Wiedergeburt aufkamen, eine gesegnete Zeit gewesen sein. Um es mit es mit den Worten von Seamus Heaneys Gedicht „The Cure at Troy" zu sagen, war es eine Zeit, die sich „mit der Geschichte reimte". Der irische Dichter William Butler Yeats zum Beispiel bekannte später, dass auch er vorübergehend von dem Gefühl verführt worden war, durch seine Unterstützung für den Faschismus an einer grundlegenden Veränderung in der Geschichte beteiligt zu sein (Cullingford 1981: 75).

Seit 1945 zerschlugen die mächtigen Gezeiten einer neuen Ära jedes neue Reimschema, das der Faschismus erfinden konnte, zu Bruchstücken. Dennoch wird es weiterhin diejenigen geben, deren Suche nach transzendentem Sinn und Handlungsfähigkeit sie für die Vision eines neuen Tages, der für die Zivilisation anbricht, anfällig macht, auch wenn diese durch die verzerrenden Linsen der Nation, der „Rasse" und des Hasses betrachtet werden. Jeder neue

Akt neofaschistischer Gewalt, jede Veranstaltung, die darauf ab-
zielt, Erinnerungen an die faschistische Epoche wachzurufen, jede
Bezugnahme auf ethnische Kulturen als organische Wesen mit eigenen politischen Rechten und Schicksalen, erinnert an die Notwendigkeit der Humanwissenschaften, die Akte über den Neofaschismus nicht zu schließen oder ihn als Fußnote zur faschistischen
Epoche abzutun.

6 Fazit: Faschismus, Post-Faschismus und nach *Faschismus*

Vier Leitsätze für die produktive Anwendung des Begriffs „Faschismus"

Als die „neue Welle" der Faschismusforschung gerade an Fahrt gewann, veröffentlichte Umberto Eco, der berühmte italienische Intellektuelle und Schriftsteller, der den italienischen Faschismus aus erster Hand erlebt hatte, einen heute als Klassiker geltenden Artikel, der vierzehn „gemeinsame Merkmale" eines „ewigen Faschismus" oder „Ur-Faschismus" identifizierte (Eco 1995). Interessanterweise entspricht keines davon den Merkmalen der Definition, die dieses Buch prägt, und jedes einzelne von ihnen findet sich in einer Vielzahl von politischen Bewegungen oder Regimen, die laut diesem Buch *nicht* faschistisch sind. Diese ernüchternde Tatsache unterstreicht einmal mehr einen Punkt, der bei der Arbeit in diesem Fach nie vergessen werden sollte, nämlich den umstrittenen Charakter des Begriffs „Faschismus". Um eine berühmte Beobachtung aus Bernard Shaws *Pygmalion* über die Wichtigkeit des Akzents in England als Indiz der sozialen Herkunft zu parodieren: „Es ist unmöglich für einen Faschismusexperten [oder eine Faschismusexpertin!] den Mund zu öffnen, ohne von einer anderen Expertin oder einem Experten dafür gehasst oder verachtet zu werden."

Aus Gründen der Verständlichkeit schlage ich vor, diese unvermeidlich persönliche Einführung in den Faschismus als Schlüsselthema der politischen Theorie abzurunden, indem ich eine Reihe von Leitsätzen für die Erforschung des Faschismus offeriere (obwohl der vierte fünf Unterabsätze hat!). Sie dienen hoffentlich dazu, das Hauptargument des Buches über die Natur des Faschismus und seinen Status als generisches Konzept der Geschichts- und Politikwissenschaft zusammenzufassen und den Unterschied zwischen seinen Konnotationen vor und nach 1945 zu betonen. Ich schließe mit einigen Ratschlägen zur Vermeidung öder, die Definition betreffender Streitigkeiten und theoretischer Auseinandersetzungen sowie einigen Vorschlägen, sowohl in welche Richtung sich die vergleichende Faschismusforschung entwickeln kann, als auch wie Studierende und Wissenschaftlerinnen und Wissenschaftler zu ihrem weiteren Reifungsprozess und Fortschritt beitragen können.

1 *Der Idealtypus*: Es kann keine objektive, rein empirische, unstrittige Definition von „Faschismus" geben (siehe Kapitel 1, Anmerkung 2). Denn jede Definition eines generischen Begriffs in den Geisteswissenschaften ist im Grunde genommen ein *Idealtypus* (siehe Kapitel 1, Anmerkung 7), ein künstliches Konstrukt, das als taxonomisches (klassifizierendes) und heuristisches (investigatives) Instrument dient, um Segmente der historischen und gesellschaftspolitischen Realität anhand eines generischen Begriffs (in diesem Fall „Faschismus") zu identifizieren und vergleichend zu erforschen. Als solche können sie als Varianten eines allgemeinen Erscheinungsmusters verstanden und untersucht werden, oder, um biologische Metaphern zu verwenden, als Arten derselben Gattung, oder durch „Familienähnlichkeit" verbunden sein (siehe Kapitel 1, Anmerkung 6), *ohne die Einzigartigkeit jedes ihrer Exemplare zu leugnen*. Es ist eine durch Sprache verursachte optische Illusion oder ein epistemologischer Irrtum (ein Missverständnis der Beziehung zwischen Konzepten und Realität und wie wir die Welt „kennen"), dass der Faschismus eine „reale" Entität ist, die auf der Grundlage von „selbstverständlichen" Merkmalen beschrieben werden kann, dass er eine objektiv identifizierbare Essenz hat, oder dass er ein lebendiger historischer und sozialer Akteur ist, der Eigenschaften eines biologischen Organismus innehat, der wächst, fällt oder handelt.

2 *Das empathische Paradigma*: Um methodische Naivität zu vermeiden, sollte die neue Faschismusforschung zumindest ein gewisses Bewusstsein für die Existenz langer „marxistischer" und „liberaler" Traditionen der Beschäftigung mit dem generischen Faschismus aufbringen, ebenso wie für die verworrene und oft zänkisch geführte historische Debatte über seine Bedeutung; jedoch ohne

sich in dieser Debatte zu verzetteln. Zumindest sollte sie sich mit dem vertraut machen, was in diesem Buch als „empathischer Ansatz" bezeichnet wird, der den Faschismus als eine Form der Politik definiert. Der Ansatz wird seit den 1990er Jahren von Wissenschaftlerinnen und Wissenschaftlern immer mehr akzeptiert und angewendet. Wenn ein spezifisches „neues" Konzept des Faschismus in der Forschung angewendet wird, dann sollten um der akademischen Integrität willen dessen Hauptpunkte der Konvergenz und Divergenz in Bezug auf die Hauptströme der marxistischen und liberalen Theorie und der damit verbundene heuristischen „Mehrwert" deutlich gemacht werden, damit die wachsende Gemeinschaft der sich mit der vergleichenden Faschismusforschung beschäftigenden Akademikerinnen und Akademiker es leichter in ihre Arbeit integrieren kann.

3 *Die empirische Grundlage des empathischen Idealtypus*: Dieser Idealtypus steht sowohl im Widerspruch zu marxistischen Ansätzen, die den Faschismus auf die Rolle eines Agenten oder eines Werkzeugs des Kapitalismus reduzieren, als auch zu der älteren liberalen Tendenz, ihn im Wesentlichen als irrational, nihilistisch oder undefinierbar zu betrachten. Stattdessen versucht dieser Idealtypus, den Faschismus generisch zu begreifen, indem er untersucht, wie die Faschisten selbst ihre politische Mission verstanden. So entstand der Idealtypus zunächst aus einem weitgehend unbewussten Prozess idealisierter Abstraktion, an dem eine Reihe von Historikern beteiligt war, die konkrete Episoden der Geschichte des Faschismus, und in erster Linie eine große Auswahl an Primärquellen, die von überzeugten Faschisten verfasst worden waren, eingehend untersuchten. Gleichzeitig nahmen sie den Faschismus als politische Kraft *ernst* (ohne seine Werte oder sein Programm zu unterstützen), die auf einer für die Faschisten selbst „positiven" Ideologie basierte. Aus dieser Forschungsmethode ging klar hervor, dass der Faschismus seine eigene charakteristische Diagnose des gegenwärtigen Zustandes der Nation oder der Zeitgeschichte hatte und seine eigene Vision der Zukunft oder der idealen Gesellschaft besaß, die durch einen revolutionären Prozess der totalen gesell-

schaftlichen Umwandlung realisiert werden sollte. Zu diesen Historikern und Politikwissenschaftlern gehörten George Mosse, Eugen Weber, Emilio Gentile, Zeev Sternhell und Stanley Payne. Mein eigener Beitrag zur Verfeinerung dieses Ansatzes (Griffin 1991) war in den 1990er Jahren eine von mehreren Publikationen, die sich in Richtung einer konsistenten Theorie des Faschismus als Form des revolutionären Ultranationalismus bewegten.

Die Anwendung des Idealtyps auf Phänomene der extremen Rechten in der Zeit nach 1945 zeigt außerdem seinen empirischen Wert in der Unterscheidung des Neofaschismus von anderen Formen der Rechten, insbesondere vom radikalen, aber immer noch (technisch) demokratischen Populismus und von dschihadistischen Formen der islamistischen Politik (obwohl es in diesem Bereich weniger akademische Übereinstimmung gibt). Ein Merkmal der Anwendung meiner Variante dieses Idealtyps ist, dass er, indem er die Vision der ultranationalistischen Wiedergeburt als unverzichtbaren Kern hervorhebt, die Verwandtschaft des Zwischenkriegsfaschismus zu virtuellen intellektuellen, „kulturellen" und pseudoakademischen Varianten des rechtsextremen Aktivismus offenbart, wie etwa zu cyberfaschistischen Internetseiten, zur metapolitischen Neuen Rechten und zum Geschichtsrevisionismus. Besonders wichtig ist, dass der „differentialistische" Rassismus der europäischen Neuen Rechten als eine extrem rechte Form des Rassismus entlarvt wird, dass die Metapolitik ihrer identitären Argumente als eine Form der Politik verstanden wird und dass der scheinbare Gewaltverzicht in Wirklichkeit eine Verschiebung der Gewalt bis zu dem Punkt ist, an dem versucht wird, die Vision der Neuen Rechten einer „ethno-regionalen" Gesellschaft in die Praxis umzusetzen.

4 *Die definitorischen Komponenten des „empathischen" Idealtypus des Faschismus*: Seit den 1990er Jahren nahmen die empirische Bestätigung der Nützlichkeit dieses Idealtyps, der Umfang der Bewegungen und der primären Quellen, die von der Subdisziplin erfasst werden, sowie die Anzahl der Wissenschaftlerinnen und Wissenschaftler aus verschiedenen Ländern, die das empathische Paradigma anwenden, stetig zu. Der „Idealtypus" ist in so vielfältiger

Weise formuliert worden, wie es Expertinnen und Experten gibt, die bereit sind, ihn zu definieren, aber die konstanten, „definitorischen" Elemente des sogenannten faschistischen Minimums (*fascist minimum*) können aus der Perspektive dieses Buches folgendermaßen zusammengefasst werden:

- *Ultranationalismus*: „Faschismus" ist eine besondere Form des extremen Nationalismus, der auf einem utopischen Konzept der Nation als gesunde, mächtige und heroische organische Entität basiert (die in diesem Buch als „Ultra-Nation" bezeichnet wird). Eine selbsternannte Avantgarde militanter Ultranationalisten versucht diese in die Realität zu verwandeln, zunächst mit oder ohne populistische Unterstützung, obwohl langfristig eine ganze „nationale (oder ethnisch homogene) Gemeinschaft" als Folge der faschistischen Revolution gewaltsam oder kulturell mobilisiert werden soll. Die Ultra-Nation ist eine besondere Form der *imagined community*, zu Deutsch der „eingebildeten Gemeinschaft" (Anderson 1983), die nicht unbedingt mit einer historischen Nation oder einen Nationalstaat übereinstimmen muss, wie etwa im Falle der „weißen Rasse", die der Glaube an die Überlegenheit der Arier, dem weißen Suprematismus und dem Universalnazismus zugrunde liegt. Der Nationalsozialismus der Zwischenkriegszeit entwickelte beispielsweise bereits die Vision einer nationalen Gemeinschaft, die Elemente des historischen deutschen Nationalstaates und der supranationalen nordischen und arischen Rasse vereinte. Außerdem umfasst die Ultra-Nation nicht zwangsläufig so bekannte Komponenten der Zwischenkriegszeit wie die negative Eugenik, den biologischen Rassismus, den Terrorstaat, den Korporatismus oder den Imperialismus. Selbst der für den Zwischenkriegsfaschismus so charakteristische Führerkult, der uniformierte Paramilitarismus und die aufwendige Darstellung als politische Religion werden vom empathischen Paradigma nicht als definitorische Merkmale des Faschismus behandelt und finden sich ohnehin in einer Vielzahl von Formen der illiberalen Politik.

Der auf dem Projekt einer wiedergeborenen Ultra-Nation
basierende Ultranationalismus lehnt liberale Vorstellungen
von Staatsbürgerschaft, Multikulturalismus, Individualismus und der Gleichheit der Menschenrechte als Grundlage
der Gesellschaft ab, ebenso wie Formen des Nationalismus,
die sich aus liberalen Vorstellungen von Staatsbürgerschaft, Residenzrechten und kultureller Angleichung ableiten (*ius soli*, zu Deutsch Geburtsortsprinzip). Stattdessen
fördert er das Konzept einer affektiven Zugehörigkeit zu
einer organischen nationalen Gemeinschaft, sei es innerhalb eines Nationalstaates, einer imaginären globalen Ethnie, einer Rasse, einer ethnisch begründeten Kultur oder einer mystischen Mitgliedschaft, die durch anthropologischen Bindungen wie etwa eine mythisierte Geschichte,
Abstammung, Ort, Sprache, Kultur und Blut ermöglicht
wird (*ius sanguinis*, zu Deutsch Abstammungsprinzip). Einige Formen des Faschismus sehen die Entfernung oder
physische Reinigung von fremden und dekadenten Elementen aus der Gesellschaft als Voraussetzung für die Entstehung der Ultra-Nation, viele andere wiederum tun dies
nicht. Alle sind jedoch einer Ideologie des revolutionären
(palingenetischen) Ultranationalismus verpflichtet, die auf
die Krisenbedingungen zugeschnitten ist, in denen sich die
imaginierte „Ultra-Nation" befindet.

- *Der Glaube an eine die Ultra-Nation bedrohende Krise*: Es wird
davon ausgegangen, dass die durch eine faschistische Revolution zu erreichende latente organische Ultra-Nation einer drängenden oder anhaltenden existentiellen Bedrohung ausgesetzt sei. Diese Bedrohung kann auf eine Vielzahl von Faktoren zurückgeführt werden, die von den vorherrschenden historischen Umständen bestimmt werden,
drückt sich aber typischerweise in einem Gefühl von
„Krise", „Dekadenz" und „Entartung" aus. Dazu gehören
beispielsweise der Glaube an einen militärischen, industriellen, demographischen, moralischen und kulturellen Niedergang, die Herstellung von „entarteter" und sinnloser

Kunst, anonyme Stadtlandschaften und Architektur, wirtschaftliche und militärische nationale Demütigung, der
Verlust der nationalen Essenz und Potenz, Identitätsver-
lust, Erosion des gesellschaftlichen Zusammenhalts, eine
die heroische Vergangenheit betreffende kollektive Amne-
sie und eine Vermischung mit rassischen, ideologischen,
dysgenischen oder moralischen „Feinden". Hinzu kommt
der Glaube einer Kontamination durch dekadente Ideologien (z.b. Pazifismus, Kommunismus, Kosmopolitismus,
Globalisierung, Multikulturalismus, politische Korrektheit), durch fremde Kulturen (z.b. afroamerikanische, jüdische, slawische, islamische Kulturen oder experimentelle,
abstrakte und unverständliche Kunst) und durch „unge-
sunde" soziale Praktiken und Bewegungen (z.b. Konsumismus, Homosexualität, Feminismus, Mischehen, Soziale
Medien, Materialismus, Kommunismus). In der faschistischen Denkweise wirken einzigartige Kombinationen dieser Faktoren zusammen, um den Zusammenhalt der nationalen Gemeinschaft, die heroische Konzeption der Ultra-
Nation und die Möglichkeit, Transzendenz durch nationale
Zugehörigkeit zu erreichen, zu untergraben.

• *Aufrufe oder Pläne für die totale Eroberung der (politischen oder
kulturellen) Macht:* Einige stark engagierte Faschisten sind
davon überzeugt, dass der katastrophale Zustand und die
schleichende Dekadenz, die gegenwärtig den organischen
Zusammenhalt und die Stärke der Nation bedrohen würden, und damit das Entstehen der Ultra-Nation, letztendlich durch einen gewalttätigen Militärputsch oder einen
Wahlsieg, der durch eine mächtige populistische Bewegung verstärkt wird, rückgängig gemacht werden könnten.
Die Neue Rechte hingegen arbeitet auf eine graduelle kulturelle Revolution hin, die die Hegemonie für ultranationalistische Werte und die Ablehnung des Multikulturalismus
erreichen soll. Dies wiederum werde eine politische Transformation bewirken, die in der Praxis langfristig unweigerlich zu interkommunaler Gewalt führen würde. All diese

Prozesse sollen rechtzeitig zu einem nationalen „Wiederer-
wachen" und einer totalisierenden Wiedergeburt in allen
Bereichen führen. In der Praxis waren die faschistischen
Übernahmen des Staates in Italien und Deutschland das Ergebnis eines demokratischen Prozesses, der durch den bedrohlichen Einsatz paramilitärischer Kräfte unterstützt
wurde. Die Machtergreifung in Kroatien zur Durchführung
einer ethnischen Revolution war hingegen nur aufgrund einer außergewöhnlichen Situation möglich, die vorübergehend durch die Besetzung des Balkans durch die Achsenmächte geschaffen worden war.

Mit Ende des Zweiten Weltkrieges schrumpfte der politische Handlungsraum für faschistische Bewegungen und
die kritische soziale Masse zur Hervorbringung eines charismatischen Führers und zur Durchführung eines erfolgreichen Putsches blieb aus. Um sich dieser neuen Situation
anzupassen, hat sich auch der Faschismus radikal verändert. Der daraus resultierende Neofaschismus nahm viele
Formen und eine Reihe von verschiedenen Strategien zur
Machtergreifung an, von der Durchführung eines Militär-
putsches über den Sieg bei demokratischen Wahlen bis hin
zur Veränderung der kulturellen Hegemonie zugunsten faschistischer Ideale, von der Anwendung terroristischer Gewalt zur Auslösung eines Rassenkrieges und zur Erwe-
ckung der Ultra-Nation bis hin zur einfachen Verwendung
des Cyberspace, um den faschistischen Traum am Leben zu
erhalten und den Glauben zu bewahren, dass irgendwann
in der Zukunft historische Bedingungen die Entstehung einer neuen nationalen oder zivilisatorischen Ordnung be-
günstigen. Mit dem Niedergang des Nationalstaates und
der so viele Phänomene betreffenden Globalisierung
nimmt die Konzeption der faschistischen „Neuordnung"
und die Regeneration der Ultra-Nation im internationalen
und transnationalen Sinne der europäischen oder westlichen Erneuerung als Ganzes stetig zu, ebenso wie der
Rückgriff auf weltweiten Cyberfaschismus und metapolitische, supranationale kulturelle Initiativen.

- *Das Ziel, eine faschistische (und neofaschistische) Neuordnung zu schaffen*: In der Zwischenkriegszeit wurde die Umkehrung der Dekadenz in der Regel archetypisch mythisch als totale und bevorstehende phönixartige Wiedergeburt konzipiert, als Prozess der Erneuerung, der Regeneration, einer neuen Morgendämmerung oder eines Neubeginns. Diese Palingenese sollte in eine neue Phase nationaler Größe einführen, die sich auf die verborgenen Ressourcen dessen stützte, was als unsterbliche und unsichtbare, auf ursprünglichen, ewigen Werten beruhende Ultra-Nation konzipiert wurde, und in einigen Fällen (wenn auch nicht in allen) auf die „Reinheit" einer überlegenen Rasse (die geographisch gesehen mit einem Nationalstaat übereinstimmen konnte, aber nicht musste). Mit anderen Worten, wo immer möglich, operierten Faschisten instinktiv mit dem, was Theoretiker des Nationalismus als „primordialistisches" (ursprüngliches) Konzept der Nation bezeichnen, wie es im nationalsozialistischen Konzept der Deutschen als „arische Rasse", dem italienischen faschistischen Kult der *romanità* und dem vom Hungarismus kultivierten turanischen Mythos der Ursprünge der Magyaren verkörpert wird. In der Folge war die Welt gezwungen, die katastrophalen Folgen der faschistischen Versuche, ihre organische Neuordnung zu verwirklichen, zu erleben.

In der Nachkriegszeit ist der Zeitplan für die Wiedergeburt und die Entität, die wiedergeboren werden soll, also das, was die Ultra-Nation ausmacht, für viele Faschisten deutlich nebulöser und undefinierter geworden, obwohl sich der palingenetische Mythos definitorisch immer noch innerhalb des Idealtypus befindet. Die Wiedergeburt der Ultra-Nation aus dem Nationalstaat wird im Allgemeinen immer noch als integraler Bestandteil eines Regenerationsprozesses angesehen, der die westliche Zivilisation als Gesamtes betrifft und einen tiefgreifenden Wandel in der Weltgeschichte einleitet. Der Neofaschismus ist jedoch durch so viele palingenetische Visionen und Schemata gekennzeichnet, dass es unmöglich ist, verallgemeinernd zu bestimmen, wie diese Wiedergeburt ablaufen solle. Dies

gilt insbesondere nun, da die Wiedergeburt aus Sicht vieler
Faschisten auf unbestimmte Zeit verschoben werden und
der innere Zusammenbruch der liberalen Zivilisation abge-
wartet werden müsste. Dies bezeichnete Julius Evola (1961)
als das „Reiten auf dem Tiger" (bis er erschöpft zusammen-
bricht). Der Prozess der gesellschaftlichen Erneuerung
wird daher nur selten im Detail beschrieben. So bezog sich
der Bericht über die rassische Apokalypse am Ende von *The
Turner Diaries* (Pearce [1978] 2013) auf einen „reinigenden
Hurrikan", der die Welt vom dysgenischen menschlichen
Leben säubern werde. Die neu entstehende arische Welt
wurde hingegen nicht dargestellt, ebenso wenig wie aufge-
zeigt wurde, was nach der von Armin Mohler (1950) er-
sehnten „konservativen Revolution" geschehen werde. Für
die meisten Neofaschisten, insbesondere für mehrere tausende militante Nazis universaler Prägung in aller Welt
und eine Handvoll Terroristen, die entschlossen sind, das
Land von Multikulturalismus, Islamisierung und Massenmigration zu befreien, ist der Kampf gegen die Dekadenz
des Systems im Namen höherer ultranationalistischer
Werte zu einem Zweck an sich geworden. Der Kampf wird
mit sehr unterschiedlichen Analysen und Taktiken verfolgt, aber – im starken Gegensatz zum Europa der Zwischenkriegszeit, als die Bedrohung durch revolutionäre Gewalt sehr real war – ist der Großteil der faschistischsten
Vorstellungen von der Realität abgekoppelt, und selbst die
Fantasien über Angriffe auf das System, denen sich die Neofaschisten hingeben, bleiben meistens virtuell.

- *Eine modern(istisch)e Vision der faschistischen Neuordnung, die
  Elemente einer mythisierten Vergangenheit umfasst*: Die Neuordnung, egal wie und wann sie konzipiert wird, also selbst
  im Falle des futuristischen Faschismus in Italien, bezieht
  ihre vitale (mythische) Stärke aus der „verwendbaren Vergangenheit" der Ultra-Nation (Nation, Zivilisation oder
  Rasse). Es ist daher ein Missverständnis anzunehmen, dass
  das faschistische Streben nach Verwurzelung und einer

Auseinandersetzung mit der Vergangenheit gewissermaßen reaktionär oder antimodern ist. Im Gegenteil, der Faschismus ist eine dynamische, zukunftsorientierte und
(vermeintlich) zukunftserobernde Ideologie, die sich selbst
als alternative und realisierbare Moderne zu einer dekadenten Gegenwart versteht. Sie strebt nach einer „verwurzelten Moderne" und kann daher sogar an sich als eine
Form der Moderne verstanden werden (Griffin 2007).

Den Fisch fangen, ohne sich im Netz zu verheddern

In diesem Buch wurde durchgehend betont, dass das, was die verschiedenen Idealtypen des Faschismus auszeichnet, ihre *Nützlichkeit* (also ihr heuristischer Wert) bei der Anwendung auf konkrete
Forschungsfragen ist. Darüber hinaus sollte nicht vergessen werden, dass kein einzelnes Konzept die unendliche Vielfalt menschlicher und historischer Realitäten umfassen oder begreifen kann, so
dass immer mehrere, verschiedene und nur teilweise überlappende
Idealtypen angewendet werden können. Der Nationalsozialismus
kann beispielsweise sowohl als einzigartig und gleichzeitig als eine
Form des Faschismus, des Totalitarismus, der politischen Religion,
der politischen Moderne, der paranoiden Politik oder des autokra-
tischen Patriarchats angesehen werden – und zweifellos können
auch andere generische Konzepte auf ihn angewendet werden. Jeder Idealtyp sollte daher pragmatisch als *ein* potenzieller Schlüssel
und nicht als *der* Schlüssel zu einer Debatte behandelt und auf intelligente Weise, also nicht mechanisch und unkritisch, angewendet werden.

   Da Idealtypen in einer Debatte eine künstliche taxonomische
(klassifizierende) Ordnung schaffen, sollten Studierende nicht ver-
unsichert sein, wenn sie auf scheinbar widersprüchliche ideologische Komponenten innerhalb der „gleichen" faschistischen Bewegung stoßen. Der italienische Faschismus zum Beispiel war ein plu-
ralistisches Phänomen, das viele rivalisierende Theorien und sogar
Philosophien darüber enthielt, wie der neue Staat aussehen sollte,
ebenso wie Strömungen konservativer und futuristischer, elitärer
und populistischer, bürgerlicher und proletarischer, städtischer

und ländlicher, junger und gerontokratischer, revolutionärer und
reaktionärer Art. Wie (in Kapitel 3) betont wurde, unterstützten
auch viele Italienerinnen und Italiener den Faschismus, die tief im
Inneren keineswegs an die faschistische Vision glaubten, aber dennoch aktiv darin beteiligt waren. Wie alle Faschismen (und alle politischen Systeme jeglicher ideologischer Ausrichtung) war Mussolinis Faschismus an sich *a messy mixture* (Roberts 2000), also eine
chaotische Mischung, die Elemente wie den ultrakonservativen Ka-
tholizismus umfasste, der dem heidnischen Kult der *romanità* widersprach. Dieser wiederum stand in direktem Konflikt sowohl mit
technokratischen als auch mit futuristischen Visionen des neuen
Italiens und mit Giovanni Gentiles Hegelscher Theorie des ethischen Staates, die die Grundlage für die offizielle Definition der faschistischen Ideologie in der *Enciclopedia Italiana* formte.

Die praktische Schlussfolgerung einer solchen ideologischen
„Unordnung" für das Schreiben übersichtlicher und kohärenter
studentischer Projekte zum Thema Faschismus ist deutlich. Wenn
Definitionen, methodische oder generische Fragen nicht im Mittelpunkt eines Essays oder einer Dissertation stehen, aber Studierende
sich mit einem Thema befassen, das eine Arbeitsdefinition des Faschismus erfordert, empfehle ich das Folgende:

1.   zu zeigen, dass man sich bewusst ist, dass es sich um einen
     umstrittenen Begriff handelt;

2.   eine Version der paradigmatischen Definition, die in die-
     sem Band vorgestellt wurde, auszuwählen oder zu formu-
     lieren, oder, wenn man von einer anderen Theorie oder ei-
     nem Ansatz überzeugt ist, der die Notwendigkeit der For-
     mulierung von Definitionen insgesamt ablehnt (z.B. Pass-
     more 2002), das einzuführen und zu erklären, warum es
     besser ist, dieses Vorgehen im vorliegenden Kontext anzu-
     wenden;

3. mit einem möglichst reibungslosen Übergang zur Beantwortung der Fragestellung in einem vollständig mit Verweisen versehenen und empirisch untermauerten Argument fortzufahren, und zwar durch die Konzentration auf
jene Segmente historischer oder aktueller Realitäten, die
durch den hier eingeführten Idealtypus beleuchtet werden.

Dabei sollte man sich von einer Leidenschaft für die außergewöhnliche Individualität und Einzigartigkeit faschistischer Phänomene
leiten lassen, nicht von ihrer Allgemeingültigkeit. Man sollte sich
von den einzigartigen *menschlichen* Geschichten und Sequenzen
von (oft beunruhigenden oder schrecklichen) Ereignissen faszinie-
ren lassen, die eine zusätzliche Dimension erhalten, wenn sie in ihrem vollen historischen Kontext beleuchtet und durch die Linse des
von mir dargelegten empathischen Idealtyps betrachtet werden.

Der chinesische Philosoph Zhuāng Zhōu (viertes Jahrhundert
v. Chr.) formulierte es besser:

> „Fischreusen sind da um der Fische willen; hat man die Fische, so vergißt
> man die Reusen. Hasennetze sind da um der Hasen willen; hat man die Ha-
> sen, so vergißt man die Netze. Worte sind da um der Gedanken willen; hat
> man den Gedanken, so vergißt man die Worte. Wo finde ich einen Men-
> schen, der die Worte vergißt, auf daß ich mit ihm reden kann?"

Vielleicht gibt es also ein fünftes Prinzip, das in diesem Buch vorgeschlagen wird. Sobald man sich mit dem Faschismus als einer lebendigen historischen, politischen und menschlichen Realität be-
schäftigt, sollte man die Theorie des palingenetischen Ultrationa-
lismus, die dabei geholfen hat, zu diesem Punkt zu gelangen, vergessen. Der hier angebotene Idealtypus des Faschismus sollte als
eine Falle angesehen werden, um schwer greifbare menschliche Realitäten zu erfassen, die ansonsten weniger verständlich wären. Er
sollte aber nicht zu einer anderen Art von Falle werden, die die
Auseinandersetzung mit der empirischen Realität ebenso wie die
gemeinschaftliche Kommunikation mit Kolleginnen und Kollegen
verhindert, anstatt sie zu erleichtern. Man bedenke, was Brecht betonte: „DIE WAHRHEIT IST KONKRET". Die akademische oder
analytische Wahrheit, die man in einem Essay etablieren möchte,

sollte auch in empirischer und menschlicher Hinsicht so konkret
wie möglich sein.

Nach *Faschismus*: Was man aus der vergleichenden Faschismusforschung mitnehmen kann

Wenn Sie diese Textstelle meines Buches (daher die Überschrift
„nach *Faschismus*" in Anspielung auf den Buchtitel) erreicht haben,
könnte es sein, dass Sie Zweifel haben, ob es angesichts der intrin-
sischen Kontroversen und Komplexität der Faschismusforschung
nicht besser wäre, zu einem anderen Fachgebiet der Geisteswissenschaften zu wechseln (nicht, dass ein anderes Fachgebiet keine eigene Komplexität haben würde!). Sollte dies der Fall sein, bitte ich
Sie, die folgenden Punkte zu berücksichtigen.

Die Faschismusforschung bietet für Studierende als geistes-
wissenschaftliches Thema sicherlich ein Terrain, auf dem viele we-
sentliche Fähigkeiten für eine Profession entwickelt und verfeinert
werden können, die ihnen anspruchsvolle Forschungsfähigkeiten
abverlangt. Sie fordert eine Kombination aus Historiographie und
fortgeschrittener konzeptioneller und methodischer Kunstfertig-
keit und bezieht Ereignisse ein, deren Erklärungen häufig künstliche Barrieren zwischen politischen, soziologischen, anthropologischen und psychologischen Ansätzen aufbrechen. Die Faschismusforschung ist wie ein Übungsgelände für Techniken der fachkundi-
gen Forschung.

Darüber hinaus kann die Faschismusforschung als Portal dienen, das sich zu einem tieferen Verständnis vieler Bewegungen in
der Vergangenheit oder der Zeitgeschichte öffnet, die eine ähnlich
fanatische Hingabe an eine revolutionäre Mission beinhalten und
sie für extreme Gewalttaten und Barbarei verantwortlich macht,
wie etwa in den Staaten der Bolschewisten, Maoisten, Pol Pots und
des sogenannten Islamischen Staates (IS). Die Faschismusforschung bietet außerdem eine gute Ausbildung zum Verständnis
vom Missbrauch staatlicher Macht im Namen eines organisch, ne-
bulösen und mythisch konzipierten „Volkes", dessen moralisches
Wohlergehen die individuellen Menschenrechte ersetzt, wie etwa

das Recht, nicht gefoltert, nicht hingerichtet, nicht ohne ein ordnungsgemäßes Gerichtsverfahren inhaftiert oder aus ethnischen oder religiösen Gründen verfolgt zu werden. Solche Beispiele unterstreichen den *humanistischen* und *humanisierenden*, also vermenschlichenden, Wert davon, Phänomene zu untersuchen, die kalkulierte Akte der Unmenschlichkeit beinhalten oder zu solchen führen, und stärken damit den Status von Geschichte und Politikwissenschaft als integrale Disziplinen der Geisteswissenschaften.

Was zur nächsten Phase der Faschismusforschung beigetragen werden kann

Meine abschließenden Überlegungen richten sich an diejenigen, die den vorliegenden Band auf dem Niveau eines Masterprogramms oder einer Dissertation konsultieren und sich motiviert fühlen, die Disziplin der vergleichenden Faschismusforschung durch ihre eigene Themenauswahl und anschließende Forschung zu bereichern. Wenn Sie sich nicht darauf konzentrieren, was die Faschismusforschung für Sie tun kann, sondern was Sie als Forscherin oder Forscher für die vergleichende Faschismusforschung tun können, eröffnen sich viele neue Möglichkeiten. Da die vergleichende Faschismusforschung vor allem in englischer Sprache durchgeführt wird, muss zum einen noch viel Arbeit von Spezialistinnen und Spezialisten mit den entsprechenden Sprachkenntnissen und kulturellem Hintergrund geleistet werden, um dem Puzzle des faschistischen oder parafaschistischen Phänomens, das in der Zwischenkriegszeit in Ländern wie Polen, der Tschechoslowakei, der Slowakischen Republik, Bulgarien, der Ukraine, den Balkanstaaten (über Kroatien hinaus) und den baltischen Staaten, über die auf Englisch und Deutsch so wenig Literatur existiert (Costa Pinto und Kallis 2014), weitere Teile hinzuzufügen.

Diese Arbeit würde eine internationale Verbreitung gewährleisten, insbesondere wenn man sich bemühen würde, die Ergebnisse in die vergleichende Faschismusforschung zu integrieren, indem man den empathischen Ansatz für grundlegende Definitions- und Klassifizierungsfragen anwendet, da er zumindest bis auf Weiteres zur konzeptionellen *lingua franca* in diesem Forschungsfeld geworden ist. Zum anderen bedarf es in der Disziplin an deutlich mehr Wissen über die faschistischen Anteile, die in ultranationalistischen Bewegungen und Regimen des 20. Jahrhunderts erkannt wurden, die in Indien, im Nahen Osten (insbesondere im Libanon), in China, Japan, Südafrika und Lateinamerika (insbesondere Argentinien, Brasilien und Chile) unter dem direkten Einfluss des europäischen Faschismus entstanden. Gefragt ist außerdem, inwiefern das emphatische Paradigma des Faschismus das Verständnis der einzelnen Phänomene in einer kohärenten internationalen Perspektive bereichern kann. Dies könnte zu einer weitaus methodisch kohärenteren Erforschung des Faschismus als globales Phänomen führen als es in bestehenden Bänden zum Thema der Fall ist (z.B. Larsen 2001; Wippermann 2009), die ihre Analyse auf Idealtypen des Faschismus stützen, die so eigenwillig sind, dass sie den Wert ihrer Untersuchung für die praktische Forschung in den vergleichenden Studien beeinträchtigen.

Was den Neofaschismus betrifft, so besteht ein ständiger Bedarf an humanistischen Organisationen zur Überwachung des Outputs revolutionärer Ultranationalisten in Druckerzeugnissen, Sozialen Medien und im Cyberspace. Insbesondere ihre Demonstrationen, Festivals, Konzerte, Hassdelikte und Terroranschläge bedürfen einer Überwachung. Dies gilt ebenso für die neofaschistischen Versuche, sich als demokratische Aktivisten auszugeben, ihre revisionistischen Bemühungen, den Nationalsozialismus zu rehabilitieren oder ihre metapolitischen Kampagnen zur Regeneration von durch die Moderne bedrohten homogenen Kulturen, um zu verhindern, dass „ethnischer Selbstmord" und „kultureller Völkermord" durch Multikulturalismus und Masseneinwanderung ausgelöst werden. Es könnte für solche Organisationen der Überwachung und diejenigen, die im Bereich der Bekämpfung von Extremismus und Radikalisierung und der Soziologie der Gewalt tätig sind, äußerst wertvoll sein, mit Akademikerinnen und Akademikern zusammenzuarbeiten, die mit einer hochwertigen konzeptionellen und methodischen Herangehensweise an den generischen Faschismus ausgestattet sind. Dies würde die Tür zu einem fruchtbaren Wissensaustausch mit gleichwertigen Kooperationen in anderen Ländern öffnen, die sich mit der Bedrohung durch die extreme

Rechte auseinandersetzen, und so ähnliche internationale Netzwerke entstehen lassen, wie sie bereits in der Terrorismusbekämpfung existieren.

In der vergleichenden Faschismusforschung als Subdisziplin gibt es keinen Mangel an Konferenzen und Fachzeitschriften, die bereit sind, innovatives Material zu veröffentlichen. Ein wichtiger Schritt zur Schaffung eines echten Gefühls der akademischen Gemeinschaft war jedoch die Gründung der International Association for Comparative Fascist Studies (COMFAS) im Jahr 2018, die ihren Sitz an der Central European University hat und in Zusammenarbeit mit der Fachzeitschrift *Fascism: Journal for Comparative Fascist Studies* gegründet wurde. Ihr Ziel ist es, sowohl ein virtuelles als auch durch seine Konferenzen und Workshops physisches Forum für Forscherinnen und Forscher des Zwischen- und Nachkriegsfaschismus aus aller Welt zu kreieren, die bereit sind, sich kritisch mit den aktuellen Trends in diesem Bereich auseinanderzusetzen und helfen wollen, die Faschismusforschung zu einer wahrhaft internationalen und multidisziplinären Unternehmung reifen zu lassen.

Neben dem Stopfen der vielen Löcher in der Erfassung und Aktualisierung der Disziplin gibt es drei wichtige Tendenzen in der Entwicklung der Faschismusforschung, die bei der Formulierung eines originären Themas und der Definition der mit der Forschung verbundenen Fragen und Ziele zu berücksichtigen sind. Die erste Tendenz, die von George Mosse (1974) und Emilio Gentile (1996) entwickelt wurde und von den Kritikern manchmal abschätzig als „kulturalistisch" bezeichnet wird, versteht den Faschismus nicht nur als ein politisches oder ideologisches Phänomen, sondern im weitesten Sinne auch als ein kulturelles und sozialanthropologisches Phänomen (Griffin 2002, 2007). Das Interesse gilt also dem Verhältnis zwischen Faschismus und Kunst, Architektur, Philosophie, Mythos, Ritualen, Kosmologie, Symbolen und der Schaffung heiliger Räume, was zumindest teilweise als Versuch gesehen wird, die Entzauberung der Welt durch die Moderne durch utopische Projekte umzukehren, die ihren fanatischsten Anhängerinnen und Anhängern Sinn, Zweck, Transzendenz und ein soziales und existentielles Zentrum bieten. Es gibt viel Aufregendes zu erforschen,

wenn es darum geht, zu begreifen, wie der Faschismus seinen Anhängern einen Weg bietet, ein Gefühl der Verwurzelung, Gebor-
genheit und „Beständigkeit" wiederherzustellen, um dem zu wi-
derstehen, was Zygmunt Bauman (2000) *liquid modernity* (also flüs-
sige Moderne) und George Mosse *the rush of time* (also die Eile der
Zeit) nannte (Griffin 2004). Typisch für das, was man einen *anthropological turn* nennen könnte (um es vom *cultural turn* zu unterscheiden), sind Untersuchungen zum Kult des Körpers (Mangan 2000),
zum neuen Menschen (Sandulescu 2004; Feldman et al. 2017), zum
neuen Gewissen im Nationalsozialismus (Koonz 2005), zur neuen
Moral, die sogar Völkermord zulässt (Kallis 2008), zum Verhältnis
vom Faschismus zur Zeit (Esposito 2015a), zum technokratischen
Mythos (Esposito 2015b), zum Modernismus (Griffin 2007, 2017)
und zur architektonischen und städtebaulichen Suche nach einem
heiligen Zentrum (Kallis 2014). Dieser aufstrebende Bereich der Faschismusforschung schafft den geistigen Raum für einen Anstieg
an Forschungsthemen, in denen kulturelle Vorhaben und die Produktion von Artefakten innerhalb von Konzepten wie dem „revolutionären Nationalismus" und der „verwurzelten Moderne" eine
neue Bedeutung erlangen.

Tief mit dieser neuen Welle ist die Forderung verbunden, den
Faschismus nicht als monolithische, in sich geschlossene, fast
„reine" politische Einheit zu behandeln, die schlichtweg neben und
weitgehend unabhängig von anderen Formen der illiberalen Rechten existiert. Wie David Roberts überzeugend in *Fascist Interactions:
Proposals for a New Approach to Fascism and its Era* (2016) argumentiert, ist es gerade seine zu Abspaltungen neigende, facettenreiche
und promiskuitive Natur des Faschismus sowie der stark ausgeprägte Pragmatismus seines um jeden Preis nach der Macht Strebens, der ihn so sehr prädestiniert für transnationale Verflechtungen, Entlehnungen von ausländischen Vorbildern und Hybridisie-
rungen. Er darf daher nicht isoliert, sondern muss in seinen Wech-
selwirkungen sowohl mit der nationalen konservativen Rechten als
auch mit den neuen, hochdynamischen Formen der Rechten, die in
vielen Teilen der westlichen Welt nach 1918 entstanden sind, untersucht werden. Ein besseres Verständnis der einzigartigen kulturellen Einbettung, des Entwicklungsverlaufs und der Verflechtungen

des Faschismus in jedem Land sollte es ermöglichen, schließlich das zu etablieren, was Roberts „die geflochtene Dynamik, die das Netz der Interaktion umfasst" nennt, welches „ein neues Universum auf der rechten Seite" (2016: 224) formte, von dem der Faschismus nur eine „Teilmenge" sei (2016: 227). Junge Forscherinnen und Forscher werden ermutigt, einen Beitrag zu dieser neuen Richtung in der vergleichenden Forschung zu leisten, die den Faschismus aus seiner gegenwärtigen Isolation in seinem breiteren politischen Umfeld herauslöst.

Eine dritte Neuentwicklung, die reich an potenziellen Themen für Promovierende ist, bezieht sich auf ihre bisher weitgehend vernachlässigte transnationale Dimension. Michael Ledeen (1972) schrieb eine wegweisende Arbeit über die Versuche, eine faschistische Internationale zu kreieren, und Herzstein (1982) vermittelte faszinierende Einblicke in die nationalsozialistischen Europapläne nach dem endgültigen Sieg des Dritten Reiches. Ich versuchte, eine Bestandsaufnahme der paneuropäischen faschistischen Initiativen vor und nach dem Krieg vorzulegen (Griffin 2008), während Kevin Coogans Untersuchung (1999) über Francis Yockeys Versuche in der Nachkriegszeit, eine faschistische Internationale zu schaffen, den Blick für die Welt des internationalen Neofaschismus öffnete. Aber nun, da sich der heuristische Wert des empathischen Paradigmas des Faschismus ausreichend etabliert hat, um als selbstverständlich angesehen zu werden, ist die Energie, die zuvor bei der Diskussion um Definitionen verschwendet worden ist, für eine tiefere Auseinandersetzung mit bislang vernachlässigten Aspekten des Faschismus frei geworden. Abgesehen von den Verstrickungen des Faschismus mit der nicht-faschistischen Rechten (ein höchst aktuelles Thema im Kontext des heutigen Rechtspopulismus) besteht ein Forschungsfeld, welches sich nun für eine fruchtbare Untersuchung öffnet, aus den vielen Episoden von *Histoires croisées* und transnationalen Interaktionen, die die Notwendigkeit unterstreichen, im Mittelpunkt faschistischer Vorstellungen nicht den Nationalstaat, sondern die Ultra-Nation in ihrer nationalstaatlichen oder in ihrer supranationalen Manifestation zu verorten. Wegweisende Arbeiten in dieser Richtung erschienen bereits als tiefgreifende vergleichende Studie über die paramilitärischen Formationen des italienischen Faschismus und des deutschen Nationalsozialismus in ihrer Phase als Bewegung, in der es zu einer erheblichen gegenseitigen Befruchtung kam (Reichardt 2009), in einem Band über die transnationalen Ursprünge des italienischen Faschismus (Alcalde 2016) und in Untersuchungen transnationaler Strömungen im osteuropäischen Faschismus (Iordachi 2010) sowie in ganz Europa (Bauerkämper und Rossoliński-Liebe 2017). Des Weiteren gibt es Rekonstruktionen des seit mehr als sechs Jahrzehnten existierenden intensiven Austauschs von Ideen und Aktivisten zwischen spanischen und italienischen faschistischen und neofaschistischen Subkulturen (Albanese und del Hierrero 2016) und der Verbindungen zwischen französischen und spanischen Faschismen (Mammone 2015), die beide schließlich Teil des „globalen neofaschistischen Netzwerks" wurden. Eine kürzlich durchgeführte Untersuchung der Verbindungen zwischen Putins Russland und der westeuropäischen extremen Rechten zeigt, wie viele originäre Subjekte durch die rasante Entwicklung des Neofaschismus erzeugt werden, obwohl er so marginalisiert bleibt (Shekhovtsov 2017).

Die Faschismusforschung scheint reif für eine neue Phase der Produktivität zu sein. Ob diese auf den empathischen Ansatz der in diesem Buch erforschten Theorie des Faschismus aufbaut und damit eine natürliche Erweiterung dessen darstellt oder sich als neue Abkehr erweisen wird, die das Gerede vom revolutionären Nationalismus und der kulturellen Palingenese dem wissenschaftlichen Hades toter Paradigmen überlässt, muss in Zukunft von anderen beurteilt werden.

Ein neuer Faschismus?

Auch wenn diese Hinweise darauf, wohin sich die hochmoderne Forschung der Faschismusstudien entwickeln könnte, nicht unmittelbar zu Epiphanien führen, die ein lohnenswertes Forschungsthema offenbaren, ist, wie ich oben ausgeführt habe, das bloße Studium eines Aspekts des Faschismus in einem humanistischen Geist an sich wertvoll. Es hilft einem, sich gegen Fanatismus, gegen die

Dämonisierung der „Anderen" und gegen die Annahme einer paranoiden Denkweise über die Feinde des Volkes zu immunisieren, die angeblich die Gesellschaft zerstören und deshalb ihrerseits entfernt oder zerstört werden müssen.

Zu dem Zeitpunkt, zu dem dieses Buch gelesen wird, besteht die westliche Öffentlichkeit wahrscheinlich noch immer darauf, dass die Bedrohung durch Gewalt fast ausschließlich vom islamistischen Fanatismus ausgeht, abgelenkt von der permanenten Gefahr durch die extreme Rechte in all ihren Formen für das Wohlbefinden demokratischer Gesellschaften in aller Welt. Hoffentlich wird das Buch als Korrektiv zu dieser Voreingenommenheit wirken. Angesichts des anhaltenden menschlichen Bedarfs an Führern in Krisenzeiten und der Anpassungsfähigkeit und Veränderlichkeit des Faschismus gilt der Rat, den Primo Levi, ein Überlebender eines Konzentrationslagers, 1986 in einem Interview mit der US-amerikanische Zeitschrift *New Republic* gab, auch heute noch:

> „Da es schwierig ist, wahre Propheten von falschen zu unterscheiden, ist es gut, alle Propheten mit Argwohn zu betrachten. Dennoch ist es klar, dass diese Formel zu einfach ist, um in jedem Fall ausreichen zu können. Ein neuer Faschismus mit seinen Spuren von Intoleranz, Missbrauch und Knechtschaft kann außerhalb unseres Landes geboren und in dieses importiert werden, indem er auf Zehenspitzen geht und sich selbst mit anderen Namen bezeichnet; oder er kann sich von innen heraus mit solcher Gewalt lösen, dass er alle Verteidigungen in die Flucht schlägt. An diesem Punkt hilft guter Rat nicht weiter ... und man muss die Kraft finden, sich zu wehren. Aber auch dann kann die Erinnerung an das, was vor nicht allzu langer Zeit im Herzen Europas geschehen ist, als Unterstützung und Warnung dienen." (Levi 1986).

Levis *Se questo è un uomo*, in Deutschland bekannt unter dem Titel *Ist das ein Mensch?* ([1947] 1961), ist eines der größten Zeugnisse über das körperliche, mentale und moralische Überleben des Menschen angesichts systemischer Brutalität und systematischer Entmenschlichung, das jemals geschrieben wurde. Um es mit solcher Klarheit und Ehrlichkeit, ohne Hass, Bitterkeit oder Rachsucht nach elf Monaten Aufenthalt in Auschwitz zu verfassen, musste Levi ein Experte der Einsicht in die Natur des Faschismus werden, zwar nicht durch den Verstand von Historikern oder Politikwissenschaftlern, sondern durch das gequälte Bewusstsein, durch die Organe, die Nerven und die Sehnen eines seiner Millionen Opfer. Trotz seines immensen körperlichen und geistigen Leidens gelang es ihm, nicht nur seine Beobachtungsgabe und seine Vernunft, sondern auch seine Menschlichkeit zu bewahren. Er lebte, um Zeugnis abzulegen. Die außerordentliche Kraft des Buches als Aufzeichnung der Erfahrung eines einzigen Menschen beim versuchten Völkermord an einer ganzen Bevölkerungsgruppe erinnert uns daran, dass wir bei der Suche nach dem Verständnis des Faschismus als einem Schlüsselbegriff der politischen Theorie nie die schrecklichen menschlichen Realitäten vergessen dürfen, die der Begriff umfasst. Im Gegenteil, wenn wir den Faschismus auf intelligente Weise studieren, werden wir feststellen, dass die historische und politische Vorstellungskraft geschärft und erleuchtet und nicht abgestumpft und gedimmt wird und sich dabei der Humanismus, der sie antreiben sollte, verstärkt.

Was den Faschismus letztendlich zu einem Schlüsselbegriff macht, ist vielleicht, dass er, angegangen mit methodischem Einfühlungsvermögen und dem humanistischen Eifer der Forscherin und des Forschers, helfen sollte, nicht nur Erkenntnisse darüber zu generieren, *was* für schreckliche Dinge inmitten einer Zivilisation im Namen der Nation oder der Rasse geschehen sind oder weiterhin geschehen, sondern zumindest in Teilen ein Verständnis des *Warum* zu ermöglichen. Auf diese Weise können sowohl diejenigen, die trotz allem, was geschehen ist, die faschistische Utopie verwirklichen wollen, als auch diejenigen, die aufgrund des Fanatismus der zuvor genannten zum Leiden verurteilt sind, uns als Menschen näher als je zuvor gebracht werden, die wir Teil eines proaktiven liberalen Kampfgeistes innerhalb moderner Demokratien sind. Und sollte eine neue Form der rechtsgerichteten Bedrohung unserer humanistischen Werte auf Zehenspitzen in unser Leben eindringen oder wie ein Meteorit in unsere Geschichte einschlagen, könnte es nützlich sein, auf eine solide akademische Tradition im Umgang mit ihren Vorläufern zurückgreifen zu können, um sie klassifizieren und bewerten zu können und so einige empirisch fundierte Erkenntnisse in die gesellschaftliche Antwort darauf zu injizieren.

In einer Welt, die mit Fake News, Verschwörungstheorien und kontrafaktischen Fantasien überflutet wird, ist es interessant, darüber zu spekulieren, was hätte passieren können, wenn Mitte der 1930er Jahre ein solches *genuines* Wissen über den italienischen Faschismus und den deutschen Nationalsozialismus existiert hätte, basierend auf einem emphatischen Verständnis des generischen Faschismus, was schlichtweg bedeutet hätte, *seine Vision von der Welt ernst zu nehmen.* Es hätte möglicherweise den Leserinnen und Lesern der westlichen Demokratien ermöglicht, die Außenpolitik der Achsenmächte und Hitlers langfristige Ziele für Europa, den Osten und die „rassisch Unterlegenen", vor allem, aber nicht nur die Juden, und ihre Realisierbarkeit realistisch zu beurteilen. Wären die politischen und militärischen Anführer der Großmächte bereit gewesen, die Schlussfolgerungen dieses Wissens zu akzeptieren und *danach zu handeln*, hätte es vielleicht keinen Zweiten Weltkrieg gegeben, und dieses Buch würde völlig anders aussehen – wenn es überhaupt existieren würde.

Fabian Virchow

Nachwort: Ist die AfD faschistisch?

Das Auftreten neuer Organisationen und Parteien rechts von CDU/CSU hat in der Vergangenheit immer wieder die Frage aufgeworfen, wie diese theoretisch und begrifflich zu fassen sind. Dies war beispielsweise der Fall bei der Partei *Die Republikaner*, die 1983 als Abspaltung der CSU entstanden ist, in mehreren Landtagen vertreten war, inzwischen jedoch politisch unbedeutend ist. Wie sich für diese Partei im deutschsprachigen Raum zunächst der Begriff des Rechtskonservatismus, aufgrund der fortschreitenden Radikalisierung dann jedoch die Charakterisierung als extrem rechts weitgehend durchgesetzt hatte, so hat sich auch die Benennungspraxis gegenüber der AfD im wissenschaftlichen Diskurs entsprechend der Entwicklung der Partei verändert. Der Absetzung Bernd Luckes (Juli 2015) und der nachfolgenden Verdrängung Frauke Petrys (April 2017) korrespondiert der Bedeutungszuwachs des sogenannten ‚Flügels', also jener Struktur in der Partei, die in Björn Höcke und Andreas Kalbitz ihre Führerfiguren gefunden hat.

Wurde die AfD in der wissenschaftlichen Literatur lange Zeit als rechtspopulistisch bezeichnet, so sind angesichts der Radikalisierung der AfD – personell, programmatisch, ihrer Wähler*innen, aber auch in der Wahrnehmung der Wähler*innen insgesamt – in jüngster Zeit weitere Vorschläge zur Charakterisierung der Partei und ihrer Ausrichtung gemacht worden; diese changieren um Begrifflichkeiten wie völkisch, autoritär, nationalistisch, rechtsextrem und faschistisch.

Anders als in der internationalen Debatte sind im deutschsprachigen Diskurs Begrifflichkeiten – und die ihnen zugrundeliegenden Konzeptualisierungen – wie rechtsextrem oder extrem rechts gängiger als der Faschismus-Begriff. Letzterer wird vielfach exklusiv einer Tradition marxistisch inspirierter Theorien zugeordnet, die auch nach ökonomischen Interessenlagen fragen. In der Tat lohnt es sich bei der AfD – anders als bei den zahlreichen neonazistischen Kleingruppen – die in deren Politik zum Ausdruck kommenden spezifischen sozioökonomischen Milieus und daran gebundene Kapitalinteressen auch empirisch zu untersuchen. In der deutschsprachigen Diskussion inzwischen breiter rezipiert ist die Perspektive, die Roger Griffin als Faschismusforscher entwickelt und in diesem Buch noch einmal entfaltet hat.

Folgt man Griffin, so ist unter Faschismus eine Gattung der politischen Ideologie zu verstehen, deren mythischer Kern in seinen diversen Varianten eine palingenetische Form von populistischem Ultranationalismus darstellt. Ob diese Begrifflichkeit die AfD oder herausgehobene Vertreter der Partei in ihrem heutigen Wesen angemessen charakterisiert, sollte nicht vorrangig mit Verweis auf Gerichtsurteile entschieden werden, auch wenn diese im Falle von Björn Höcke verschiedentlich die Bezeichnung als Faschist statthaft fanden, da das damit verbundene Werturteil auf überprüfbaren Tatsachengrundlagen beruhe.

Wendet man sich vor dem Hintergrund der Griffin'schen Überlegungen der AfD zu, so hat Andreas Kemper bereits vor einigen Jahren vorgeschlagen, dass Björn Höckes Weltanschauung als faschistisch bezeichnet werden kann. Er konnte überzeugend zeigen, dass es eine weitreichende Übereinstimmung in den Texten von Ladig/Höcke gibt, die weltanschaulich auf den Nationalsozialismus verweisen. Für eine Einstufung des gesamten ‚Flügels‘ als faschistisch wären jedoch weiterführende Forschungen notwendig. Auch wenn sich dezidiert sprachliche und weltanschauliche Bezugnahmen auf den Faschismus finden, ist das weithin geteilte Fundament vor allem in einem völkisch-autoritären Populismus zu sehen, der mit sozialprotektionistischer Rhetorik kombiniert wird. Zudem ist trotz des zunehmenden Einflusses Höckes und des sogenannten ‚Flügels‘ nicht zu übersehen, dass es auch andere Strömungen und Netzwerke in der Partei gibt. Relevant ist hier erstens die neoliberale Strömung, für die herausgehoben derzeit Jörg Meuthen als einer der Parteivorsitzenden steht; dort tritt man für eine sehr weitgehende Entstaatlichung von Politik ein, also etwa eine vollständige Privatisierung der Renten. Neoliberale Politik ist aufgrund des weitgehenden Abbaus öffentlich finanzierter sozialer Sicherungssysteme im Gegenzug stark angewiesen auf funktionierende Familien als soziale Auffangnetze. Hier gibt es starke Interessenüberschneidungen mit der zweiten Strömung, die traditionelle Geschlechter- und Familienarrangements (patriarchale Kernfamilie) favorisiert – jene stark von christlichen Leitbildern geprägten Netzwerke um Beatrix von Storch, die sowohl eine nationalistische EU-Kritik als auch eine Verschärfung der Gesetze zum Schwangerschaftsabbruch, die Einstellung der Genderforschung sowie eine Abkehr vom Gender-Mainstreaming fordern. Entsprechende Positionen kann auch die Strömung um Höcke und Kalbitz gut mit vertreten. Ohnehin gibt es grundlegende Sichtweisen auf Gesellschaft, die in der Partei geteilt werden: diese reichen vom Antifeminismus über den Nativismus bis hin zum Souveränismus und einer nationalistischen Kritik an der EU. Ohne diese Gemeinsamkeiten und die Erfolge der letzten Jahre wäre das Projekt AfD bereits an inhärenten Widersprüchen gescheitert.

Eine Partei oder Bewegung ist dann als faschistisch zu bezeichnen, wenn die vorherrschende Strömung entsprechende Positionen vertritt; derzeit konstituiert sich die AfD aus drei Strömungen, die in einem fragilen Kräfteverhältnis zueinanderstehen, deren Gewicht und Grenzen zudem nicht immer scharf zu bezeichnen sind. So wenig derzeit gegen den sogenannten ‚Flügel' eine vollständige Re-Neoliberalisierung der Partei durchsetzbar wäre, so wenig kann – wenn er es denn wollte – der sogenannte ‚Flügel' die Partei vollständig faschisieren, auch wenn er sicher die organisatorisch am besten aufgestellte Strömung darstellt.

Die generische Faschismuskonzeption von Roger Griffin verdeutlicht auf der Grundlage einer breiten empirischen Forschung, dass der revolutionäre Anspruch des Faschismus hinsichtlich der Schaffung einer neuen soziokulturellen Ordnung und damit verbundener staatlicher Strukturen mit einem grundlegenden Bruch mit der Pluralität liberaldemokratischer Gesellschaften verbunden ist. Ein solcher palingenetischer Ultranationalismus findet sich in allen faschistischen Bewegungen und Regimen seit dem Auftreten der ersten faschistischen Gruppen im März 1919 in Mailand. Mit Blick auf die AfD hilft der Griffin'sche Ansatz, systematisch zu verstehen, dass zum jetzigen Zeitpunkt diese Partei als Ganzes nicht

als faschistisch oder nazistisch zu charakterisieren ist. Zugleich ermöglicht er, die genuin faschistischen Kräfte in der AfD zu identifizieren und angemessen zu charakterisieren. Schließlich wird auch
der Blick dafür geöffnet, die faschistischen Ideologieelemente bei
Teilen der sogenannten Neuen Rechten – etwa auch im Umfeld der
AfD und mit ihr in Teilen erkennbar verwoben – zu verstehen, die
sich sprachlicher Codes zur Rechtfertigung und Aufrechterhaltung
weißer Privilegierung bedienen und in ihrer ‚identitären' Rhetorik
vom ‚Großen Austausch' die Purifizierung des deutschen bzw. europäischen ‚Volkskörpers' propagieren und zu entsprechenden Taten drängen.

Für die Charakterisierung in der AfD spielt das Vorhandensein sich zum Teil überschneidender Ideologieformationen eine
wichtige Rolle; so sind völkische und produktivistische Denkformationen weithin geteilte Grundlage des Parteiprojekts AfD; zugleich werden diese mal mit neoliberaler Ideologie, mal mit Vorschlägen eines ‚solidarischen Patriotismus' kombiniert. Zudem tragen auch taktische Überlegungen und Verhaltensweisen seitens der
Verteter*innen der verschiedenen Strömungen zur Unübersichtlichkeit bei: Wie stark darf eine Abgrenzung nach rechts das Gesamtprojekt schwächen? Reicht eine symbolische Signalhandlung
wie der von Meuthen angestrebte Ausschluss von Kalbitz, um sich
jenseits der Kernanhängerschaft als bürgerlich-seriös präsentieren
zu können? Welchen Umgang gibt es mit der Markierung von Teilen der Partei als Beobachtungsfall durch die Nachrichtendienste?
Zum Teil entstehen Allianzen zudem aus individuellen Karrieremotiven, so im Falle Alice Weidels, die mit der Übernahme des Landesverbandes Baden-Württemberg den Schritt zum Aufbau einer
Hausmacht unternimmt und sich als Neoliberale der völkisch-autoritären Strömung andient, da sie als Frau in gleichgeschlechtlicher Partnerschaft lebend in einer Partei wie der AfD im Rahmen
von innerparteilichen Kämpfen sehr angreifbar ist. Der völkisch-
autoritäre Flügel um Höcke und Kalbitz wiederum hat derzeit nicht
zwingend ein Interesse daran, die Partei vollständig zu bestimmen,
weil dann ein Teil der Wähler*innen abwandern würde, kann es
aber auch nicht zulassen, dass seine führenden Vertreter in ihrer

Handlungsfähigkeit substantiell beschnitten werden und die Kooperation mit der außerparlamentarischen Rechten tatsächlich unterbunden wird – denn für beide drückt sich die Weltanschauung auch in einer spezifischen Praxeologie aus – womit sich der Kreis zu einem dem Gegenstand angemessenen Begriff von Faschismus schließen ließe.

Fabian Virchow ist Professor für Politikwissenschaften an der Hochschule Düsseldorf mit Schwerpunkt Rechtsextremismus.

Literaturhinweise und Bibliographie

Abdel-Samad, Hamed (2016) *Islamic Fascism*. New York: Prometheus Books.

Adam, Peter (1992) *Art of the Third Reich*. New York: Harry N. Abrams.

Adamson, Walter (1980) *Hegemony and Revolution: A Study of Antonio Gramsci's Political and Cultural Theory*. Berkeley: University of California Press.

Adorno, Theodor W., Frenkel-Brunswik, Else, Levinson, Daniel J., und Sanford, R. Nevitt (1950) *The Authoritarian Personality*. New York: Harper & Row.

Affron, Mark, und Antliff, Mark (Hrsg.) (1998) *Fascist Visions: Art and Ideology in France and Italy*. Princeton, NJ: Princeton University Press.

Albanese, Matteo und del Hierrero, Pablo (2016) *Transnational Fascism in the Twentieth Century: Spain, Italy and the Global NeoFascist Network*. London: Bloomsbury.

Alcalde, Ángel (2016) 'War veterans and the transnational origins of Italian Fascism (1917–1919)', *Journal of Modern Italian Studies*, 21(4): 565–83.

Allardyce, Gilbert (1979) 'What fascism is not: Thoughts on the deflation of a concept', *American Historical Review*, 84(2): 367–98.

Aly, Götz (2007) *Hitler's Beneficiaries: Plunder, Racial War, and the Nazi Welfare State*. New York: Metropolitan Books.

Anderson, Benedict (1983) *Imagined Communities: Reflections on the Origin and Spread of Nationalism*. London: Verso. Deutsche Übersetzung: Anderson, Benedict (1988): *Die Erfindung der Nation. Zur Karriere eines folgenreichen Konzepts*, Frankfurt/New York: Campus.

Albright, Madeleine (2018) *Fascism: A Warning*, New York, HarperCollins.

Antliff, Mark (2007) *Avant-Garde Fascism: The Mobilization of Myth, Art and Culture in France, 1909–1939*. Durham, NC: Duke University Press.

Arendt, Hannah (1951) *The Origins of Totalitarianism*. New York: Schocken. Deutsche Übersetzung: Arendt, Hannah (1955) *Elemente und Ursprünge totaler Herrschaft*, München: Piper.

Arnold, Edward (2000) *The Development of the Radical Right in France: From Boulanger to Le Pen*. London: Macmillan.

Arnstad, Henrik (2015) 'Ikea fascism: Metapedia and the internationalization of Swedish generic fascism', *Fascism*, 4(1): 103–17.

Baker, David (2006) 'The political economy of fascism: Myth *or* reality, or myth *and* reality?', *New Political Economy*, 11(2): 227–50.

Baldoli, Claudia (2003) *Exporting Fascism*. Oxford: Berg.

Bale, Jeffrey (2002) 'National revolutionary groupuscule and the resurgence of left-wing fascism: The case of France's Nouvelle Résistance', *Patterns of Prejudice*, 36(3): 24–49.

Ballent, Anna (2018) 'Faces of modernity in the architecture of the Peronist state, 1943–1955', *Fascism*, 7(1) [Sonderausgabe: *Latin architecture in the era of fascism*].

Bardèche, Maurice (1961) *Qu'est-ce que le fascisme?* Paris: Sept Couleurs.

Bartulin, Nevenko (2013) *The Racial Idea in the Independent State of Croatia: Origins and Theory*. Leiden: Brill.

Bauerkämper, Arnd und Rossoliński-Liebe, Grzegorz (2017) *Fascism without Borders: Transnational Connections and Cooperation between Movements and Regimes in Europe from 1918 to 1945*. Oxford: Berghahn Books.

Bauman, Zygmunt (1989) *Modernity and the Holocaust*. Ithaca, NY: Cornell University Press.

Bauman, Zygmunt (2000) *Liquid Modernity*. Cambridge: Polity.

Bauman, Zygmunt (2005) *Liquid Life*. Cambridge: Polity.

Beam, Louis (1992) 'Leaderless resistance', *The Seditionist*, no. 12, http://www.louisbeam.com/leaderless.htm.

Becker, Jasper (2002) 'China is a fascist country', *The Spectator*, 23. November 2002.

Beetham, David (1983) *Marxists in Face of Fascism*. Manchester: Manchester University Press.

Bejan, Cristina (2019) *Intellectuals and Fascism in Interwar Romania*. Basingstoke: Palgrave Macmillan.

Ben-Ghiat, Ruth (2001) *Fascist Modernities: Italy, 1922–1945*. Berkeley: University of California Press.

Beningfield, Jennifer (2006) *The Frightened Land: Land, Landscape and Politics in South Africa in the Twentieth Century*. London: Routledge.

Benjamin, Walter ([1936] 2008) *The Work of Art in the Age of Mechanical Reproduction*. London: Penguin.

Berezin, Mabel (1997) *Making the Fascist Self: The Political Culture of Interwar Italy*. Ithaca, NY: Cornell University Press.

Berggren, Lena (2002) 'Swedish fascism: why bother?', *Journal of Contemporary History*, 37(3): 395–417.

Berman, Marshall (1983) *All that is Solid Melts into Air: The Experience of Modernity*. New York: Verso.

Biver, Nico (2005) 'Trotskyist Parties', *Marxists Internet Archive*.

Blinkhorn, Martin (2000) *Fascism and the Right in Europe, 1919–1945*. Harlow: Longman.

Bloch, Ernst ([1935] 1985) *Erbschaft dieser Zeit.* Frankfurt am Main: Suhrkamp.

Blomqvist, Anders, Iordachi, Constantin, und Trencsényi, Balázs (Hrsg.) (2013) *Hungary and Romania beyond National Narratives: Comparisons and Entanglements.* Bern: Peter Lang.

Borgese, Giuseppe (1934) 'The intellectual origins of Fascism', *Social Research*, 1(4): 458–85.

Bosworth, Richard (Hg.) (2009) *The Oxford Handbook of Fascism.* Oxford: Oxford University Press.

Bottura, Juri (2009) *Spiritual Regeneration and Ultra-Nationalism: The Political Thought of Pedro Albizu Campos and Plínio Salgado in 1930s Puerto Rico and Brazil.* Nashville: Vanderbilt University.

Bracher, Karl (1969) *Die Deutsche Diktatur. Entstehung – Struktur – Folgen des Nationalsozialismus.* Köln/Berlin: Kiepenheuer & Witsch.

Braun, Emily (2000) *Mario Sironi and Italian Modernism: Art and Politics under Fascism.* Cambridge: Cambridge University Press.

Brooker, Paul (1991) *The Faces of Fraternalism: Nazi Germany, Fascist Italy, and Imperial Japan.* Oxford: Oxford University Press.

Buc, Philippe (2015) *Holy War, Martyrdom, and Terror: Christianity, Violence, and the West.* Philadelphia: University of Pennsylvania Press.

Bucur, Maria (2002) *Eugenics and Modernization in Interwar Romania.* Pittsburgh: University of Pittsburgh Press.

Bull, Anna (2012). *Italian Neofascism: The Strategy of Tension and the Politics of Nonreconciliation.* New York: Berghahn.

Bullock, Alan (Hg.) (1977) *Fontana Dictionary of Political Thought.* London: Fontana.

Burger, Thomas (1976) *Max Weber's Theory of Concept Formation: History, Laws and Ideal Types.* Durham, NC: Duke University Press.

Burleigh, Michael, und Wippermann, Wolfgang (1991) *The Racial State: Germany 1933–1945.* Cambridge: Cambridge University Press.

Camus, Renaud (2011) *Le Grand Remplacement.* Paris: David Reinharc.

Caplan, Jane (1977) 'Theories of fascism: Nicos Poulantzas as historian', *History Workshop Journal*, 3(1): 83–100.

Caplan, Jane (Hg.) (1995) *Nazism, Fascism and the Working Class: Essays by Tim Mason.* Cambridge: Cambridge University Press.

Carsten, Francis (1967) *The Rise of Fascism.* London: Methuen.

Cassata, Francesco (2008) *'La difesa della razza': politica, ideologia e immagine del razzismo fascista.* Turin: Einaudi.

Cassata, Francesco (2011) *Building the New Man: Eugenics, Racial Science and Genetics in Twentieth-Century Italy.* Budapest: Central European University Press.

Castelli Gattinara, Pietro und Froio, Caterina (2014) 'Discourse and practice of violence in the Italian extreme right: frames, symbols, and identity-building in CasaPound Italia', *International Journal of Conflict and Violence*, 8(1): 155–70.

Cerasi, Laura (2017) 'Rethinking Italian corporatism: Crossing borders between corporatist projects in the late liberal era and the Fascist corporatist state', in António Costa Pinto (Hg.), *Corporatism and Fascism: The Corporatist Wave in Europe*. London: Routledge, S. 103–23.

Charalambous, Giorgos (Hg.) (2015) *The European Far Right: Historical and Contemporary Perspectives*. Oslo: Peace Research Institute Oslo (PRIO).

Cheles, Luciano (1991) '"Nostalgia dell'avvenire": The propaganda of the Italian far right between tradition and innovation', in Cheles, Ronnie Ferguson und Michalina Vaughan (Hrsg.), *Neofascism in Europe*. London: Longman.

Cinpoes, Radu (2016) *Nationalism and Identity in Romania: A History of Extreme Politics from the Birth of the State to EU Accession*. London: I. B. Tauris.

Clark, Roland (2012) *European Fascists and Local Activists: Romania's Legion of the Archangel Michael*. Dissertation, University of Pittsburgh, http://d-scholarship.pitt.edu/11837/.

Cobo Romero, Francisco, Hernández Burgos, Claudio, und del Arco Blanco, Miguel Ángel (Hrsg.) (2016) *Fascismo y modernismo: política y cultura en la Europa de entreguerras (1918–1945)*. Granada: Comares.

Coogan, Kevin (1999) *Dreamer of the Day: Francis Parker Yockey and the Postwar Fascist International*. New York: Autonomedia.

Copsey, Nigel (1996) *Contemporary British Fascism: The British Fascist Party and the Quest for Legitimacy*. Basingstoke: Palgrave Macmillan.

Copsey, Nigel (2007) 'Changing course or changing clothes? Reflections on the ideological evolution of the British National Party 1999–2006', *Patterns of Prejudice*, 41(1): 61–82.

Costa Pinto, António (2000) *The Blue Shirts: Portuguese Fascists and the New State*. Boulder, CO: Social Science Monographs.

Costa Pinto, António (2017) *Corporatism and Fascism: The Corporatist Wave in Europe*. London: Routledge.

Costa Pinto, António und Kallis, Aristotle (Hrsg.) (2014) *Rethinking Fascism and Dictatorship in Europe*. Basingstoke: Palgrave Macmillan.

Cronin, Mike (1996) *The Failure of British Fascism: The Far Right and the Fight for Political Recognition*. London: Macmillan.

Cullingford, Elizabeth (1981) *Yeats, Ireland and Fascism*. London: Macmillan.

Dagnino, Jorge (2016) 'The myth of the New Man in Italian Fascist ideology', *Fascism*, 5(2): 130–48.

Dahrendorf, Ralf (1965) *Gesellschaft und Demokratie in Deutschland*. München: Piper.

de Benoist, Alain (1977) *Vu de droite: anthologie critique des idées contemporaines*. Paris: Copernic.

de Benoist, Alain und Champetier, Charles (2012) *Manifesto for a European Renaissance*. London: Arktos.

De Felice, Renzo (1976) *Fascism: An Informal Introduction to its Theory and Practice*. New Brunswick, NJ: Transaction Books.

De Felice, Renzo (1977) *Interpretations of Fascism*. Cambridge, MA: Harvard University Press.

De Grand, Alexander (1991) 'Cracks in the façade: the failure of Fascist totalitarianism in Italy 1935–9', *European History Quarterly*, 21(4): 515–35.

De Grand, Alexander (1996) *Fascist Italy and Nazi Germany: The 'Fascist' Style of Rule*. New York: Routledge.

De Grazia, Victoria (1992) *Women under Fascism*. Berkeley: University of California Press.

Deák, István (1983) 'What was fascism?', *New York Review of Books*, 3 March.

Deakin, William (1962) *The Brutal Friendship: Mussolini, Hitler and the Fall of Italian Fascism*. New York: Harper & Row.

Degrelle, Léon (1969) *Hitler pour mille ans*. Paris: Table Ronde.

Deutsch, Sandra (2013) 'Anti-Semitism and the Chilean Movimiento Nacional Socialista, 1932–41', in Simo Muir und Hana Worthen (Hrsg.), *Finland's Holocaust: Silences of History*. Basingstoke: Palgrave Macmillan.

Dimitroff, Georgi (1935) *Arbeiterklasse gegen Faschismus*. Moskau: Verlagsgenossenschaft Ausländischer Arbeiter in d. UdSSR, https://www.marxists.org/deutsch/referenz/dimitroff/1935/bericht/ch1.htm.

Dobkowski, Michael und Wallimann, Isidor (Hrsg.) (1989) *Radical Perspectives on the Rise of Fascism in Germany, 1919 to 1945*. New York: Monthly Review Press.

Dobratz, Betty (1997) *White Power, White Pride! The White Separatist Movement in the United States*. London: Twayne.

Drucker, Peter F. (1939) *The End of Economic Man: A Study of the New Totalitarianism*. London: Heinemann. Deutsche Übersetzung: Drucker, Peter F. (2010) *Ursprünge des Totalitarismus: Das Ende des Homo Oeconomicus*. Wien/Leipzig: Karolinger.

Duggan, Christopher (2012) *Fascist Voices: An Intimate History of Mussolini's Italy*. London: Bodley Head.

Dyckhoff, Tom (2002) 'Mies and the Nazis', *Guardian*, 30. November, https://www.theguardian.com/artanddesign/2002/nov/30/architecture.artsfeatures.

Eatwell, Roger (1992) 'Towards a new model of generic fascism', *Journal of Theoretical Politics*, 2(2): 161–94.

Eatwell, Roger (1995) *Fascism: A History*. London: Chatto & Windus.

Eatwell, Roger (2006) 'Explaining fascism and ethnic cleansing: The three dimensions of charisma and the four dark sides of nationalism', *Political Science Review*, 4(3): 263–78.

Eatwell, Roger (2009) 'The nature of "generic fascism": The "fascist minimum" and the "fascist matrix"', in Constantin Iordachi (Hg.), *Comparative Fascist Studies: New Perspectives*. Abingdon: Routledge.

Eco, Umberto (1995) 'Eternal fascism: Fourteen ways of looking at a blackshirt', *New York Review of Books*, 22. Juni, S. 12–15. Deutsche Übersetzung unter https://www.zeit.de/1995/28/Urfaschismus.

Eichholz, Dietrich und Gossweiler, Kurt (Hrsg.) (1980) *Faschismus-Forschung: Positionen, Probleme, Polemik*. Ost-Berlin: Akademie Verlag.

Eisenberg, Dennis (1967) *The Re-emergence of Fascism*. London: MacGibbon & Kee.

Emberland, Terje (2015) 'Neither Hitler nor Quisling: the Ragnarok circle and oppositional National Socialism in Norway', *Fascism*, 4(2): 119–33.

Esposito, Fernando (Hg.) (2015a) *Journal of Modern European History*, 13(1) [Sonderausgabe: *Fascist Temporalities*].

Esposito, Fernando (2015b) *Fascism, Aviation and Mythical Modernity*. Basingstoke: Palgrave Macmillan.

Evans, Richard (2002) *Telling Lies about Hitler: The Holocaust, History and the David Irving Trial*. London: Verso.

Evans, Richard (2004) *The Coming of the Third Reich: How the Nazis Destroyed Democracy and Seized Power in Germany*. New York: Penguin. Deutsche Übersetzung: Evans, Richard (2004) *Das Dritte Reich. Aufstieg*. München: DVA.

Evans, Richard (2009) *The Third Reich at War, 1939–1945*. London: Penguin. Deutsche Übersetzung: Evans, Richard (2009) *Das Dritte Reich. Krieg*. München: DVA.

Evola, Julius ([1953] 2002) *Men among the Ruins: Post-War Reflections of a Radical Traditionalist*. Rochester, VT: Inner Traditions.

Evola, Julius ([1961] 2003) *Ride the Tiger: A Survival Manual for the Aristocrats of the Soul*. Rochester, VT: Inner Traditions.

Feldman, Matthew (2013) *Ezra Pound's Fascist Propaganda, 1935–1945*. Basingstoke: Palgrave Macmillan.

Feldman, Matthew und Jackson, Paul (Hrsg.) (2014) *Doublespeak. The Rhetoric of the Far Right since 1945*. Stuttgart: Ibidem.

Feldman, Matthew, Dagnino, Jorge und Stocker, Paul (Hrsg.) (2017) *The 'New Man' in Radical Right Ideology and Practice, 1919–45.* London: Bloomsbury.

Fernández Prieto, Lourenzo, Pan-Montojo, Juan und Cabo, Miguel (Hrsg.) (2014) *Agriculture in the Age of Fascism: Authoritarian Technocracy and Rural Modernization, 1922–1945.* Turnhout: Brepols.

Ferraresi, Franco (1996) *Threats to Democracy: The Radical Right in Italy after the War.* Princeton, NJ: Princeton University Press.

Fielitz, Maik und Marcks, Holger (2020) *Digitaler Faschismus.* Berlin: Dudenverlag.

Forgacs, David (1994) 'Fascism, violence and modernity', in Jana Howlett und Rod Mengham (Hrsg.), *The Violent Muse: Violence and the Artistic Imagination in Europe, 1910–1939.* Manchester: Manchester University Press, S. 5-21.

Fraenkel, Ernst (1941) *The Dual State. A Contribution to the Theory of Dictatorship.* New York: Oxford University Press. Deutsche Übersetzung unter Mithilfe des Verfassers: Fraenkel, Ernst (1974) *Der Doppelstaat. Recht und Justiz im „Dritten Reich".* Frankfurt am Main: Europäische Verlagsanstalt.

Freeden, Michael (1994) 'Political concepts and ideological morphology', *Journal of Political Philosophy*, 2(2): 140-64.

Freeden, Michael (1996) *Ideologies and Political Theory.* Oxford: Clarendon Press.

Friedrich, Carl J. und Brzeziński Zbigniew (1956) *Totalitarian Dictatorships and Autocracy*, Cambridge/Mass.: Harvard University Press.

Fritzsche, Peter (1996) 'Nazi modern', *Modernism/Modernity*, 3(1): 1-22.

Fritzsche, Peter and Hellbeck, Jochen (2009) 'The New Man in Stalinist Russia and Nazi Germany', in Michael Geyer und Sheila Fitzpatrick (Hrsg.), *Beyond Totalitarianism: Stalinism and Nazism Compared.* Cambridge: Cambridge University Press, S. 302-44.

Fromm, Erich (1941) *Escape from Freedom.* New York: Farrar & Reinhart.

Furlong, Paul (2011) *Social and Political Thought of Julius Evola.* Abingdon: Routledge.

Gable, Gerry und Jackson, Paul (2011) *Lone Wolves: Myth or Reality?* Ilford: Searchlight.

Gellately, Robert (1991) 'Rethinking the Nazi terror system: a historiographical analysis', *German Studies Review*, 14(1): 23-38.

Gentile, Emilio (1972) *'La Voce' e l'età giolittiana.* Milan: Pan.

Gentile, Emilio (1975) *Le origini dell'ideologia fascista (1918– 1925).* Bari: Laterza.

Gentile, Emilio (1976) *Mussolini e La Voce.* Florence: Sansoni.

Gentile, Emilio (1982) *Il mito dello stato nuovo: dall'antigiolittismo al fascismo.* Rom: Laterza.

Gentile, Emilio (1990) 'Fascism as political religion', *Journal of Contemporary History,* 25(2/3): 229–51.

Gentile, Emilio (1996) *The Sacralization of Politics in Fascist Italy.* Cambridge, MA: Harvard University Press.

Gentile, Emilio (1997) 'The myth of national regeneration in Italy: From modernist avant-garde to Fascism', in Matthew Affron und Mark Antliff (Hrsg.), *Fascist Visions.* Princeton, NJ: Princeton University Press, S. 25–45.

Gentile, Emilio (2003) *The Struggle for Modernity: Nationalism, Futurism, and Fascism.* Westport, CT: Praeger.

Gentile, Emilio (2004) 'Fascism, totalitarianism and political religion: Definitions and critical reflections on criticism of an interpretation', *Totalitarian Movements and Political Religion,* 5(3): 326–75.

Gentile, Emilio (2005) 'The Fascist anthropological revolution', in Guido Bonsaver und Robert Gordon (Hrsg.), *Culture, Censorship and the State in Twentieth-Century Italy.* Oxford: Legenda, S. 22–33.

Gentile, Emilio (2006) *Politics as Religion.* Princeton, NJ: Princeton University Press.

Georgescu, Tudor (2010) 'Ethnic minorities and the eugenic promise: The Transylvanian Saxon experiment with national renewal in interwar Romania', *European Review of History/ Revue européenne d'histoire,* 17(6): 861–80.

Germinario, Francesco (2009) *Fascismo e antisemitismo: progetto razziale e ideologia totalitarian.* Rom: Laterza.

GIRDS (German Institute on Radicalization and De-Radicalization Studies) (2020) 'Die Deutsche Terrorismusdatenbank: Rechtsterrorismus und Dschihadismus, www.girds.org/projekte/die-deutsche-terrorismusdatenbank.

Goldberg, Jonah (2008) *Liberal Fascism.* New York: Doubleday.

Goldhagen, Daniel (2007) *Hitler's Willing Executioners: Ordinary Germans and the Holocaust.* New York: Knopf Doubleday.

Goodhart, David (2017) *The Road to Somewhere: The Populist Revolt and the Future of Politics.* London: Hurst. Deutsche Übersetzung: Goodhart, David (2020): *The Road to Somewhere: Wie wir Arbeit, Familie und Gesellschaft neu denken müssen.* Iffeldorf: Millemari.

Goodrick-Clarke, Nicholas (2003) *Black Sun: Aryan Cults, Esoteric Nazism and the Politics of Identity.* New York: New York University Press.

Goodrick-Clarke, Nicholas (2004) *The Occult Roots of Nazism: Secret Aryan Cults and their Influence on Nazi Ideology.* London: I. B. Tauris.

Goslan, Richard (Hg.) (1998) *Fascism's Return: Scandal, Revision, and Ideology since 1980*. Lincoln: University of Nebraska Press.

Gottlieb, Julie (2000) *Feminine Fascism: Women in Britain's Fascist Movement, 1923–1945*. London: I.B. Tauris.

Gottlieb, Julie and Linehan, Thomas (Hrsg.) (2004) *The Culture of Fascism: Visions of the Far Right in Britain*. London: I.B. Tauris.

Gurian, Waldemar (1931) *Der Bolschewismus. Einführung in Geschichte und Lehre*. Freiburg: Herder.

Gregor, A. James (1974) *Interpretations of Fascism*. New York: Transaction Books.

Gregor, A. James (1979) *Italian Fascism and Development*. Princeton, NJ: Princeton University Press.

Gregor, A. James (1999) *Phoenix: Fascism in our Time*. New Brunswick, NJ: Transaction Books.

Gregor, A. James (2006) *The Search for Neofascism: The Use and Abuse of Social Science*. New York: Cambridge University Press.

Gregor, Neil (1998) *Daimler-Benz in the Third Reich*. New Haven, CT: Yale University Press.

Griech-Polelle, Beth Ann (2015) 'The Catholic episcopacy and the National Socialist state', in Jan Nelis, Anne Morelli und Danny Praet (Hrsg.), *Catholicism and Fascism in Europe 1918–1945*. Hildesheim: Georg Olms.

Griffin, Roger (1991) *The Nature of Fascism*. London: Pinter.

Griffin, Roger (1994) Integration and identification: Conflicting aspects of the human need for self-transcendence within ideological communities', *History of European Ideas*, 18(1): 11–23.

Griffin, Roger (1995) *Fascism*. Oxford: Oxford University Press.

Griffin, Roger (1996) 'British fascism: The ugly duckling', in Mike Cronin (Hg.), *The Failure of British Fascism: The Far Right and the Fight for Political Recognition*. London: Macmillan.

Griffin, Roger (1998) *International Fascism: Theories, Causes and the New Consensus*. London: Arnold.

Griffin, Roger (1999) 'Net gains and GUD reactions: Patterns of prejudice in a neo-fascist groupuscule', *Patterns of Prejudice*, 33(2): 31–50.

Griffin, Roger (2000a) 'Interregnum or endgame? The radical right in the "post-fascist" era', *Journal of Political Ideologies*, 5(2): 163–78.

Griffin, Roger (2000b) 'Between metapolitics and apoliteia: The Nouvelle Droite's strategy for conserving the fascist vision in the "interregnum"', *Modern & Contemporary France*, 8(1): 35–53.

Griffin, Roger (2002) 'The primacy of culture: The current growth (or man-ufacture) of consensus within fascist studies', *Journal of Contemporary History*, 37(1): 21–43.

Griffin, Roger (2003a) '"Racism" or "rebirth"? The case for granting Ger-man citizenship to the alien concept "generic fascism"', in Werner Loh und Wolfgang Wippermann (Hrsg.), *Faschismus kontrovers*. Stuttgart: Lucius & Lucius, S. 81-9.

Griffin, Roger (2003b) 'From slime mould to rhizome: An introduction to the groupuscular right', *Patterns of Prejudice*, 37(1): 27–50.

Griffin, Roger (2004) 'Withstanding the rush of time: The prescience of G. L. Mosse's anthropological approach to fascism' in Stanley Payne, David Sorkin und John Tortorice (Hrsg.), *What History Tells: George L. Mosse and the Culture of Modern Europe*. Madison: University of Wis-consin Press.

Griffin, Roger (2005) 'Cloister or cluster? The implications of Emilio Gen-tile's ecumenical theory of political religion for the study of extrem-ism', *Totalitarian Movements and Political Religions*, 6(1): 33–52.

Griffin, Roger (2007) *Modernism and Fascism: The Sense of a Beginning under Mussolini and Hitler*. Basingstoke: Palgrave Macmillan.

Griffin, Roger (2008) 'Europe for the Europeans: Fascist myths of the Euro-pean New Order, 1922-1992', in Matthew Feldman (Hg.), *A Fascist Century: Essays by Roger Griffin*. London: Palgrave: 132-80.

Griffin, Roger (2012a) 'Studying Fascism in a Postfascist Age: From New Consensus to New Wave?', *Fascism*, 1(1): 1-17.

Griffin, Roger (2012b) *Terrorist's Creed: Fanatical Violence and the Human Search for Meaning*. London: Palgrave Macmillan.

Griffin, Roger (2015a) 'Decentering comparative fascist studies', *Fascism*, 4(2): 103-18.

Griffin, Roger (2015b) 'Fixing solutions: Fascist temporalities as remedies for liquid modernity', *Journal of Modern European History*, 13(1): 5-23.

Griffin, Roger (2018) 'Building the Visible Immortality of the Nation: The Centrality of "Rooted Modernism" to the Third Reich's Architectural New Order', *Fascism*, 7(1).

Griffin, Roger (2020) *Fascism*. (Quick Immersions Series). New York: Tib-idabo Publishing, Inc.

Griffin, Roger, Umland, Andreas, und Loh, Werner (2014) Fascism *Past and Present, West and East: An International Debate on Concepts and Cases in the Comparative Study of the Extreme Right*. Stuttgart: Ibidem.

Haglund, Åke (1975) 'Maoism: A new religious formation in the People's Republic of China', Scripta Instituti *Donneriani Aboensis*, 7: 43–54.

Hagtvet, Bernt und Kühnl, Reinhart (1980) 'Contemporary approaches to fascism: A survey of paradigms', in Stein Larsen, Bernt Hagtvet und Jan Petter Myklebust (Hrsg.), *Who Were the Fascists? Social Roots of European Fascism*. Oslo: Universitetsforlaget, S. 26–51.

Hamilton, Alistair (1971) *The Appeal of Fascism: A Study of Intellectuals and Fascism, 1919–45*. New York: Blond.

Heller, Hermann (1929) *Europa und der Faschismus*. Berlin: Walter de Gruyter.

Hayes, Peter (1987) *Industry and Ideology: IG Farben in the Nazi Era*. Cambridge: Cambridge University Press.

Herbert, Ulrich (1996) *Best. Biographische Studien über Radikalismus, Weltanschauung und Vernunft. 1903–1989*. Bonn: J. H. W. Dietz.

Herf, Jeffrey (1984) *Reactionary Modernism: Technology, Culture and Politics in Weimar and the Third Reich*. Cambridge: Cambridge University Press.

Herzstein, Robert (1982) *When Nazi Dreams Come True: The Third Reich's Internal Struggle over the Future of Europe after a German Victory: A Look at the Nazi Mentality 1939–45*. London: Abacus.

Hitler, Adolf (1942) 'Speech of 6 September 1938', in Norman H. Baynes (Hg.), *The Speeches of Adolf Hitler, April 1922–August 1939*. Oxford: Oxford University Press.

Hitler, Adolf ([1927] 1943) *Mein Kampf, Band 2* (851.–855. Auflage), München: Franz-Eher-Verlag.

Horkheimer, Max, 1939, 'Die Juden und Europa', in: *Zeitschrift für Sozialforschung*, 8: 115-136.

Horn, David (1994) *Social Bodies: Science, Reproduction, and Italian Modernity*. Princeton, NJ: Princeton University Press.

Horowitz, Jason (2017) 'Steve Bannon cited Italian thinker who inspired Fascists', *New York Times*, 10. Februar, https://www.nytimes.com/2017/02/10/world/europe/bannon-vatican-julius-evola-fascism.html.

Huggler, Justin (2015) 'Germany's Pegida anti-Islam movement vows to continue protests in Berlin and Munich', *Telegraph*, 19. Januar, https://www.telegraph.co.uk/news/worldnews/europe/germany/11355318/Germanys-Pegida-anti-Islam-movement-vows-to-continue-protests-in-Berlin-and-Munich.html.

Iordachi, Constantin (Hg.) (2009) *Comparative Fascist Studies: New Perspectives*. Abingdon: Routledge.

Iordachi, Constantin (2010) 'Fascism in interwar East Central and Southeastern Europe: Toward a new transnational research agenda', *East-Central Europe*, 37(2–3): 161–213.

Ira, Kumaran (2016) 'Neo-fascist Marine Le Pen launches 2017 French presidential election bid', 22. September, https://www.wsws.org/en/articles/2016/09/22/fnat-s22.html.

Jackson, Paul (2017) *Colin Jordan and Britain's Neo-Nazi Movement: Hitler's Echo*. London: Bloomsbury.

Jünger, Ernst (1922) *Der Kampf als inneres Erlebnis*. Berlin: E. S. Mittler.

Jünger, Ernst (1932) *Der Arbeiter: Herrschaft und Gestalt*. Hamburg: Hanseatische Verlagsanstalt.

Kallis, Aristotle (2000) *Fascist Ideology: Territory and Expansionism in Italy and Germany, 1922–1945*. London: Routledge.

Kallis, Aristotle (Hg.) (2003) *The Fascism Reader*. London, Routledge.

Kallis, Aristotle (2008) *Genocide and Fascism: The Eliminationist Drive in Fascist Europe*. London: Routledge.

Kallis, Aristotle (2010) 'Neither fascist nor authoritarian: The 4th of August regime in Greece (1936–1941) and the dynamics of fascistisation in 1930s Europe', *East Central Europe*, 37(2–3): 303–30.

Kallis, Aristotle (2014) *The Third Rome, 1922–1943: The Making of the Fascist Capital*. Basingstoke: Palgrave McMillian.

Kallis, Aristotle (2016) 'From CAUR to EUR: Italian Fascism, the "myth of Rome" and the pursuit of international primacy', *Patterns of Prejudice*, 50(4–5): 359–77.

Kaplan, Jeffrey (1997) *Radical Religion in America: Millenarian Movements from the Far Right to the Children of Noah*. Syracuse, NY: Syracuse University Press.

Kaplan, Jeffrey und Lööw, Heléne (2002) *The Cultic Milieu: Oppositional Subcultures in an Age of Globalization*. Walnut Creek, CA: AltaMira Press.

Karvonen, Lauri (1988) *From White to Blue-and-Black: Finnish Fascism, in the Inter-War Era*. Helsinki: Finnish Society of Sciences.

Kasekamp, Andreas (2000) *The Radical Right in Interwar Estonia*. London: Palgrave Macmillan.

Kemper, Andreas (2016) »... die neurotische Phase überwinden, in der wir uns seit siebzig Jahren befinden«. Zur Differenz von Konservativismus und Faschismus am Beispiel der »historischen Mission« Björn Höckes (AfD), überarbeitete, erweiterte Auflage', *Rosa-Luxemburg-Stiftung Thüringen*, https://th.rosalux.de/publikation/id/3961/die-neurotische-phase-ueberwinden-in-der-wir-uns-seit-siebzig-jahren-befinden/.

Kellner, Douglas (1989) *Critical Theory, Marxism, and Modernity*. Baltimore: Johns Hopkins University Press.

Kennedy, Paul (1987) *The Rise and Fall of Great Powers: Economic Change and Military Conflict from 1500 to 2000*. New York: Random House.

Kershaw, Ian (1989) 'The Nazi state: an exceptional state?', *New Left Review*, 1(176): 47–67.

Kershaw, Ian (1998) *Hitler: 1889–1936: Hubris*. Harmondsworth: Penguin. Deutsche Übersetzung: Kershaw, Ian (1998) *Hitler 1889–1936*. Stuttgart: Deutsche Verlags-Anstalt.

Kershaw, Ian (1999) *Hitler: 1936–1945: Nemesis*. Harmondsworth: Penguin. Deutsche Übersetzung: Kershaw, Ian (2000) *Hitler 1936–1945*. Stuttgart: Deutsche Verlags-Anstalt.

Kershaw, Ian ([1985] 2000) *The Nazi Dictatorship*. London: Arnold. Deutsche Übersetzung: Kershaw, Ian (1988): *Der NS-Staat. Geschichtsinterpretationen und Kontroversen im Überblick*. Reinbek: Rowohlt.

Kershaw, Ian (2004) 'Hitler and the uniqueness of Nazism', *Journal of Contemporary History*, 39(2): 239–54.

Kershaw, Ian (2015) 'Out of the ashes: Europe's rebirth after the Second World War, 1945–1949', *Journal of the British Academy*, 3: 167–83.

King, Gary, Rosen, Ori, Tanner, Martin und Wagner, Alexander (2008) 'Ordinary economic voting behavior in the extraordinary election of Adolf Hitler', *Journal of Economic History*, 68: 951–96.

Kitchen, Martin (1973) 'August Thalheimer's theory of fascism', *Journal of the History of Ideas*, 34(1): 67–78.

Klemperer, Victor (2006) *Lingua Tertii Imperii: A Philologist's Notebook*. London: Continuum.

Koehler, Daniel (2014) 'The German "National Socialist Underground" (NSU)', in Paul Jackson and Anton Shekhovtsov (Hrsg.), *The Post-War Anglo-American Far Right: A Special Relationship of Hate*. Basingstoke: Palgrave Macmillan.

Koehler, Daniel (2016) *Right-Wing Terrorism in the 21st Century: The 'National Socialist Underground' and the History of Terror from the Far Right in Germany*. London: Routledge.

Koenigsberg, Richard (2015) 'The nation as an immortal organism', https://www.libraryofsocialscience.com/newsletter/posts/2015/2 015-02-05-RAK-organism.html.

Koonz, Claudia (2005) *The Nazi Conscience*. Cambridge, MA: Harvard University Press.

Kornhauser, William (1959) *The Politics of Mass Society*. Glencoe, IL: Free Press.

Koselleck, Reinhart (2002) 'The temporalization of Utopia', in *The Practice of Conceptual History: Timing History, Spacing Concepts*. Stanford, CA: Stanford University Press, S. 84–99.

Kroll, Frank-Lothar (1999) *Utopie als Ideologie: Geschichtsdenken und politisches Handeln im Dritten Reich*. Paderborn: Ferdinand Schöningh.

Laclau, Ernesto (1977) 'Fascism and ideology', in Laclau, *Politics and Ideology in Marxist Theory: Capitalism, Fascism, Populism*. London: NLB, S. 81–142.

Laing, Ronald (1960) *The Divided Self: An Existential Study in Sanity and Madness*. Harmondsworth: Penguin.

Laqueur, Walter (Hg.) (1976) *Fascism: A Reader's Guide: Analyses, Interpretations, Bibliography*. Berkeley: University of California Press.

Larsen, Stein (Hg.) (2001) *Fascism Outside Europe: The European Impulse against Domestic Conditions in the Diffusion of Global Fascism*. New York: Columbia University Press.

Larsen, Stein, Hagtvet, Bernt, and Myklebust, Jan Petter (Hrsg.) (1980) *Who Were the Fascists? Social Roots of European Fascism*. Oslo: Universitetsforlaget.

Lasswell, Harold (1933) 'The psychology of Hitlerism', *Political Quarterly*, 4(3): 373–84.

Law, Randall (2016) *Terrorism: A History*. London: Wiley.

Lebor, Adam (1997) *Hitler's Secret Bankers: The Myth of Swiss Neutrality during the Holocaust*. New York: Citadel Press.

Ledeen, Michael (1972) *Universal Fascism: The Theory and Practice of the Fascist International, 1928–1936*. New York: Howard Fertig.

Lee, Martin (1999) *The Beast Reawakens: Fascism's Resurgence from Hitler's Spymasters to Today's Neo-Nazi Groups and Right-Wing Extremists*. London: Routledge.

Lentin, Alana (2000) '"Race", racism and anti-racism: Challenging contemporary classifications', *Social Identities Journal for the Study of Race, Nation and Culture*, 6(1): 91–106.

Levi, Primo ([1947] 1961) *Ist das ein Mensch?* übers. v. Heinz Riedt. Frankfurt am Main: Fischer.

Levi, Primo (1986) 'Primo Levi's heartbreaking, heroic answers to the most common questions he was asked about "Survival in Auschwitz"', *New Republic*, 17. Februar, https://newrepublic.com/article/119959/interview-primo-levi-survival-auschwitz.

Levine, Gene, und Priester, Gary (2008) *Hidden Treasures: 3-D Stereograms*. New York: Sterling.

Levy, Jack (2012) 'Too important to leave to the other: History and political science in the study of international relations', *International Security*, 22(1): 22–33.

Lewis, Paul (2002) *Latin Fascist Elites: The Mussolini, Franco, and Salazar Regimes*. Westport, CT: Greenwood Press.

Lifton, Robert (1993) *The Protean Self: Human Resilience in an Age of Fragmentation*. New York: HarperCollins.

Linehan, Thomas (2007) 'On the side of Christ: Fascist clerics in 1930s Britain', *Totalitarian Movements and Political Religions*, 8(2): 287–301 [Sonderausgabe: *'Clerical Fascism' in Interwar Europe*].

Linton, Derek (1989) 'Bonapartism, Fascism, and the Collapse of the Weimar Republic', in Michael N. Dobkowski und Isidor Wallimann (Hrsg.), *Radical Perspectives on the Rise of Fascism in Germany, 1919–1945*. New York: Monthly Review Press, S. 100–27.

Linz, Juan (1976) 'Some notes toward a comparative study of fascism in sociological historical perspective', in Walter Laqueur (Hr.), *Fascism: A Reader's Guide*. Berkeley: University of California Press, S. 3–121.

Linz, Juan (1980) 'Political space and fascism as a late-comer', in Stein Larsen, Bernt Hagtvet und Jan Petter Myklebust (Hrsg), *Who Were the Fascists? Social Roots of European Fascism*. Oslo: Universitetsforlag, S. 153–89.

Lipset, Seymour Martin (1960) *Political Man: The Social Bases of Politics*. Garden City, NY: Doubleday.

Lipstadt, Deborah (1993) *Denying the Holocaust: The Growing Assault on Truth and Memory*. New York: Free Press.

Lowles, Nick, und Silver, Steve (1998) *White Noise: Inside the International Nazi Skinhead Scene*. London: Searchlight.

Lukács, Georg (1954) *Die Zerstörung der Vernunft*. Ost-Berlin: Aufbau-Verlag.

Lunn, Eugene (1985) *Marxism and Modernism: An Historical Study of Lukács, Brecht, Benjamin, and Adorno*. New York: Verso.

Lyons, Matthew N. ([1997] 2016) 'What is fascism?', https://www.political research.org/2016/12/12/what-is-fascism-2#sthash.RziH5ojF.dpbs.

Macklin, Graham (2007) *Very Deeply Dyed in Black: Sir Oswald Mosley and the Resurrection of British Fascism after 1945*. London: I. B. Tauris.

McLagen, Graeme und Lowles, Nick (2000) *Mr Evil: The Secret Life of Racist Pub Bomber and Killer David Copeland*. London: Abe Books.

Maertz, George (2017) 'Eugenic art: Hitler's utopian aesthetic', in Matthew Feldman, Jorge Dagnino und Paul Stocker (Hrsg.), *The 'New Man' in Radical Right Ideology and Practice, 1919–45*. London: Bloomsbury.

Mammone, Andrea (2015) *Transnational Neofascism in France and Italy*. Cambridge: Cambridge University Press.

Manchester, William (1968) *The Arms of Krupp*. Boston: Little, Brown.

Mangan, J. A. (Hg.) (2000) *Superman Supreme: Fascist Body as Political Icon – Global Fascism*. London: Routledge.

Mann, Michael (2004) *Fascists*. Cambridge: Cambridge University Press.

Markwick, Roger (2009) 'Communism: fascism's "other"', in Richard Bosworth (Hg.) *The Oxford Handbook of Fascism*. Oxford: Oxford University Press, S. 339–61.

Marvin, Carolyn und Ingle, David (1999) *Blood Sacrifice and the Nation: Totem Rituals and the American Flag*. Cambridge: Cambridge University Press.

Marx, Christoph (2009) *Oxwagon Sentinel: Radical Afrikaner Nationalism and the History of the 'Ossewabrandwag'*. Berlin: Lit.

Marx, Karl (1852) 'Der achtzehnte Brumaire des Louis Bonaparte', *Die Revolution. Eine Zeitschrift in zwanglosen Heften*, http://www.mlwerke.de/me/me08/me08_111.htm.

Marxists Internet Archive Encyclopedia (1999–2008) 'Fascism', https://www.marxists.org/glossary/terms/f/a.htm#fascism.

Mason, Timothy ([1966] 1972) 'The primacy of politics – politics and economics in National Socialist Germany', in Henry A. Turner (Hg.), *Nazism and the Third Reich*. New York: Quadrangle Books, S. 175–200.

Maulsby, Lucy (2014) *Fascism, Architecture, and the Claiming of Modern Milan, 1922–1943*. Toronto: University of Toronto Press.

Meier, Hans (1995) 'Totalitarismus und politische Religionen – Konzepte des Diktaturvergleichs', *Vierteljahrshefte für Zeitgeschichte* (3), S. 387–406.

Melzer, Ralf (Hg.) (2013) *Right-wing Extremism in Europe – Country Analyses, Counter-Strategies and Labor-Market Oriented Exit Strategies*. Berlin: Friedrich Ebert Stiftung.

Metapedia (2017) 'Fascism (broad sense)'. https://en.metapedia.org/wiki/Fascism_(broad_sense). Deutsche Version: https://de.metapedia.org/wiki/Faschismus

Michael, George (2006) *The Enemy of my Enemy: The Alarming Convergence of Militant Islam and the Extreme Right*. Lawrence: University Press of Kansas.

Michaud, Eric (2004) *The Cult of Art in Nazi Germany*. Stanford, CA: Stanford University Press.

Michel, Lou und Herbeck, Dan (2001) *American Terrorist: Timothy McVeigh & The Oklahoma City Bombing*. New York: HarperCollins.

Moffitt, Benjamin (2016) *The Global Rise of Populism: Performance, Political Style, and Representation*. Stanford, CA: Stanford University Press.

Mohler, Armin (1950) *Die Konservative Revolution in Deutschland 1918–1932*. Stuttgart: Friedrich Vorwerk.

Moore, Barrington (1966) *Social Origins of Dictatorship and Democracy: Lord and Peasant in the Making of the Modern World*. Boston: Beacon Press.

Morgan, Philip (2003) *Fascism in Europe 1919–1945*. London: Routledge.

Mosley, Oswald (1968) *My Life*. London: Nelson.

Mosse, George L. (1964) *The Crisis of German Ideology: Intellectual Origins of the Third Reich*. New York: Grosset & Dunlap.

Mosse, George L. (1966a) 'The genesis of fascism', *Journal of Contemporary History*, 1(1): 14–26.

Mosse, George L. (Hg.) (1966b) *Nazi Culture: Intellectual, Cultural and Social Life in the Third Reich*. Wisconsin: University of Wisconsin Press.

Mosse, George L. (1974) *The Nationalization of the Masses: Political Symbolism and Mass Movements in Germany from the Napoleonic Wars through the Third Reich*. New York: Howard Fertig.

Mosse, George L. (Hg.) (1979) *International Fascism: New Thoughts and New Approaches*. London: Sage.

Mosse, George L. (1990) *Fallen Soldiers: Reshaping the Memory of the World Wars*. New York: Oxford University Press.

Mosse, George L. (1999) *The Fascist Revolution: Toward a General Theory of Fascism*. New York: Howard Fertig.

Mosse, George L. (2000) *Confronting History: A Memoir*. Madison: University of Wisconsin Press.

Moța, Ion (1933) 'Sub povara remanențelor', *Axa*, 2(23): 3.

Mozaffari, Mehdi (2017) *Islamism: A New Totalitarianism*. London: Lynne Rienner.

Mudde, Cas (2007) *Populist Radical Right Parties in Europe*. Cambridge: Cambridge University Press.

Mudde, Cas und Kaltwasser, Cristóbal (2017) *Populism: A Very Short Introduction*. Oxford: Oxford University Press.

Mühlberger, Detlef (1991) *Hitler's Followers: Studies in the Sociology of the Nazi Movement*. London: Routledge.

Mühlberger, Detlef (Hg.) (1998) *The Social Basis of European Fascist Movements*. London: Croom Helm.

Mulsoff, Andreas (2010) *Metaphor, Nation, and the Holocaust: The Concept of the Body Politic*. London: Routledge.

Mussolini, Benito (1925) 'Celebrazione della vittoria', in *Omnia Opera di Benito Mussolini*. Florence, La Fenice, Vol. 29, pp. 439–41.

Mussolini, Benito ([1932] 1940) *Der Geist des Faschismus. Ein Quellenwerk*. München: C. H. Beck'sche Verlagsbuchhandlung. Im Orginal erschienen in *Enciclopedia Italiana* 1932 mit dem Titel 'Fascismo'.

Nagle, John (1970) *The National Democratic Party: Right Radicalism in the Federal Republic of Germany*. Berkeley: University of California Press.

Nelis, Jan (2007) 'Constructing Fascist identity: Benito Mussolini and the myth of Romanità', *Classical World*, 100(4): 391–415.

Nelis, Jan, Morelli, Anne und Praet, Danny (Hrsg.) (2015) *Catholicism and Fascism in Europe 1918–1945*. Hildesheim: Georg Olms.

Neocleous, Mark (1997) *Fascism*. Minneapolis: University of Minnesota Press.

Neumann, Franz (1942) *Behemoth: The Structure and Practice of National Socialism*. London: Victor Gollancz. Deutsche Übersetzung: Neumann, Franz (1984) *Behemoth. Struktur und Praxis des Nationalsozialismus*. Frankfurt: Fischer.

Neumann, Klaus (2017) 'Interwar Germany and the corporatist wave, 1918–1939', in António Costa Pinto (Hg.), *Corporatism and Fascism: The Corporatist Wave in Europe*. London: Routledge.

Niven, William (2000) 'The birth of Nazi drama? *Thing* plays', in John London (Hg.), *Theatre Under the Nazis*. Manchester: Manchester University Press, S. 54–95.

Nociar, Tomáš (2017) 'The Kotleba phenomenon', *Hate Speech International*, 3. Januar, https://www.hate-speech.org/kotleba-phenomenon/.

Nolte, Ernst (1963) *Der Faschismus in seiner Epoche. Action francaise – Italienischer Faschismus – Nationalsozialismus*. München: Piper.

O'Meara, Michael (2013) *New Culture, New Right: Anti-Liberalism in Postmodern Europe*. London: Arktos.

Ohana, David (1991) 'Georges Sorel and the rise of political myth', *History of European Ideas*, 13(6): 733–46.

Ortega y Gasset, José (1932) *The Revolt of the Masses*. London: W. W. Norton.

Osborne, Peter (1995) *The Politics of Time: Modernity and the Avant-Garde*. London: Verso.

Outhwaite, William (1983) *Concept Formation in Social Science*. London: Routledge & Kegan Paul.

Outhwaite, William (Hg.) (2002) *The Blackwell Dictionary of Modern Social Thought*. Oxford: Blackwell.

Overy, Stephen (2001) 'Gramsci and the German crisis, 1929–34: A historical interpretation of the Prison Notebooks', PhD-Dissertation, University of York.

Ozouf, Mona (1989) *L'homme régénéré: essais sur la révolution*. Paris: Gallimard.

Pager, Tyler (2016) 'Gary Johnson: Trump is a fascist', *Politico*, 23. August, https://www.politico.com/story/2016/08/gary-johnson-trump-fascist-227339#ixzz4LRuPKpSO.

Parsons, Talcott (1954) 'Some sociological aspects of fascist movements', *Essays in Sociological Theory*. Glencoe, IL: Free Press, S. 124–41.

Passmore, Kevin (2002) *Fascism: A Very Short Introduction*. Oxford: Oxford University Press.

Passmore, Kevin (Hg.) (2003) *Women, Gender, and Fascism in Europe, 1919–45*. Manchester: Manchester University Press.

Paxton, Robert (2004) *The Anatomy of Fascism*. New York: Knopf Doubleday. Deutsche Übersetzung: Paxton, Robert (2006): Anatomie des Faschismus, München: Deutsche Verlags-Anstalt.

Payne, Geoffrey (2006) 'Methodological pluralism', in Victor Jupp (Hg.), *The Sage Dictionary of Social Research Methods*. London: Sage, S. 174–6.

Payne, Stanley G. (1961) *Falange: A History of Spanish Fascism*. Stanford, CA: Stanford University Press.

Payne, Stanley G. (1980a) 'The concept of fascism', in Stein Larsen, Bernt Hagtvet und Jan Petter Myklebust (Hrsg.), *Who Were the Fascists? Social Roots of European Fascism*. Oslo: Universitetsforlaget, S. 14–25.

Payne, Stanley G. (1980b) *Fascism: Comparison and Definition*. Madison: University of Wisconsin Press.

Payne, Stanley G. (1995) *A History of Fascism, 1914–1945*. London: UCL Press. Deutsche Übersetzung: Payne, Stanley G. (2001) *Geschichte des Faschismus. Aufstieg und Fall einer europäischen Bewegung*. Berlin: Propyläen Verlag.

Pearce, William ([1978] 2013) *The Turner Diaries*. Raleigh, NC: Lulu Press.

Pellicani, Luciano (2003) *Revolutionary Apocalypse: Ideological Roots of Terrorism*. Santa Barbara, CA: Praeger.

Pellicani, Luciano (2012) 'Fascism, capitalism, modernity', *European Journal of Political Theory*, 11(4): 394–409.

Petersen, Julius (1934) *Die Sehnsucht nach dem Dritten Reich in deutscher Sage und Dichtung*. Stuttgart: Metzler.

Pine, Lisa (1997) *Nazi Family Policy, 1933–1945*. London: Bloomsbury.

Pine, Lisa (2007) *Hitler's National Community*. London: Bloomsbury.

Platon, Mircea (2012) 'The Iron Guard and the "modern state": Iron Guard leaders Vasile Marin and Ion I. Moţa, and the "New European Order"', *Fascism*, 1(2): 65–90.

Platt, Gerald (1980) 'Thoughts on a theory of collective action: Language, affect and ideology in revolution', in Mel Albin (Hg.), *New Directions in Psychohistory: The Adelphi Papers in Honor of Erik H. Erikson*. Lexington, MA: Lexington Books, S. 69–94.

Pohlmann, Friedrich (2008) 'Bolschewismus und Nationalsozialismus: Ideologie, Herrschaftsstrukturen und Terrorsysteme der totalitären Antipoden', *Totalitarismus und Demokratie*, 5(2): 163–203.

Pois, Robert (1986) *National Socialism and the Religion of Nature*. New York: St Martin's Press.

Poliakov, Léon (1974) *The Aryan Myth: A History of Racist and Nationalist Ideas in Europe*. New York: Basic Books.

Ponchaud, François (1978) *Cambodia: Year Zero*. New York: Holt, Rinehart & Winston.

Ponzio, Alessio (2017) *Shaping the New Man: Youth Training Regimes in Fascist Italy and Nazi Germany*. Madison: University of Wisconsin Press.

Popper, Karl ([1957] 2002) *The Poverty of Historicism*. London: Kegan Paul.

Poulantzas, Nicos (1979) *Fascism and Dictatorship*. London: Verso.

Pound, Ezra (1935) *Make it New*. New Haven, CT: Yale University Press.

Quartermaine, Luisa (2000) *Mussolini's Last Republic: Propaganda and Politics in the Italian Social Republic (R.S.I.) 1943–45*. Chicago: Intellect Books.

Quine, Maria Sophia (2002) *Italy's Social Revolution: Charity and Welfare from Liberalism to Fascism*. Basingstoke: Palgrave Macmillan.

Quine, Maria Sophia (2012) 'Racial "sterility" and "hyperfecundity" in Fascist Italy: Biological politics of sex and reproduction', *Fascism*, 1(2): 92–144.

Rauschning, Hermann (1938) Die Revolution des Nihilismus. Kulisse und Wirklichkeit im Dritten Reich. Zürich/New York: Europa Verlag.

Rauschning, Hermann (1940) *Gespräche mit Hitler*. Zürich/New York: Europa Verlag.

Reich, Wilhelm (1933) *Die Massenpsychologie des Faschismus*. Kopenhagen: Verlag für Sexualpolitik.

Reichardt, Sven (2009) *Faschistische Kampfbünde: Gewalt und Gemeinschaft im italienischen Squadrismus und in der deutschen SA*. Köln: Böhlau.

Reichardt, Sven (2007) 'Neue Wege der vergleichenden Faschismusforschung' *Mittelweg* 36 16(1), S. 9–25.

Renton, David (1999) *Fascism: Theory and Practice*. London: Pluto Press.

Ricci, Steven (2008) *Cinema and Fascism: Italian Film and Society, 1922–1943*. Berkeley: University of California Press.

Riddell, John (2012) 'Introduction', in Riddell (Hg.), *Toward the United Front: Proceedings of the Fourth Congress of the Communist International, 1922*. London: Haymarket Books.

Riddell, John (2014) 'Fumble and late recovery: The Comintern response to Italian Fascism', https://johnriddell.com/2014/06/01/fumble-and-late-recovery-the-comintern-response-to-italian-fascism/.

Roberts, David (2000) 'How not to think about fascism and ideology, intellectual antecedents and historical meaning', *Journal of Contemporary History*, 35(2): 185–211.

Roberts, David (2006) *The Totalitarian Experiment in Twentieth-Century Europe: Understanding the Poverty of Great Politics*. London: Routledge.

Roberts, David (2010) 'Fascism, Marxism, and the question of modern revolution', *European Journal of Political Theory*, 9(2): 183–201.

Roberts, David (2011) 'Reconsidering Gramsci's interpretation of Fascism', *Journal of Modern Italian Studies*, 16(2): 239–55.

Roberts, David (2016) *Fascist Interactions: Proposals for a New Approach to Fascism and its Era*. New York: Berghahn Books.

Roberts, David und Griffin, Roger (2012) *European Journal of Political Theory*, 11(4) [Sonderausgabe: *The 'Fascist Revolution': Utopia or Façade? Reconciling Marxist and Non-Marxist Approaches*].

Roberts, Hanna (2012) 'The Ku Klux Klan unmasked: Extraordinary images from a divisive era capture a day of reckoning when 50,000 white supremacists marched on Capitol Hill', *Mail Online*, 12. Februar, https://www.dailymail.co.uk/news/article-2100077/Ku-Klux-Kla n-Extraordinary-images-divisive-era-capture-day-reckoning-50-000 -white-supremacists-marched-Washington-DC.html.

Robins-Early, Nick (2015) 'A field guide to Europe's radical right political parties', *Huffington Post*, 12. Februar.

Robinson, R. A. H. (1981) *Fascism in Europe*. London: Historical Association.

Rohkrämer, Thomas (2007) *A Single Communal Faith? The German Right from Conservatism to National Socialism*. New York: Berghahn Books.

Röhr, Werner (2001) 'Faschismusforschung in der DDR. Eine Problemskizze' in: *Bulletin für Faschismus und Weltkriegsforschung* (16) S. 3–74.

Ross, Alexander (2017) *Against the Fascist Creep*. Chico, CA: AK Press.

Rusu, Mihai (2016) 'The sacralization of martyric death in Romanian Legionary Movement: Self-sacrificial patriotism, vicarious atonement, and thanatic nationalism', *Politics, Religion & Ideology*, 17(2–3): 249–73.

Saba, Paul (Hg.) (1979) 'The concept of "social-fascism" and the relationship between social-democracy and fascism', Kapitel 9 in Bay Area Study Group, *On the Roots of Revisionism: A Political Analysis of the International Communist Movement and the CPUSA, 1919–1945*, https://www.marxists.org/history/erol/1946-1956/roots-revisioni sm/index.htm.

Salvatorelli, Luigi ([1924] 1977) *Nazionalfascismo*. Turin: Einaudi.

Sandulescu, Valentin (2004) 'Fascism and its quest for the "New Man": The case of the Romanian Legionary Movement', *Studia Hebraica*, no. 4: 349–61.

Santoro, Lorenzo (2012) 'Antonio Gramsci: The fascist leadership as modern reactionary Caesarism and the novelty of the corporative state', *Leadership*, 8(6): 277–86.

Schieder, Wolfgang (2008) *Faschistische Diktaturen: Studien zu Italien und Deutschland*. Göttingen: Wallstein.

Schnapp, Jeffrey (2004) 'Rayon/Marinetti', in Pierpaolo Antonello und Simon Gilson (Hrsg.), *Science and Literature in Italian Culture from Dante to Calvino*. Oxford: Legenda: 226–53.

Schoenbaum, David (1966) *Hitler's Social Revolution: Class and Status in Nazi Germany 1933–1939*. New York: Doubleday.

Scruton, Roger (1983) *A Dictionary of Political Thought*. London: Pan Books.

Seierstad, Åsne (2015) *One of Us: The Story of a Massacre and its Aftermath.* London: Virago.

Shapira, Avraham (1996) 'Individual self and national self in the thought of Aaron David Gordon', *Jewish Studies Quarterly*, 3(3): 280–99.

Sheinin, David und Baer Barr, Lois (Hrsg.) (1996) *The Jewish Diaspora in Latin America: New Studies on History and Literature.* New York: Garland.

Shekhovtsov, Anton (2008a) 'By cross and sword: "Clerical fascism" in interwar Western Ukraine', in Matthew Feldman und Marius Turda (Hrsg.), *Clerical Fascism in Interwar Europe.* London: Routledge, S. 59–73.

Shekhovtsov, Anton (2008b) 'The palingenetic thrust of Russian neo-Eurasianism: Ideas of rebirth in Aleksandr Dugin's worldview', *Totalitarian Movements and Political Religions*, 9(4): 491–506.

Shekhovtsov, Anton (2012) 'European far-right music and its enemies', in Ruth Wodak und John Richardson (Hrsg.), *Analyzing Fascist Discourse: European Fascism in Talk and Text.* London: Routledge, S. 277–96.

Shekhovtsov, Anton (2015) 'Russian politicians building an international extreme right alliance', *Anton Shekhovtsov's Blog*, 15. September, http://anton-shekhovtsov.blogspot.co.uk/2015/09/russian-politicians-building.html.

Shekhovtsov, Anton (2016) 'The Ukrainian far right and the Ukrainian Revolution', in *New Europe College Black Sea Link Program Yearbook 2014–2015*. Romania: New Europe College, S. 215–37.

Shekhovtsov, Anton (2017) *Russia and the Western Far Right.* London: Routledge.

Shenfield, Stephen (2001) *Russian Fascism: Traditions, Tendencies, Movements.* Armonk, NY: M. E. Sharpe.

Soucy, Robert (1979) *Fascist Intellectual: Drieu la Rochelle.* Berkeley: University of California Press.

Soucy, Robert (1986) *French Fascism: The First Wave, 1924–1933.* New Haven, CT: Yale University Press.

Speit, Andreas (Hg.) (2018) *Das Netzwerk der Identitären. Ideologie und Aktionen der Neuen Rechten.* Berlin: Verlag Ch. Links.

Stephenson, Jill (2001) *Women in Nazi Germany.* London: Routledge.

Sternhell, Zeev (1976) 'Fascist ideology', in Walter Laqueur (Hg.), *Fascism: A Reader's Guide.* Berkeley: University of California Press, S. 315–76.

Sternhell, Zeev (1986) *Neither Right, nor Left: Fascist Ideology in France.* Berkeley: University of California Press.

Sternhell, Zeev (1987) 'Fascism', in David Miller (Hg.), *The Blackwell Encyclopedia of Political Thought.* Oxford: Blackwell.

Sternhell, Zeev (2010) *The Anti-Enlightenment Tradition*. New Haven, CT: Yale University Press.

Stone, Maria (1998) *The Patron State: Culture and Politics in Fascist Italy*. Princeton, NJ: Princeton University Press.

Streel, José ([1942] 2010) *La révolution du XXème siècle*, ed. Lionel Baland. Paris: Déterna.

Sunic, Thomas (2012) *Against Democracy and Equality: The European New Right*. London: Arktos.

Szabados, Krisztian (2015) 'The particularities and uniqueness of Hungary's Jobbik', in Giorgos Charalambous (Hg.), *The European Far Right: Historical and Contemporary Perspectives*. Nicosia: PRIO Cyprus, S. 49–57.

Szele, Aron (2015) *The Arrow Cross: The Ideology of Hungarian Fascism: A Conceptual Approach*. Budapest: Central European University, http://archive.ceu.hu/node/23962 [PhD-Dissertation].

Tansman, Ian (Hg.) (2009) *The Culture of Japanese Fascism*. Durham, NC: Duke University Press.

Thalheimer, August (1928) 'Über den Faschismus', *internes Dokument der Komintern*, https://www.marxists.org/deutsch/archiv/thalheimer/1928/xx/fasch.htm.

Theweleit, Klaus (1977, 1978) *Männerphantasien, 2 Bände*. Frankfurt am Main/Basel: Verlag Roter Stern/Stroemfeld.

Thies, Jochen (2012) *Hitler's Plans for Global Domination: Nazi Architecture and Ultimate War Aims*. New York: Berghahn Books.

Thomson, Alexander Raven (1935) *The Coming Corporate State*. London: Action Press.

Thurlow, Richard (1987) *Fascism in Britain: A History 1918–85*. Oxford: Oxford University Press.

Tilles, Daniel (2014) *British Fascist Antisemitism and Jewish Responses, 1932–40*. London: Bloomsbury.

Tomasevich, Jozo (2001) *War and Revolution in Yugoslavia, 1941–1945: Occupation and Collaboration*. Stanford, CA: Stanford University Press.

Tooze, Adam (2006) *The Wages of Destruction: The Making and Breaking of the Nazi Economy*. London: Allen Lane.

Trajano Filho, Francisco (2017) 'The many faces of the same body: Architecture, politics and power in Vargas' regime (1930–1945)', *Fascism*, 6(2).

Trotski, Leo (1933) 'Porträt des Nationalsozialismus', https://www.marxists.org/deutsch/archiv/trotzki/1933/06/natsoz.htm.

Trotski, Leo (1934) 'Bonapartismus und Faschismus', https://sites.google.com/site/sozialistischeklassiker2punkt0/trotzki/1934/leo-trotzki-bonapartismus-und-faschismus.

Turda, Marius (2008a) 'Conservative palingenesis and cultural modernism in early twentieth-century Romania', *Totalitarian Movements and Political Religions*, 9(4): 437–53.

Turda, Marius (2008b) 'National historiographies in the Balkans, 1830–1989', in Stefan Berger und Chris Lorenz (Hrsg.), *The Contested Nation: Ethnicity, Class, Religion and Gender in National Histories*. Basingstoke: Palgrave Macmillan, S. 463–89.

Turda, Marius (2010) *Modernism and Eugenics*. Basingstoke: Palgrave Macmillan.

Turda, Marius (Hg.) (2015) 'Romania', in *The History of East-Central European Eugenics, 1900–1945: Sources and Commentaries*. London: Bloomsbury, S. 271–361.

Turda, Marius und Gillette, Aaron (2014) *Latin Eugenics in Comparative Perspective*. London: Bloomsbury.

Turner, Henry A. (1975) 'Fascism and modernization', in *Reappraisals of Fascism*. New York: New Viewpoints.

Turner, Henry A. (Hg.) (1985) *German Big Business and the Rise of Hitler*. Oxford: Oxford University Press.

Umland, Andreas (2010) 'Aleksandr Dugin's transformation from a lunatic fringe figure into a mainstream political publicist, 1980–1998: A case study in the rise of late and post-Soviet Russian fascism', *Journal of Eurasian Studies*, 1(2): 144–52.

Umland, Andreas (2015) 'Challenges and promises of comparative research into post-Soviet fascism: Methodological and conceptual issues in the study of the contemporary East European extreme right', *Communist and Post-Communist Studies*, 48(2–3): 169–81.

UNESCO (2001) *Verfassung der Organisation für Bildung, Wissenschaft und Kultur*, https://www.unesco.de/mediathek/dokumente/verfassung-der-organisation-fuer-bildung-wissenschaft-und-kultur.

Vajda, Mihaly (1976) *Fascism as a Mass Movement*. New York: St Martin's Press.

Vasilopoulou, Sofia und Halikiopoulou, Daphne (2015) *The Golden Dawn's 'Nationalist Solution': Explaining the Rise of the Far Right in Greece*. Basingstoke: Palgrave Macmillan.

Verkhovsky, Alexander (Hg.) (2016) *The Ultra-Right Movement under Pressure: Xenophobia and Radical Nationalism in Russia, and Efforts to Counteract Them in 2015*. Moskau: SOVA Center Reports, https://www.sova-center.ru/en/xenophobia/reports-analyses/2016/04/d34247/.

Vierter Kongress der Komintern (1922) *Theses on Communist Tactics*, 5. Dezember, ttp://www.marxists.org/history/international/comintern/4th-congress/tactics.htm.

von Beckerath, Erwin (1927) *Wesen und Werden des faschistischen Staates*. Berlin: Springer.

Vondung, Klaus (1971) *Magie und Manipulation: Ideologischer Kult und politische Religion des Nationalsozialismus*. Göttingen: Vandenhoeck & Ruprecht.

Wahnón, Sultana (2017) 'The architectural myth of Spanish fascism: A new architecture for a new empire', *Fascism*, 6(2).

Weber, Eugen (1964) *Varieties of Fascism: Doctrines of Revolution in the Twentieth Century*. New York: Van Nostrand.

Weber, Max (1904) 'Die „Objektivität" sozialwissenschaftlicher und sozialpolitischer Erkenntnis.' *Archiv für Sozialwissenschaft und Sozialpolitik*, 19(1), 22-87, https://www.ssoar.info/ssoar/handle/document/50770.

Weiss-Wendt, Anton und Yeomans, Rory (Hrsg.) (2013) *Racial Science in Hitler's New Europe, 1938–1945*. Lincoln: University of Nebraska Press.

Whittam, John (1995) *Fascist Italy*. Manchester: Manchester University Press.

Wildt, Michael (2002) *Generation des Unbedingten. Das Führungskorps des Reichssicherheitshauptamtes. Hamburger Edition*. Hamburg: HIS Verlag.

Wippermann, Wolfgang (2009) *Faschismus: Eine Weltgeschichte vom 19. Jahrhundert bis heute*. Darmstadt: Primus.

Woodley, Daniel (2009) *Fascism and Political Theory: Critical Perspectives on Fascist Ideology*. London: Routledge.

Woolf, Stuart (1968) *The Nature of Fascism*. London: Weidenfeld & Nicolson.

Yahya, Harun (2002) *Fascism: The Bloody Ideology of Darwinism*.

Yannielli, Joseph (2012) 'The nationalist international: Or what American history can teach us about the fascist revolution', *European Journal of Political Theory*, 11(4): 438-58.

Yeomans, Rory (2002) 'Fighting the white plague: Demography and abortion in the independent state of Croatia', in Christian Promitzer, Sevastē Troumpeta und Marius Turda (Hrsg.), *Health, Hygiene, and Eugenics in Southeastern Europe to 1945*. Pittsburgh: Pittsburgh University Press.

Yeomans, Rory (2013) *Visions of Annihilation: The Ustasha Regime and the Cultural Politics of Fascism, 1941–1945*. Pittsburgh: University of Pittsburgh Press.

Yockey, Francis ([1948] 1962) *Imperium: The Philosophy of History and Politics*. Washington, DC: Legion for the Survival of Freedom.

Yockey, Francis ([1949] 2012) *The Proclamation of London of the European Liberation Front*. Shamley Green, Surrey: Palingenesis Project.

Zetkin, Clara (1923), 'Der Kampf gegen den Faschismus', https://www.m
    arxists.org/deutsch/archiv/zetkin/1923/06/faschism.htm.

Zunino, Pier-Giorgio (1985) *L'ideologia del fascismo*. Bologna: Il Mulino.

Index

Stimmen zur deutschen Ausgabe

„Roger Griffin gehört zweifellos zu den international renommiertesten Faschismusforschern. Mit diesem Buch liegt seine kurzweilig und humorvoll geschriebene Geschichte der Faschismusforschung dankenswerterweise nun auch in deutscher Sprache vor. Seine eigene, sehr einflussreiche kulturwissenschaftliche Definition ist dadurch leicht zugänglich und wird präzise in das breite Feld der Faschismustheorien eingeordnet."

Prof. Dr. Sven Reichardt, Universität Konstanz

„Roger Griffin hat seit 1991 mit mehreren richtungsweisenden Studien und Anthologien die internationale Faschismus- und Neofaschismusforschung maßgeblich geprägt. In diesem Buch skizziert einer der führenden Extremismustheoretiker der Welt die Entwicklung einer neuen Subdisziplin in den vergleichenden Sozial- und Geschichtswissenschaften."

Dr. Dr. Andreas Umland, Kyjiwer Mohyla-Akademie

„Roger Griffin ist der große alte Herr der europäischen Faschismusforschung. Sein Lehrbuch zur Einführung in diese Forschungen erscheint zu einem Zeitpunkt, wo der Faschismusbegriff fast inflationär verwendet wird, um dem dramatischen Rechtsruck in Deutschland, Europa und weltweit terminologisch Herr zu werden. Ein Glücksfall, dass wir jetzt zur Erdung der Debatte wieder auf Griffins faschistologische Koordinaten zurückgreifen können."

Friedrich Burschel, Referent zu Neonazismus und
Strukturen/Ideologien der Ungleichwertigkeit an der Akademie
für Politische Bildung der Rosa-Luxemburg-Stiftung

Bassam Tibi

EURO-ISLAM STATT ISLAMISMUS

Ein Integrationskonzept

9 / 2020. 242 Seiten

€ 19,90, Paperback

€ 12,99, e-book

ISBN 978-3-8382-1403-0

ISBN 978-3-8382-7403-4

Die Zahl der Muslime in Deutschland und Europa wächst demographisch und durch Migration: Nach einer Prognose des Pew Research Center werden 2050 bis zu 20% der Bevölkerung in Deutschland islamischen Glaubens sein, in Europa insgesamt zwischen 7% und 14%. Angesichts dieser europäischen Realität ist die Förderung der Herausbildung eines Islam, der europäische Ideen wie Zivilgesellschaft, säkulare Demokratie und individuelle Menschenrechte ausdrücklich und umfassend bejaht, eine wichtige gesellschaftliche Aufgabe.

Bassam Tibi, selbst muslimischer Migrant aus Syrien und intimer Kenner des Koran (Hāfiz), entwickelt mit seiner Idee des Euro-Islam ein integratives Konzept, das sich gegen die Politisierung des Islam positioniert und sich kritisch mit der Schariatisierung und Djihadisierung auseinandersetzt. Tibi – Mitbegründer der Initiative Säkularer Islam – gibt frei von ideologischen Schablonen eine überzeugende europäische Antwort auf die Herausforderung des islamischen Fundamentalismus.

✴ ✴ ✴

Bassam Tibi wuchs in Damaskus auf und kam 1962 nach Deutschland, wo er Sozialwissenschaft, Philosophie und Geschichte studierte – unter anderem bei Horkheimer, Adorno und Fetscher. Mit 28 Jahren wurde er zum Professor für Internationale Beziehungen in Göttingen berufen. Er lehrte u.a. an den Universitäten Harvard, Cornell, Berkeley und Yale sowie in Dakar, Yaoundé, Khartum, Jakarta, Singapur und an der American University of Cairo.

Tibi ist Autor von 31 Büchern in deutscher und 12 in englischer Sprache sowie Träger des deutschen Bundesverdienstkreuzes 1. Klasse für seine Förderung eines besseren Verständnisses des Islam. In den allgemeinen Sprachgebrauch übernommen wurde sein Begriff einer europäischen Leitkultur sowie der von ihm mitgeprägte Begriff der Parallelgesellschaften.

2019 wurde Tibi vom Vordenker-Forum, das von den Partnern Frankfurter Allgemeine Zeitung, Plansecur und Goethe-Universität Frankfurt getragen wird, in Würdigung für seinen Einsatz um ein offenes und integrationsstarkes Europa als Vordenker des Jahres ausgezeichnet.

Tamir Bar-On, Bàrbara Molas (eds.)

Responses to the COVID-19 Pandemic by the Radical Right

Scapegoating, Conspiracy Theories, and New Narratives

CARR   *ibidem*

Bar-On, Tamir; Molas, Bàrbara (ed.)

COVID-19 AND THE RADICAL RIGHT

10 / 2020. 206 Seiten

€ 29,90, Paperback   € 19,99, e-book

ISBN 978-3-8382-1488-7   ISBN 978-3-8382-7488-1

Numerous political commentators have noted the rise of the radical right worldwide. How has the radical right responded to the COVID-19 pandemic? Has the radical right been legitimized in a world of closed borders and greater securitization? Have radical right regimes in power cracked under the strains of the crisis and thus undermined their own political fortunes? Have radical right-wing responses to COVID-19 been uniform or diversified?

These are some of the questions tackled in Responses to the COVID-19 Pandemic by the Radical Right. This volume gathers a collection of short pieces, which highlight the multi-faceted ways in which right-wing and radical right-wing political forces have responded to the COVID-19 pandemic. It presents research by scholars from all around the world concentrating on the evolution of radical right-wing movements since the COVID-19 crisis began and their influence on mainstream and alternative narratives.

The edited volume includes case studies as well as far-reaching reports on the radical right's utilizing of the crisis to re-shape ideas about sovereignty, globalization, democracy, equality, diversity, and political legitimacy. Such studies comprise cases on gender and class, racism, religious hatred, scapegoating, anti-Semitism and Sinophobia, conspiracy theories, and online radicalization, focusing on locations as diverse as the US, Canada, Brazil, Belgium, Germany, Switzerland, Sweden, Italy, France, Spain, Ukraine, Latvia, Israel, and India. All such studies are compiled in a total of six chapters and an epilogue, organized thematically and by country.

"This edited volume brings together some of the key writings on the topic, focusing on the relationship between the Coronavirus pandemic and the far right from both sides. Short and accessible, and written by true experts, they go beyond the often ill-informed and sensationalist 'hot takes' in the media and provide clear insights into a broad range of cases across the world."—Cas Mudde, Professor of International Affairs, University of Georgia

Leidig, Eviane (ed.)

MAINSTREAMING THE GLOBAL RADICAL RIGHT

CARR Yearbook 2019/2020

9 / 2020. 466 Seiten

€ 45,90, Paperback

€ 30,99, e-book

ISBN 978-3-8382-1446-7

ISBN 978-3-8382-7446-1

2019 was a defining year for the radical right globally. From national and supranational elections that witnessed a surge in support for radical right parties to transnationally-inspired terrorist attacks in New Zealand, the USA, and Germany, the radical right is not just on the rise, but becoming an international mainstream phenomenon. The yearbook draws upon insightful analyses from an international network of scholars, policymakers, and practitioners who explore the processes and impact of the radical right. Beginning with reflections on the ideology and then historical perspectives of the radical right, the volume then turns to contemporary manifestations of movements and political parties as well as terrorism and the role of online spaces. It ends by examining various perspectives towards countering and challenging the radical right. This overview provides a widespread examination of the global radical right in 2019, which will be useful to scholars, students, policy makers, and the public.

Dr Eviane Leidig is an affiliate at the Center for Research on Extremism at the University of Oslo, and a postdoctoral fellow at MF Norwegian School of Theology, Religion and Society. Her research looks at the transnational connections between the far right in India and the West. She has held visiting researcher positions at the Oxford Internet Institute, University of Oxford (sponsored by VOX-Pol, an EU Network of Excellence), and New York University. She is currently writing a book on the role of women in the alt-right. She serves as Head of Publishing at the Centre for Analysis of the Radical Right (CARR).

Alan Waring (ed.)

THE NEW AUTHORITARIANISM

Volume 1: A Risk Analysis of the US Alt-Right

11 / 2018. 468 Seiten

€ 45,90, Paperback
ISBN 978-3-8382-1153-4

€ 30,99, e-book
ISBN 978-3-8382-7153-8

Volume 2: A Risk Analysis of the European Alt-Right

3 / 2019. 442 Seiten

€ 45,90, Paperback
ISBN 978-3-8382-1263-0

€ 30,99, e-book
ISBN 978-3-8382-7263-4

This two-volume book considers from a risk perspective the current phenomenon of the new Alt-Right authoritarianism and whether it represents 'real' democracy or an unacceptable hegemony potentially resulting in elected dictatorships and abuses as well as dysfunctional government. Contributing authors represent an eclectic range of disciplines, including cognitive, organizational and political psychology, sociology, history, political science, international relations, linguistics and discourse analysis, and risk analysis. The Alt-Right threats and risk exposures, whether to democracy, human rights, law and order, social welfare, racial harmony, the economy, national security, the environment, and international relations, are identified and analysed across a number of selected countries. While Vol. 1 focusses on the US, Vol. 2 illuminates the phenomenon in the UK, Austria, France, Germany, Netherlands, Norway, Italy, Hungary, and Russia. Potential strategies to limit the Alt-Right threat are proposed.

"Extreme attitudes are more commonplace than we might expect, but when they are perceived as mainstream, such repositioning can be used to legitimise extreme acts. In consideration of such risks, the editor has assembled a fine array of contributors to produce a rounded and accessible analysis of the ‚Alternative Right'. The result is thought-provoking, necessarily reflective and scholarly, with lessons for all of us."—Dr Ashley Weinberg, Senior Lecturer in Psychology, University of Salford

"This phenomenal work is a major contribution to our understanding of the risks facing democracies from the rising new authoritarianism. It will establish itself and remain a major reference work for generations to come."—Emeritus Professor Antony A. Vass, Criminologist, Penologist, Legal Consultant, Sociologist, Psychologist, and Psychotherapist

"A refreshingly different analytical focus for the phenomenon of resurgent authoritarianism now evident in populist and radical right-wing politics. The first book on the Alternative Right to explicitly frame the narrative around a risk analysis."—Professor George Boustras, Professor in Risk Assessment, European University Cyprus, and Director of the Center for Risk and Decision Science